형법의 세계화와 전문화

Eric Hilgendorf 저 / 이상돈 · 홍승희 공역

傳英社

오늘날 우리사회는 과학기술의 급격한 발달로 과거와는 다른 모습을 보이고 있다. 이러한 과학기술발달이 가속화되고 있는 현대사회는 다음의 두 가지로 특징지을 수 있는데, 다름 아닌 '세계화'와 '전문화'이다. 먼저 '세계화'는 오늘날 한 국가의 영향력이 더 이상 국내만이 아닌 다른 국가에도 영향을 미치는 전지구적인 것을 의미하며, '전문화'는 과학기술의 발달로부터 사회의 각 영역이 세분화됨에 따라 '전문화'되어 가는 것을 의미한다. 과학기술의 발달로부터 야기된 이러한 우리의 현대사회 특징은 오늘날, 업무 및 일상생활에서 많은 편리함 등 긍정적인 효과를 가져다주기는 하였지만, 이와 함께 또한 많은 사회적 부작용도 가져오게 됨으로써 사람들은 과학기술의 폐단을 예방하는 데 주목하고 있는 실정이다. 더욱이 이러한 현대사회의 부작용은 과학기술의 보편적 성격으로부터 보다 많은 다수 사람들에게 악영향을 주고, 그것도 빠른 속도로 전파된다는 속성으로 인해 문제의 심각성이 다양한 매체를 통해 더욱 부각되면서 사람들은 이에 대한 보다 강력한 빠른 해결책을 요구하게 되었다. 그리고 이러한 강력한 해결책으로서 오늘날 선호되는 것이 바로 "형법"이다. 이로부터 오늘날 현대사회에서 형법은 새로운 과학기술발달에 따라 보다 더 전문화되고 기능화되어 가는 것으로 평가되고 있다.

그런데 이러한 현대사회의 새로운 해결책으로 등장한 형법은 기존의 전통적인 형법과는 달리 현대사회적 특징과 함께 "현대형법"이라는 외관을 하고 있으며, 법치국가형법과 다소 거리를 두고 있는 것이 사실이다. 이로부터 과연 오늘날 과학기술시대에서 형법의 역할이 무엇인지 다시 제기되고 있는 상황이다.

이러한 시대적 상황에서 최근 독일에서는 구체적인 전문화 영역에서 요구되는 현대형법의 역할을 재조명하는 논문들이 많이 시도되고 있는데, 그 대표적인 학자로 독일 뷔르츠부르크 대학(Würzburg University)에 재직 중인 힐겐도르프 교수(Prof. Dr. Dr. Eric Hilgendorf)를 들 수 있다. 대학에서 형법, 형사소송법, 법철학, 정보법을 담당하고 있는 힐겐도르프 교수는 특히 정보통신분야와 생명공학분야를 중심으로 하는 전문화영역에서 형법이 나아갈 방향을 제시하고 있다. 따라서 역자들은 이러한 현대사회에서 형법의 역할에 대해 조명하고 있는 그의 대표적인 논문들을 소개하였는데, 현대사회의 특징인 '세계화'와 '전문화'를, 마찬가지로 '형법의 세계화와 전문화'로 이름붙일 수 있는 논문들을 선별하여 보았다.

먼저 현대사회의 세계화 속에서 형법의 역할을 재조명한 첫 번째 논문으로 '국내형법인가, 초국가적 형법인가'를 소개하였다. 본 논문에서 힐겐도르프 교수는 형법의 국제화, 즉 초국가적인 형법에 대해서 그 토대가 되고 있는 세계법원칙의 문제점과 함께, 절차적 정당성을 되짚고 있다. 두 번째 논문으로는 '1975년부터 2005년까지 독일형법의 발전과정'을 조망한 논문을 소개하였다. 본 논문에서는 독일형법이 현대사회의 시대적 문제를 해결하기 위해 어떻게 변화해 왔는지, 그리고 현재 어떠한 새로운 도전에 직면해 있는지를 보여주고 있다. 이로부터 우리사회가 직면한 시대적 상황에서 우리 형법의 바람직한 방향을 찾아볼 수 있을 것이다. 세 번째 논문인 '법치국가에서 고문은 허용될 수 있는가?'에서는 최근 부각되고 있는 국제테러범, 유괴범 등에 대한 '고문 허용성'의 정당성과 한계를 법과 도덕적인 관점에서 다루고 있다. 네 번째 논문인 '비극적 사건들'에서는 형법의 긴급피난 상황을 재검토하고 있다. 즉 2001년에 발생한 미국의 9.11테러와 같은 극한 상황에 처했을 때, 무고한 사람들의 생명을 구하기 위한 테러범에 대한 생명침해를 형법이 어떻게 판단해야 하는지를 소개하고 있다. 형법의 세계화에 대한 마지막 다섯 번째 논문인 '독일 교수와의 결별?'에서는 교수라는 직업상(像)에 대한 시대의 변화된 요구를 소개하고 있다. 이러한 다섯 개 논문을 통해서 세계화로 빠르게 내딛고 있는 우리사회에서도 요구받고 있는 형법의 시대적 역할에 대한 좋은 본보기를 찾을 수 있을 것으로 기대해 본다.

다음으로 오늘날 사회영역이 세분화되고 전문화됨에 따라, 부수적으로 발생하는 문제들도 이제는 포괄적인 해결책이 아닌, 각각의 전문화된 해결책을 요구받게 되었다. 이에 따라 형법 또한 기존의 전통적인 형법에서 벗어나 새롭게 전문화된 형법이 요구되게 되었다. 이에 대해 힐겐도르프 교수는 생명공학과 인터넷이라는 전문영역에서 형법의 역할을 재조명하고 있다. 특히 우리나라에서는 고부가가치로 잘 알려진 BT(Bio Technology; 생명공학), IT(Information Technology; 정보기술)가 빠르게 발전하고 있는데, 첫째, 생명복제와 관련하여 한차례 후폭풍이 지나가긴 했으나 여전히 생명복제에 대한 허용 여부 논란이 강하다는 점과 둘째, IT기술의 급속한 발전에 따라 인터넷영역에서 급성장을 보이면서 많은 인터넷 부작용이 시급한 사회적 문제로 등장하고 있다는 점에서, 힐겐도르프 교수가 논하고 있는 이러한 전문화된 영역에서의 형법의 역할은 우리사회에 던져주는 시사점이 매우 크다고 할 수 있다.

구체적으로 먼저 '생명형법은 새로운 학문분과인가?'의 여섯 번째 논문에서는 인공수정배양을 중심으로 수정란, 배아 그리고 태아에 대한 인간존엄성 여부를 묻고 있다. 이를 바탕으로 형법의 살인죄 및 상해죄의 적용 여부를 검토하고 있다. 다음으로 인터넷과 관련해서 힐겐도르프 교수는 사이버스토킹 및 인터넷사기를 중심으로 형법의 역할을 재조명하였다. 우리나라는 스토킹과 관련하여 수차례 지속적인 입법이 추진되어 왔으나 여전히 독립된 개별법 및 개별조항이 없는 상황이다. 반면 독일에서는 2007년 3월 형법 제238조에 '스토킹' 관련 처벌규정이 도입되었는데 이로부터 독일은 우리보다 앞서 스토킹에 대한 논의가 본격화되었음을 알 수 있다. 여기서 소개하고 있는 힐겐도르프 교수의 일곱 번째 논문인 '사이버스토킹'은 비록 독일형법의 스토킹 도입 이전에 다루어졌으나, 형법이 사이버스토킹 문제를 어떻게 접근해야 하는지, 사이버스토킹 방지를 위한 근본적인 해결책이 무엇인가를 잘 보여주고 있다. 마지막으로 소개하고 있는 논문은 '인터넷사기'인데, 최근 급증하고 있는 인터넷에서의 사기형태를 일반사기 및 적극적인 영업홍보와 어떻게 구분해야 하는지, 나아가 인터넷사기를 방지하기 위해 일반인은 어떤 노력을 기울여야 하는지 등을 살펴보면서 형법의 적용가능성과 구체적인 방지책을 제안하고 있다.

이러한 힐겐도르프 교수의 여덟 편의 논문들을 통해서, 최근 급증하고 있는 우리사회의 새로운 도전적인 문제에 대해 형법이 나아갈 방향을 모색할 수 있을 것으로 기대해 본다.

본 번역서는 이미 그 작업이 수년 전에 착수하여, 몇몇 논문은 대학원 강독을 통해서, 그리고 몇몇 논문은 유학생들과 박사들을 통해서 꾸준히 다듬어지기는 하였으나 여전히 전문용어 번역의 한계에 부딪혀 많은 어려움을 겪었다. 여러 차례 번역교정을 보았음에도 여전히 매끄럽지 않은 부분도 있으나, 더 이상 번역서 발간을 늦출 수

만은 없어서 시간적인 한계상 최종적으로는 선택이라는 결단을 내릴 수밖에 없음을 고백한다. 이 자리를 빌어 강독에 참여하면서 번역작업에 큰 도움을 주었던 많은 대학원생, 유학생, 박사들에게 고마움을 표하며, 또한 마지막 출판교정에 애써 준 윤기라 양에게 고마움을 전한다. 끝으로 현재 어려운 출판환경에도 불구하고 흔쾌히 출판을 허락해 준 박영사 안종만 회장님께 진심으로 감사의 마음을 전한다.

2010년 8월

옮긴이 이상돈 · 홍승희

본 번역서에 실린 논문들은 지난 10년 간의 형법논문 및 형법의 기초연구에 대한 논문들을 선별한 것이다. 이들 논문들은 공통적으로 최후수단성 및 법률주의와 같은 법치국가 및 전통적 자유주의 원칙을 표방하고 있다. 이러한 원칙은 급변하는 현대사회의 문제들을 해결하고자 하는 현대형법이 지향해야 할 방향을 보여주고 있다. 특히 나는 오늘날 세계화시대에서 각국의 형법이 어떻게 적용되고 융화될 수 있는가에 주력하고 있으며, 더욱이 인터넷과 생명공학이라는 전문분야에서의 형법의 역할에 주된 관심을 두고 있다. 이에 따라 본 번역서 또한 형법의 세계화와 전문화라는 타이틀을 두고 논문들을 선별하였으며, 급변하는 발전을 거듭하고 있는 한국의 인터넷문화와 생명공학 분야에 형법을 적용하는 데 있어서 나의 논문들이 작은 도움이 되기를 희망한다.

본 번역서 출판을 통해서 나의 형법관이 독일을 넘어 한국에서 소개된다는 점에서 이번 번역서 발간을 매우 기쁘게 생각하며, 특히 번역을 해 준 이상돈 교수와 홍승희 교수에게 깊은 감사의 마음을 전한다.

뷔르츠부르크에서

2010년 8월

Prof. Dr. Dr. Eric Hilgendorf

contents | 이 책의 차례

Teil 1
세계화와 형법

1. 국내형법인가 초국가적 형법인가?

2. 1975년부터 2005년까지 독일형법의 발전과정에 대한 관망

Teil 2
전문화와 형법

6. 생명형법은 새로운 학문분과인가?

7. 사이버스토킹

8. 인터넷사기

Teil 1

세계화와 형법

Nationales oder transnationales Strafrecht?

01

국내형법인가 초국가적 형법인가?*

세계화시대에서 유럽형법, 국제형법 그리고 세계법원칙

"오늘날 법에서 거리란 어떤 의미를 가지며, 과거에는 어떤 의미였는가! 거리는 과거에는 법률행위를 함에 있어서 절대적인 장애물이었다. 그러나 오늘날 거리는 교통수단으로 인해 법적인 영향을 거의 끼치지 못하고 있다. [···] 기관차가 짐을 나르는 동물을 대신하고, 전신이 전령사를, 펜이 인간을 대신하게 되었다. 증기, 전기, 잉크는 오늘날 교통수단의 필수불가결한 매개물이 되었다."

Rudolph von Jhering, Geist des römischen Rechts auf den verschiedenen Stufen seiner Entwicklung, 2. Teil 2. Abt., 1. Aufl. 1854, 8. Aufl. 1954, 663면.

I. 국경 없는 세계에서 법의 한계

1. 꿈 같은 세계법

150년 전 루돌프 폰 예링(Rudolph von Jhering)은 증기기관, 전신, 잉크와 같은 것이 공간을 극복한 수단이 된 것에 매우 놀라워했으며, 또한 당대의 교통 및 의사소통기술이 공간을 극복할 뿐만 아

* Nationales oder transnationales Strafrecht? Europäisches Strafrecht, Völkerstrafrecht und Weltrechtsgrundsatz im Zeitalter der Globalisierung, 「Raum und Recht」, FS 600 Jahre Würzburger Juristenfakultät (Hrsg. von Horst Dreier/Hans Forkel/Klaus Laubenthal), Berlin 2002, 333-356면.

니라 공간을 파괴하는 속성도 갖고 있는 것에 대해 매우 상기되었었다. 인터넷에서는 방대한 양의 정보를 수초 내에 전세계로 전송할 수 있다. 특히 이메일의 경우 지구상의 거리는 아무런 의미가 없다. 현실공간에서는 수천 킬로미터 떨어져 있는 사람들도 가상의 "채팅공간"에서 만나 각자의 시간을 지연시키지 않고서도 "실시간으로" 서로 대화를 나눈다. 인터넷사이트("웹사이트")는 유리로 된 쇼윈도처럼 실재적이지만 또한 곳곳에 퍼져 있다. 그러나 현대기술은 더 이상 법적 교류에만 영향을 미치는 것이 아니라 더 나아가 법의식도 변화시키고 있다. 대륙 간의 교통수단, 세계적인 경제연합 그리고 전세계적인 통신은 일상적으로 자각되는 세계공동체(Weltgemeinschaft)를 형성하고 있다. 이로써 종교나 도덕에서 이미 오래전부터 바라왔던 것이 현실이 되었다.

그러나 단지 법만이 — 아직도? — 동떨어져 있다. 전세계적인 법은 국제법의 형태로 존재해 왔지만, 국제법의 법적 성격에 대해서는 오래전부터 활발한 논쟁이 있어 왔다.[1] 또한 인권을 보호하는 것은 국제조약을 통해서 보장된다고 하지만, 세계의 수많은 지역에서 이러한 조약을 관철시키는 데에는 예나 지금이나 문제가 많은 듯 보인다. 뿐만 아니라 세계적 경제협력은 국제적으로 인정받으며 실천되고 있는 행위준칙들을 창출하는 데 공헌했으며, 이러한 준칙들은 부분적으로는 이미 법규범으로 전환되기도 하였으나,[2] 법의 범위나 규제의 정도에 있어서 국내의 법질서와 대략적으로 비교될 수 있는

---

1 *T. Buergenthal/K. Doehring/J. Kokott/H. G. Maier*, Grundzüge des Völkerrechts, 2. Aufl. 2000, Rn. 15 이하; *M. Herdegen*, Völkerrecht, 2000, §1 Rn. 15 이하.

2 이 점에 있어서 "상인법"(lex mercatoria)이라는 독자적인 법질서가 언급될 수 있는지에 대해서는 논란이 되고 있다. *Herdegen*, Völkerrecht (주 1), §1 Rn. 13 이하 참조.

"세계법"은 오래전부터 논의되고 요청되었음에도 불구하고 여전히 가시적이지는 않다.[3] 심지어는 유럽차원에서도 법은 단일화되지 않고 있다. 하지만 구대륙을 횡단하는 여행자는 독일, 프랑스, 영국, 나아가 벨기에, 룩셈부르크, 네덜란드에까지 왜 다양한 헌법, 다양한 형법 그리고 다양한 민법이 통용되고 있는지 자문해 볼 수 있다. 이러한 차이는 오늘날에도 여전히 정당화될 수 있는 것인가? 아니면 세계공동체는 물론 세계적 차원에서가 더 낫기는 하겠지만, 적어도 유럽적 차원에서 포괄적인 초국가적 법의 창출, 즉 세계법의 제정을 요청하고 있지는 않은가?

이러한 질문은 새로운 것이 아니다. 철학자 블레즈 파스칼(Blaise Pascal: 1623-1662)은 이미 자신의 작품 "팡세"에서 다음과 같이 묘사하였다.

> "인간은 자신이 지배하고자 하는 세계의 형성을 어디에 기초할 것인가? 개인의 기분에 둘 것인가? 그렇다면 얼마나 혼란스러운 일이겠는가! 법에 둘 것인가? 그러나 인간은 법을 잘 알지 못한다! [···] 만약에 인간이 법을 알았더라면, 인간은 자신이 아는 모든 기본원칙들 가운데 가장 익숙한 원칙, 즉 모든 사람은 자기 나라의 관습을 따라야 한다는 원칙을 결코 제시하지 못했을 것이다. 따라서 참된 정의의 광채가 모든 민족을 압도했을 것이고, 입법자들은 이러한 불변하는 법 대신에 페르시아와 독일 사람들의 공상과 기분을

---

3 *E. Zitelmann*, Die Möglichkeit eines Weltrechts, 1888, ND. mit Nachwort 1916; *W. Schücking*, Die Organisation der Welt, 1909; *H. Gomperz*, Die Idee der überstaatlichen Rechtsordnung, 1922; *W. Bodmer*, Das Postulat des Weltstaats. Eine rechtstheoretische Untersuchung, 1952; 포괄적으로는 *P. Coulmas*, Weltbürger. Geschichte einer Menschheitssehnsucht, 1990 참조.

본보기로 선택하지도 않았을 것이다. 사람들은 모든 국가와 모든 시대에서 잘 보존되는 법을 발견하려고 할지도 모르겠으나, 풍토에 따라 그 본질이 변하지 않는 그 어떠한 법과 어떠한 불법도 발견하지 못한다. 위도가 3도만 달라도 법체계가 극단적으로 왜곡되고, 하나의 자오선이 진리를 결정한다. 효력 이후 몇 년만 지나도, 근본적인 법이 바뀐다. 법은 시대에 따라 변화한다. […] 강 한줄기로 경계짓는 이상한 정의여! 피레네 산맥 이쪽에서 진리인 것이 저쪽에서는 오류가 된다."[4]

반복해서 인용되는 파스칼의 이러한 질책에는 "국내법 대 초국가법"이라는 주제를 둘러싼 논쟁에 오늘날까지도 부담을 주는 거의 모든 오해들을 찾아볼 수 있다. 특히 확실한 기준을 파악하기 위해서는 단지 인식하기만 하면 되는, 모든 인간들에게 미리 주어진 법이 존재한다고 소개하는 것은 잘못된 것이다. 법은 항상 법으로 자신의 목표와 목적을 실현하고자 하는 사람들에 의해 규정된다. 이는 오랫동안 한결같은 형태로 지속된 습관으로부터 발전된 관습법도 마찬가지이다. 왜냐하면 모든 관습법을 형성하는 관행은 이익에 이끌리기 때문이다. 특히 근대의 성문법은, 입법자가 군주이든지 아니면 민주적 정당성을 갖는 주권자이든지와는 상관없이, 정치적 의지의 표현이라는 점은 확실하다. 지금까지의 인류사를 보면 항상 그래왔듯이,[5] 지배가 영토에 따라 경계지어지는 한, 법의 효력범위도 마찬가지로 제한되어 왔다.[6]

---

4 *B. Pascal*, Gedanken. Eine Auswahl. Übersetzt, herausgegeben und eingeleitet von E. Wasmuth, 1956, 67면.

5 아마도 예외적인 것으로 고려할 수 있는 것은 복속민의 법질서를 그대로 유지시키면서도 그들에게 효력을 미쳤던 로마세계제국일 것이다.

6 *G. Winkler*, Raum und Recht. Dogmatische und theoretische Perspektiven

2. 법학의 자국적 대상영역

모든 학문은 단일화를 향해 나아가는 속성을 지니고 있다. 이러한 학문에서는 모든 현상을 가능한 한 하나의 기본원리로 설명하려 하거나, 아니면 적어도 가능한 한 소수의 기본원리로 설명하고자 하는 학문적 사고의 일원론적 경향이 나타난다.[7] 때문에 다른 학문분과의 사람들은 법학이 우선적으로 국내법에 전념하고 있다는 사실에 거듭 놀라워한다. 비록 그동안 형법학을 포함해서 법학의 유럽화(Europäiseirung)[8]에 대한 징후가 전적으로 나타나기는 했지만, 그럼에도 불구하고 가령 유럽법에서 찾아볼 수 있는 초국가적 법규범은 예나 지금이나 대체로 자국적인 시각에 의해 관찰되고 해석되고 있다. 그러나 이미 19세기에, 전승된 로마법을 토대로 하는 하나의 유럽공동의 법학이 존재해 왔기 때문에, 엄밀히 말하자면 재유럽화(Re-Europäisierung)라고 해야 한다. 이는 이미 앞에서 언급한 일원론적 경향이 법학적 사고에도 낯설지 않다는 점을 보여준다. 법학이 개별 국가에 독립적으로 존재한다는 점은 법규범의 효력이 일반적으로 국가의 영토에 제한되고 있다는 사실에 기인한다. 이처럼 국내로 제한된 대상영역을 통해 법학은 다른 사회과학, 특히 자연과학과 본질적으로 구분된다. 물론 다른 학문분과도 그들의 대상영역을 축소하기는

---

eines empirisch-rationalen Rechtsdenkens, 1999, 29면 이하, 55면 이하.

7 이와 상응하여 종종 "학문의 통일," 특히 "사회학의 통일"이 언급된다. 최근의 학문이론에 대한 논의로는 *E. Hilgendorf*, Hans Albert zur Einführung, 1977, 99면 이하 참조.

8 *H. Coing*, Europäisierung der Rechtswissenschaft, in: P. Schwintowski (Hrsg.), Auslandsstudienführer Recht, 1995, 7-15면; F. Ranieri (Hrsg.), Die Europäisierung der Rechtswissenschaft, 2002.

해야 한다. — 전문화는 바로 새로운 학문발전의 특징이다 — 하지만 그런 전문화 과정에서 확립된 경계가 학자들이 거주하고 연구하는 국가 영토의 경계와 결코 일치하는 것은 아니다.[9]

다른 학문분과에서는 모든 개별연구들에 공통적인 경험적·논리적·규범적 법칙들이 대체로 법학에서보다 훨씬 더 확연히 드러나 있다. 특히 독일법학에서는, 법학분과가 "순수하게 규범적"이어서 자연과학이나 경험적 사회과학뿐만 아니라 다른 나라의 법학과도 원칙적으로 구별된다는 생각이 널리 퍼져 있다. 그러나 양자는 모두 옳지 않다.[10] 법학은 국내의 법률뿐만 아니라, 초국가적인 가치[11] 그리고 자연적이고 경험적으로 파악할 수 있는 실제적인 법칙들[12]을 가지고 다루어야 하는데, 이러한 초국가적 가치나 실제적인 법칙들은 언젠가는 보편법학, 또한 보편적 형법학을 위한 토대를 형성할 수 있을 것이다. 이러한 "보편법학"의 이념은 일찍이 포이어바흐(Feuerbach)[13]에서 등

9 이에 대해 역사학("국사")의 일부분 및 (물론 두드러진 한계와 함께) 언어학은 예외이다. 이 두 분과는 법학과 매우 유사한데, 19세기 "역사법학"은 법학을 바로 역사학 분과로 이해하기도 하였다.

10 경험과학에 대한 구별기준으로서 규범주의에 대해서는 *E. Hilgendorf*, Das Problem der Wertfreiheit in der Jurisprudenz, in: E. Hilgendorf/L. Kuhlen (Hrsg.), Die Wertfreiheit in der Jurisprudenz. Konstanzer Begegnung: Dialog zwischen der Juristischen Fakultät der Universität Konstanz und Richtern des Bundesgerichtshofs, 2000, 1면 이하 (24면 이하).

11 *E. Hilgendorf*, Recht und Moral, in: Aufklärung und Kritik 2001, 72면 이하 (86면 이하).

12 *한스 요아힘 히르쉬(Hans Joachim Hirsch)*는 한스 벨첼(Hans Welzel)의 전통에서 국가로부터 독립적인 형법학의 토대와 대상으로서 "사물논리적 구조"에 관하여 언급하고 있다(Festschrift für Günter Spendel zum 70. Geburtstag, hrsg. von *M. Seebode*, 1992, 43면 이하; 또한 in *H. J. Hirsch*, Strafrechtliche Probleme. Schriften aus drei Jahrzehnten, hrsg. von G. Kohlmann, 1999, 128면 이하).

13 Blick auf die deutsche Rechtswissenschaft (1810), in: *Anselm von Feuerbach* (Hrsg.), Kleine Schriften vermischten Inhalts, Nürnberg 1833, 152면 이하 (163면). 포이어바흐는 여기에서 몽테스키외 등을 근거로 제시하였다.

장하였으며, 오늘날까지도 그 매력은 여전하다. 이에 대한 여러 단초는 법이론에서, 특히 형법에서 중요성이 더해지고 있는 비교법에서 찾아볼 수 있다.[14]

다양한 법적 관행과 법적 체계를 고찰해 보면, 짐작컨대 전체 법질서에서 발견될 수 있는 특정한 기본원칙들이 존재한다는 가정을 뒷받침하고 있다. 이러한 기본원칙에는 동일한 사건을 동일하게 다루려고 하는 노력과 그리고 이에 따라 법과 법적용에서 논리적인 일관성을 유지하려는 노력인 동일성원칙이 이에 속한다. 동일성원칙의 특징으로는 계약성실의 요구("pacta sunt servanda"), 자기모순행위의 금지("venire contra factum proprium"), 그리고 이와 밀접하게 관련된 선행행위에 의한 형법의무("Ingerenz")가 있다. 관습이 법을 형성하는 힘은 일반적으로 효과가 있는 것으로 보인다. 오랫동안 동일한 형태로 지속된 관행으로부터 이러한 관행이 계속되어야 한다는 확신이 커지게 되었다.[15] 보다 명백한 법의 보편적인 기본원칙으로는 호혜성원칙(Reziprozität)이 있다. 즉, 급부는 반대급부로, 선은 선으로 그리고 악은 악으로 보답되어야 한다. 민사법에서는 손해에 상당한 손해배상의무가, 형법에서는 복수에 대한 권리와 동해보복의 법률이 이러한 원칙에 부합한다. 적어도 유럽적이자 영미적으로 각인된 법학계에서는 마침내 모든 인간이 지니는 특정한 고유가치라는 표상을 찾아볼 수 있는데, 이는 오늘날 인간의 존엄성이라는 이상으로 전세계에 퍼

---

14 비교형법의 중요한 시조이자 보편법학사상의 대표자는 1878년부터 1888년까지 뷔르츠부르크에서 강의를 했던 요제프 콜러(Josef Kohler)이다. 그에 대해서는 *G. Spendel*, Josef Kohler. Bild eines Universaljuristen, 1983 참조. 비교형법의 새로운 발전에 대해서는 *H. Jung*, Grundfragen der Strafrechtsvergleichung, in: JuS 1998, 1면 이하; *G. P. Fletcher*, Basic Concepts of Criminal Law, 1998.

15 따라서 사실("존재")로부터 법("당위")이 발생할 수 있다. 그러나 "존재"와 "당위"의 범주적인 논리적 구분은 이것으로 인해 손상되지는 않는다.

져 있다.[16] 이러한 공통성은 기껏해야 법의 생물학적-인류학적인 일반적 토대 위에서 설명될 수 있을 뿐이다.[17]

그러나 당시의 법에 대해 세계적으로 통일된 평가와 실제적인 법칙이 존재한다는 것이, 단지 인식만으로 개별적인 사례에 적용하기만 하면 되는, 자연 혹은 "이성"에 의해 미리 주어진 일반 법규범이 존재한다는 것을 의미하는 것은 아니다. 자연법 혹은 이성법의 꿈은 이미 오래전에 깨어졌다. 선험적인 보편법이 존재한다는 생각의 토대에는 법과 도덕의 혼동, 또는 법과 정의의 혼동이 분명 깔려 있다. 법률의 효력범주가 지역적으로 제한되어 있다는 점은 명백한 반면, 도덕은 통상적 관념에 의하면 국경에 구속되지 않는다. 오히려 유일한 "참된" 도덕으로서의 "정의"는 즉시 보편적인 효력을 요구할 수 있을 것으로 보인다.

이러한 보편적인 효력의 요구를 파스칼은 상술한 인용문에서 더 상세한 근거를 제시하지 않고 법에 전가하고 있는데, 여기서 그는 법과 도덕이라는 것이 부분적으로는 일치할 수 있지만, 그러나 완전히 일치해서는 안 되는 상이한 규범적 질서라는 점을 무시하고 있다. 결국 파스칼은 아무런 부연설명 없이 보편적인 법은 바람직한 것이라고 가정하고 있다. 그러나 이러한 견해 또한 얼핏보기에도 그럴듯할 만

16 이에 대하여 그리고 인간의 존엄성을 몰아내는 광범위한 남용에 대해서는 *E. Hilgendorf*, Die missbrauchte Menschenwürde. Probleme des Menschenwürdetopos am Beispiel der bioethischen Diskussion, in: B. S. Byrd/ J. Hruschka/J. C. Joerden (Hrsg.), Jahrbuch für Recht und Ethik, Bd. 7(1999), 136면 이하 (147면 이하).

17 이에 대하여는 한편으로 *E.-J. Lampe*, Zur Frage nach dem "richtigen" Recht, in: G. Dux/F. Welz (Hrsg.), Moral und Recht im Diskurs der Modene. Zur Legitimation gesellschaftlicher Ordnung, 2001, 253면 이하 (본 저자의 옛 논문에 대한 증명과 함께). 다른 한편으로는 *G. Vollmer*, Sein und Sollen. Möglichkeiten und Grenzen einer Evolutionären Ethik, in: G. Vollmer (Hrsg.), Biophilosophie, 1995, 162면 이하.

큼 설득력이 있는 것은 아니다. 누가 보편적인 법을 표명할 것인가? 세계를 포괄하는 법이란 충분히 정당화된 것인가? 또한 수범자들은 어떠한 이해관계에 놓여야 하는가? 정치적 슬로건과 판에 박힌 말의 수집 그 이상이어야 하는 보편적인 법에서 문화적 차이를 또 어떻게 적절히 고려할 수 있는가?

교통, 경제 그리고 통신의 새로운 발달로 위와 같은 그리고 이와 유사한 질문들은 오늘날 그 어느 때보다도 급박하게 제기되고 있다. 대부분의 법률가들은 법에서의 세계화 경향에 대해 회의적인 입장을 보이고 있다.[18] 그러나 이러한 경향은 실제로 존재하고 있으며, 또한 동서양 대립의 종결과 인터넷 발생에 의해 매우 큰 중요성을 가지고 있다는 사실을 간과해서는 안 된다. 바로 법학의 과제는, 법사회학과 비교법과의 긴밀한 공동작업을 통해서 이러한 발달을 인식할 수 있게 만들고, 그리고 이러한 발달의 전제와 결과를 부각시키며, 나아가 이러한 발달을 법학으로 달성하기 위한 모델을 구상하는 것이다. 본 논문의 주된 관심은 세계화가 국내의 형법에 미치는 영향을 이론적으로 파악하려는 것이다. 따라서 근본적인 물음을 다루는 것이 중요하다. 한편 이러한 근본적인 물음들을 법적으로 보아야 할지 아니면 오히려 법철학적으로 보아야 할지는 용어상의 문제이므로, 어느 쪽이든지 실제적인 관련성에서는 그다지 중요하지 않다고 할 수 있다.

---

18 신중한 입장으로는 *K. Zweigert*, Nationale Rechtstraditionen, Weltrecht und Gerechtigkeit, in: C. P. Claussen (Hrsg.), Neue Perspektiven aus Wirtschaft und Recht. Festschrift für Hans Schäffer zum 80. Geburtstag, 1966, 333면 이하.

II. 세계화와 형법

1. 세계화의 단면

세계화는 모든 사람들의 입에 오르내리고 있지만, 이 표제어의 의미에 대해서는 충분한 일치가 이루어진 것 같지는 않다. 세계화의 의미는 최소 다섯 차원으로 구분될 수 있다.[19] 우선 "세계화"란 경제활동의 세계적인 관련성 증가와 이로부터 야기되는, 세계적 경쟁을 수반하는 하나의 세계적인 시장이 형성됨을 의미한다(경제적 세계화). 실제로 시간적 손실 없이 전세계가 소통을 하고, 비교하고, 거래할 수 있게 한 통신기술의 발전을 통해 경제적 세계화가 가능해졌다. 각각의 상품종류에 따라 이전에는 상상하지 못했던 속도로 재화들을 교환하는 것이 가능해졌다(기술적 세계화). 이러한 관점에서 세계적 금융시장은 특히 매우 빠르게 앞서가고 있는데, 여기에서는 한 번의 간단한 클릭으로 한 대륙에서 다른 대륙으로 임의의 금액을 이체할 수 있는 것을 들 수 있다.

경제와 통신수단의 탈한계화는 다양한 사회의 문화적 전통과 가치에 영향을 미친다. 서양세계, 특히 미국의 문화적 상징을 통해 국가적이고 지역적인 전통에 간섭이 나타나고 있다(문화적 세계화[20]). 또한

---

19 *H. Kleinert/S. Mosdorf*, Die Renaissance der Politik. Wegeins 21. Jahrhundert, 1998, 42면 이하.

20 물론 인터넷과 그리고 세계적으로 효과를 미치는 기타 다른 매체는 결코 하나의 차원에서 문화적 차이를 비슷하게 하는 데 기여하는 것이 아니라, 오히려 이와는 반대로 부분적으로 지역적 전통을 부활시키고 강화하고 있음에 유의해야 한다. D. T. Thussu (Hrsg.), Electronic Empires. Global Media and Local Resistance, 1998 참조.

천연자원이 전세계적으로 고갈되고 있다는 인식이 증가하고 있는데, 환경재해는 더 이상 단지 한 지역이나 한 국가에만 나타나는 것이 아니라, 전세계에 걸쳐서 발생한다(생태적 세계화). 결국 국경을 넘어서는 재화와 정보의 흐름으로 인해 개별국가의 주권상실이 발생하고 있다. 국가의 영향이 사라진다는 것은 (어쨌거나 민주적으로 정당화된 정권에 의한 입헌국가의 관점에서는) 민주적 통제의 상실을 의미한다. 특히 세계화의 경제적 · 기술적 · 생태적 차원은 국제협력의 강화와 그리고 국가를 넘어서는 (초국가적인) 통제메커니즘의 구비를 요구하게 되었다(정치적 세계화).[21]

2. 형법의 자국적 토착화

이러한 세계화의 경향이 법을 그대로 놓아두지 않는다는 사실은 자명하다. 그러나 세계화의 영향은, 예상했던 바대로, 각각의 법영역에 따라 다양하게 전개되고 있다. 이 가운데 형법에서는 예로부터 국내성을 지향해 왔다. 이러한 지향에는 다음과 같은 여러 요인이 작용하고 있다.

먼저 어떤 다른 법영역도 형법만큼 자국의 문화에 뿌리를 내리고 있지는 않다.[22] 형법은 존재 당시의 법공동체가 특별히 그 지위를 높게 두고 있는 법익을 보호한다. 이러한 이유로 형법은 종종 도덕과 맥을 같이하기도 한다. 따라서 도덕적 신념이 바뀌면, 형법 역시 변하기 마련이다. 형법의 국내 지향에 대한 또 하나의 근거는, 국가가 형

21 부분적으로 이러한 과제는 또한 민간조직 또는 반국영조직, 예컨대 인터넷 도메인의 양도를 규율하는 "International Corporation for Assigned Names and Numbers"(ICANN)에게도 맡겨진다.

22 유사하게는 *T. Weigend*, Strafrecht durch internationale Vereinbarungen-Verlust an nationaler Strafrechtskultur?, in: ZStW 105 (1993), 774면 이하 (786면 이하).

벌권을 독점하고 이를 배타적으로 지키고 있다는 점이다. 형벌을 부과하는 권한은 국가주권의 핵심영역에 속한다. 단지 예외적으로만 특정한 사회집단이나 조직이 제한된 범위 안에서, 예컨대 기업의 징계나 집단 징계라는 형태로 독자적인 형벌권을 가질 뿐이다. 형벌권의 국가귀속은 전적으로 정당화되어 있는데, 그 이유는 형벌권을 집행할 때 국가는 법치국가로서 몇 가지 엄격한 전제에 구속되어 있으며, 이러한 전제의 충족은 모든 개별사례에서 검증할 수 있는 형태로 입증되어야 하기 때문이다.

결국 형법의 특별한 국가적 친밀성은, 모든 국가의 형벌권이 원칙적으로 고유한 영토에서만 적용된다는 사실에서도 드러난다. 이러한 속지주의(Territorialitätsprinzip)는 독일형법 제3조에 규정되어 있으며, 국내형법은 형벌을 부과하는 국가와 특별한 관련점(besonderer Anknüpfungspunkt)이 존재하는(독일형법 제4조-제7조, 제9조 참조) 예외적인 경우에만 외국영토에서 발생한 범죄에 적용된다. 이러한 형법의 속지주의가 여전히 구시대적인 것은 아니다. 오히려 오늘날 국가들은, 어떠한 외국도 근거 없이 그 국가의 형벌권을 자국의 영토에까지 확장하고, 이를 통해 자국의 주권을 침해하지 않도록 하는 데 주의를 기울여 경계하고 있다.

이렇게 형법이 자국 내에 강하게 뿌리를 내리고 있다는 사실에 대하여 대항하기에는 국제화에 영향을 주는 요인들이 어려운 상황에 처해 있다. 20세기의 90년대 초반까지 독일에서 형법은 순수하게 국내적으로 작동할 수 있었다. 오늘날 형법적 시각을 독일영토를 넘어서 확장하게 한 주요한[23] 요인으로는, 생성 중인 유럽형법, 국제형법

23 외국과 관련된 형법의 다른 영역으로는 예컨대 환경형법과 형사사건에서의 국제적 사법공조에 대한 규정들이 있다.

그리고 전세계로 확대된 인터넷형법, 이렇게 세 가지이다.

III. 형법의 국제화

1. 국내형법에서 유럽형법으로?

국내법에 종속되지 않으면서 독자적으로 적용가능한 범죄구성요건을 갖는 유럽범죄형법이란 아직까지 존재하지 않는다. 그러나 유럽법은, 국내의 (형)법규범을 유럽노선에 맞게 해석해야 하는 의무를 부과할 뿐만 아니라,[24] 국내의 형법규정을 제정하거나 개정하는 과정을 통해서도 다양한 형태로 국내형법에 영향을 미친다.[25] 암스테르담조약을 통해 유럽연합 평의회는 유럽연합의 재정적 이익에 반하는 사기행위에 대한 대처와 예방조치를 취할 수 있는 권한을 도입했다(Art. 280 Abs. 4 EGV). 물론 이러한 권한이 진정한 초국가적인 유럽형법규범을 공포하는 데 대한 근거가 될 수 있는지에 대해서 논란이 있기는 했지만,[26] 부정하는 것이 타당해 보인다.[27] 형법학계에서는 "유럽연합의 재정적 이익보호를 위한 형법규정에 관한 법

24 이에 대해서는 *J. Eisele*, Einflussnahme auf nationales Strafrecht durch Richtliniengebung der Europäischen Gemeinschaft, in: JZ 2001, 1157면 이하.

25 *Weigend*, Strafrecht (주 22), 777면 이하, 오늘날 포괄적으로는 *H. Satzger*, Die Europäisierung des Strafrechts. Eine Untersuchung zum Einfluss des europäischen Gemeinschaftsrechts auf das deutsche Strafrecht, 2001.

26 이에 대한 증거로는 *F. Zieschang*, Chancen und Risiken der Europäisierung des Strafrechts, in: Zeitschrift für die gesamte Strafrechtswissenschaft 113 (2001), 255면 이하 (259면 이하). 저자는 적당한 권한을 지지한다. 재정공동체의 형법적 보호에 관한 지침을 위한 위원회 제안(KOM [2001] 272 end., abgedruckt in: AblEG 2001 Nr. C 240 E, 19면)에 대해서는 *H. Satzger*, Auf dem Weg zu einem Europäischen Strafrecht, in: ZRP 2001, 550면 이하.

27 *Satzger*, Europäisierung (주 25), 106면, 138면 이하.

률"(Corpus Juris strafrechtlicher Regelungen zum Schutz der finanziellen Interessen der Europäischen Union)[28]의 초안 및 유럽의 모범형법전이 구상되기도 하였으며,[29] 이와 동시에 국경을 넘어서 전유럽에 걸친 형사소추의 가능성도 신속하게 계속 발전해 왔다.[30] 이 때문에 새로운 문헌에서는, 독일형법의 유럽화가 이미 활발하게 진행 중이라고 적절히 강조되기도 하였다.[31]

이러한 발전을 지지하는 사람들은, 국경을 넘어선 범죄가 만연한 유럽에서는 형법도 국경을 극복할 수 있어야 한다는 점을 지적하고 있다.[32] 이러한 논거는 의심의 여지없이 명백한 실질적인 설득력을 갖고 있다. 그러나 국경을 넘어서는 범죄에 대한 대응이 실제로 유럽 각국의 국내적 형법질서의 점진적인 균등화나 또는 광범위하게 미치는 세분화된 초국가적 유럽형법의 창설을 정당화할 수 있을 것인지에 대해서는 의심의 여지가 있다. 왜냐하면 전유럽에 걸쳐서 이뤄지는 범죄추적에 있어서 긴밀하고 마찰 없이 신속하게 이뤄지는 공조는, 국경을 넘어서는 범죄에 효과적으로 대응하기 위해 거의 대부분의 사건에서 충분히 가능하기 때문이다.

형법의 점진적인 유럽화는 많은 문제를 야기한다.[33] 유럽의회에

---

28 M. Delmas-Marty (Hrsg.), Corpus Juris der strafrechtlichen Regelungen zum Schutz der finanziellen Interessen der Europäischen Union, 1998.

29 *U. Sieber*, Memorandum für ein Europäisches Strafgesetzbuch, in: JZ 1997, 369면 이하.

30 *H. Jung*, Konturen und Perspektiven des europäischen Strafrechts, in: Jus 2000, 417면 이하.

31 *Zieschang*, Chancen und Risiken (주 26), 256면.

32 *H. Jung/H.-J. Schroth*, Das Strafrecht als Gegenstand der Rechtsangleichung in Europa, in: GA 1983, 241면 이하 (242면 이하); *U. Sieber*, Europäische Einigung und Europäisches Strafrecht, in: ZStW 103 (1991), 957면 이하 (963면).

33 이에 대한 포괄적 논의로는 *Satzger* (주 25)의 교수자격취득논문.

서 공개적인 토론을 거쳐서 의결된 것이 아닌, 평의회에서 공포된 유럽형법규범을 어떻게 민주적으로 정당화하고 통제할 수 있는가? 여기서 드러나는 집행기관으로의 권력이동은 이제까지 받아들여져 온 권력분립의 이상과는 결코 부합할 수 없다.[34] 입법권한을 유럽차원으로 이동시키는 것은 국내의 의회를 약화시키고, 특히 형법에서 큰 문제가 되는 통제권한과 교정권한의 상실을 초래한다. 오늘날 범죄추적에서의 협력만 보아도 벌써부터 정부차원에서 확정된 사실들은, 이렇다 할 의회나 여론의 진정한 민주적 참여기회 없이 만들어지고 있다.[35] 가령 국내 또는 국제법원을 통한 유럽경찰(Europol)과 같은 초국가적 기관의 행위에 대한 법적보호는 매우 미약한 형태로만 전개되며 더욱이 이조차도 매우 불명료한 상태이다.[36] 또한 법치국가적 관점에서 봤을 때, 종종 매우 막연하게 서술되곤 하는 새로운 보호법익들의 불명확성도 염려된다.[37] 그리고 국내형법이 유럽차원의 규범에 대해 백지위임을 하는 것도 법적 불안전성을 초래한다.[38]

국내적 차원에서 이미 오래전부터 인식되고 비판되어 온, 고전적·자유주의적 핵심형법에서 "위험형법"[39]으로 형법이 확장해 가는

34 또 다른 문제는 권력분립이라는 전승된 표상이 유럽법질서를 통해 국내의 법질서를 간섭하게 됨에 따라 이미 오래전부터 구태의연한 것으로 되지는 않을까 하는 것이다.

35 *P.-A. Albrecht/S. Braum*, Defizite europäischer Strafrechtsentwicklung, in: Krit V 81 (1998), 460면 이하 (475면, 477면 이하).

36 *Jung*, Konturen (주 30), 423면 (유럽경찰에 대하여).

37 *P.-A. Albrecht*, Europäische Informalisierung des Strafrechts, in: StV 2001, 69면 이하.

38 보다 상세하게는 *Satzger*, Europäisierung (주 25), 215면 이하, 237면 이하.

39 *E. Hilgendorf*, in: JZ 1997, 611면에 대한 논의와 함께 *W. Hassemer*, Produktverantwortung im modernen Strafrecht, 2. Aufl. 1996, 3면 이하. 또한 *S.-H. Hong*, Die Flexibilisierungstendenzen des modernen Strafrechts und das Computerstrafrecht, Kapitel 1 und 2, 2002 (im Erscheinen).

경향은 유럽에서 가속되고 있는 것으로 보인다. 그러나 지금으로서도 매우 요원한 단일 유럽형법은 유럽 내의 현저한 문화적 차이에서 볼 때 그리 적합할 것 같지는 않다.[40] 융통성 없고, 그 거대함으로 인해 유동적이지 못한 단일 유럽형법은 역사의 흐름에 따라 형성되어 온 다양한 형법문화들의 경합을 대신할지도 모른다. 명백한 것은 형법의 이와 같은 광범위한 유럽화를 지금까지 아무도 요구하지 않았다는 점이 자명하다는 사실이다.

2. 국제형법의 발전

양분화된 세계질서의 시대에서 그다지 큰 의미를 갖지 못했던 국제형법(Völkerstrafrecht)은 지난 10년간 예상치 못할 정도로 많은 발전을 했다.[41] 국제형법의 시작은 이미 제 1 차 세계대전 이후부터 있어 왔는데, 당시에는 독일 황제 빌헬름 2세를 국제법원의 심판대에 세우려는 계획이 있었다. 지난 한 세기에 있어서의 국제형법의 가장 중요한 전환점은 뉘른베르크와 도쿄에서의 전범재판이라 할 수 있는데, 당시 기소의 요지였던 인권침해와 평화교란은 오늘날까지도 국제형법의 중심적인 구성요건이 되고 있다. 그러나 재판은 당시 국제형법에 쏟아진[42] 높은 기대를 충족하지는 못하였다. 그리고 뉘른베르크와 도쿄 이후 국제형법은 다시 의미를 상실하게 되었다. 상실된 주요이유

---

40 구별되는 입장으로는 *Weigend*, Strafrecht (주 22), 786면 이하.

41 이에 대해서는 *K. Ambos*, Zur Bekämpfung der Makrokriminalität durch eine supranationale Strafgerichtsbarkeit, in: K. Lüderssen (Hrsg.), Aufgeklärte Kriminalpolitik oder Kampf gegen das Böse?, Bd. III: Makrodelinquenz, 1998, 377면 이하; *H.-J. Blankel/C. Molitor*, Der internationale Strafgerichtshof, in: Archiv des Völkerrechts 39 (2001), 142면 이하; *C. Kreß*, Völkerstrafrecht in Deutschland, in: NStZ 2000, 617면 이하 참조.

42 가령 *H. Kelsen*, Peace through Law, 1944 참조.

는, 당시 세계가 대립하는 두 개의 세력집단으로 나누어졌다는 점에 있으며, 이러한 세력대립은 전세계적으로 효력을 갖게 하는 단일형벌권의 존립을 불가능하게 만들었다.

소비에트연방의 붕괴 이후 구 유고슬라비아(1993)와 르완다(1994)에 대한 전범재판법정이 설치되었는데, 결코 단순한 작업이라고 할 수 없는, 이 법정의 업무는 당시 광범위하게 인정받았다. 그동안 다른 국가에 대해서도 이와 같은 국제법정을 설치해야 한다는 요청이 있어 왔는데, 캄보디아의 독재자 폴 포트(Pol Pot)의 범죄가 그러한 예이다. 그러나 이러한 지역적인 전범재판법정을 설치하는 것보다 더욱 중요한 것이 있는데, 바로 중대한 인권침해를 심판하는 세계형사법원을 설립하는 것이다. 이는 1998년 여름에 로마규약이 의결됨으로써 현실화되고 있다.[43] 국제형사재판소(IStGH)는 인종학살(Art. 6 IStGH-Statut), 반인륜적 범죄(Art. 7 IStGH-Statut), 전쟁범죄(Art. 8 IStGH-Statut) 그리고 침략범죄(Art. 5 Abs. 1 lit. d IStGH-Statut)[44]를 처벌하도록 되어 있다. 동 재판소는 이미 2003년부터 업무를 시작할 수도 있었으나,[45] 이러한 시도는, 자국의 주권이익이 제한받게 될 것이 두려웠던 미국의 거부적인 태도로 인해 먹구름이 드리워지게 되었다. 그럼에도 형사재판소를 관철할 수 있을지에 대해서는 여전히 기대할 만하다.

이러한 부류의 법원에 대해서는 다음과 같은 두 가지 물음이 제기될 수 있다. 하나는 문화특수적일 뿐만 아니라 문화포괄적인, 심지

43 이에 대해 보다 상세하게로는 주 41의 문헌들과 함께 *A. Bruer-Schäfer*, Der Internationale Strafgerichtshof. Die Internationale Strafgerichtsbarkeit im Spannungsfeld von Recht und Politik, 2001, 195면 이하 참조.

44 침략의 구성요건은 지금까지도 명확하게 확정되지는 않았다. 이는 수년 내 예정된 개정회의에서 다루어져야 할 것이다. Art. 5 Abs. 2 IStGH-Statut 참조.

45 비준을 위한 정족수 60은 2002년 4월에 이미 충족되었다.

어 가능하다면 전세계적으로 타당한 당대의 범죄구성요건을 어떻게 충분히 명확하게 형성할 수 있는가를 밝혀야 한다. 지금까지 국제형법의 구성요건들은 독일형법상의 명확성원칙에서 보면 상당한 문제점들을 드러내고 있다.[46] 또 다른 하나는 범죄자가 속해 있는 각각의 문화에 기인하고 있는, 정당화근거나 면책근거, 그리고 다른 형벌완화요소들을 고려할 수 있는지에 대한 물음이다. 그러나 또한 반대로 범죄자가 자신이 속한 고유한 문화적 특수성에 기대어 호소하는 것을 별로 중요하게 여기지 않는 법적 또는 도덕적 기준들이 존재하는지도 검토해야 한다. 그러나 재차 문의되는 기준들이 자명해 보일지라도, 그것들을 명확하게 하고 비판적으로 검토하는 일은 더욱더 가능해야 할 것이다. 이러한 유형의 문제를 제기하는 데 대해서 법률가들이 종종 소극적인 태도를 보이는 것은 주목할 만하다. 외부에서 보면 이들 법률가들은 마치 단호한 가치회의주의적인 입장에 기울어 있는 것 같다. 그러나 이들의 실제적 업무를 보면, 이들은 아무런 배후질의도 없이 (그리고 대부분 실제로는 무의식적으로) 확고한 도덕적 규범질서의 타당성에서 출발하고 있다.[47]

국경을 넘어서는 국제형법에 대한 논쟁에 주목하는 사람은, 종종 개별사례 지향적인 법실증주의(Gesetzespositivismus)와 공격적 도덕주의(Moralismus)가 결합되어 있음을 마주하게 되는데, 이는 현안문제에 대한 학문적 관철에 유용하다기보다는 오히려 해를 끼치고 있다. 특정한 도덕적 최소기준을 법적 형태로 널리 타당하게 하자는 제안은,

---

46 *M. Niehoff*, Die von internationalen Strafgerichshöfen anwendbaren Normen des Völkerstrafrechts, 1999.

47 이와 관련하여 "일상적 세계지향에 대한 자연적인 가치플라톤주의(Wertplatonismus)"에 관해 적절하게 언급하고 있는 *H. Albert*, Traktat über kritische Vernunft, 5. Aufl. 1991, 66면 참조.

비록 기준들이 당시 지배적인 미국 및 서유럽적인 문화의 기준들이라고 할지라도, 개별문화의 기준들을 고려하지 않아야 보편적인 승인을 기대할 수 있다. 요청되는 것은 다름 아닌, 전세계적으로 받아들여질 수 있고 따라서 보편적인 법윤리적 기준이다.[48]

3. 초국가적인 정보망형법: 인터넷형법

유럽형법이나 국제형법과 달리 인터넷형법에서는 전세계적인 정보망을 통해 전세계로 확장된 국내형법이 중요하다.[49] 기본적으로 모든 범죄행위는 행위매체인 "인터넷"을 통해서 행해질 수 있다. 실제로 의미가 있는 것은 특히 사기 및 바이러스와 그 밖의 다른 악성소프트웨어의 유포, 아동포르노와 극우적 선전물의 유포이다. 인터넷범죄의 특성은 그 차원이 초국가적이라는 점에 있다. 즉 인터넷에서 모든 내용물의 세계적인 유포는 예외적인 것이 아닌, 보편적이라는 것이다. 이로부터 기본적으로 모든 내용물은, 어디에서 인터넷으로 유입되었던지간에 독일에서도 수신가능하다는 사실이 도출된다.

형벌적용에 관한 규정인 형법 제3조-제7조 및 제9조는 인터넷범죄 때문에 새로운 도전에 직면하게 되었다.[50] 원칙적으로 독일형법은 형법 제9조에 의하여, 행위지나 결과지가 독일영토인 모든 행위에 적용될 수 있다. 이로부터 독일형법의 구성요건에 해당하는 인터넷상의 모든 출판물에 대해서도, 설령 행위지법에 의거해서

48 이에 대해서는 주 11의 문헌과 함께 위의 I. 2 참조.

49 더 나아가 이에 대해 상세하게는 *E. Hilgendorf*, Die Neuen Medien und das Strafrecht, in: ZStW 113 (2001), 650면 이하.

50 정확히 말하자면 독일형법의 적용가능성("jurisdiction to prescribe")뿐만 아니라, 재판권의 여부("jurisdition to adjudicate")도 문제가 된다. 그러나 본문에서 언급된 문제들에 대해 이러한 구분은 그렇게 중요한 역할을 하는 것은 아니다. 마찬가지로 형법을 관철하는 문제("jurisdiction to enforce")에서도 그렇다.

이러한 출판물이 허용되었다 할지라도, 독일형법이 적용된다는[51] 결론이 도출될 수 있을 것이다. 이러한 입장이 정치적으로 갈등을 내포하고 있어서 국제법적으로 문제가 된다는 점은 명백하다.[52] 인터넷상에서 독일형법을 전세계에 적용하는 것은 원칙적으로 다른 국가의 주권에 개입하여 불간섭원칙(Nichteinmischungsprinzip)을 위반하는 것이 된다.

따라서 독일형법을 인터넷에 적용하는 영역은 제한되어야 한다. 이에 대해서는 그동안 많은 제안이 있어 왔다.[53] 그런데 종종 간과되는 것은, 그때마다 적용해야 하는 형벌규범의 맥락에 있어서 구성요건에 적합한 그러한 "결과"만을 행위지를 근거 짓기에 충분하게 함으로써, 법률은 형법 제9조 제1항 3문에서 적용문제를 해결하는 열쇠를 제시하고 있다는 점이다. 따라서 인터넷 출판물을 독일영토에서 받아들여야 한다는 것만으로는 충분하지 않다. 오히려 이로 인해 독일영토에서 구성요건에 적합한 결과가 발생될 것이 요구된다. 여기서 드러나는 독일형법의 적용 제한은 또한 입법자료들에 근거 지어져 있다.[54]

그러나 학계에서는 구성요건에 적합한 결과의 요청을 엄격하게 해석하자는 목소리들이 많다.[55] 사실상 우리는 엄격한 구성요건에 맞출 것을 요구하지 않고, 단순히 구성요건에 가까운 결과만으로도 만족한다. 이러한 경향은 연방최고법원의 최신 판례에서도 나타난다. 호주 국민이 호주에서 극우적인 국민선동적 문헌을 인터넷에 유포하게

---

51 이는 또한 형법 제6조 6호(세계주의)에 의해서 아동음란물에도 적용된다.

52 자세하게는 *E. Hilgendorf*, Überlegungen zur strafrechtlichen Interpretation des Ubiquitätsprinzips im Zeitalter des Internet, in: NJW 1997, 1873면 이하.

53 이에 대한 개관으로는 *Hilgendorf*, Neue Medien (주 49), 659면 이하.

54 *G. Kielwein*, Niederschriften über die Sitzung der Großen Strafrechtskommission, Bd. IV, 38-52. Sitzung, 1958, 20면.

55 이에 대한 근거로는 *Hilgendorf*, Neue Medien (주 49), 665면 이하.

되면, 이로부터 전세계적으로 (따라서 독일 영토에서도) 이러한 문헌을 불러올 수 있으므로, 이에 따라 독일형법 역시 적용해야 한다는 판결이다.[56] 외국인에게 이러한 판결은 너무나도 유명한 "세계는 독일적인 것으로 치유되어야 한다"(Am deutschen Wesen soll die Welt genesen)는 문구의 새로운 버전으로 보일 것이다. 그러나 법원은, 국제형법에서와 같이 구성요건에 유사한 결과발생에 부가적으로 연계되는 특별한 관련점, 즉 독일형법의 적용을 정당화하는 영토적 특화를 요구함으로써, 독일 사법권의 극단적인 확장을 다시 바로 잡았다. 그러나 "특별한 관련점"을 형성하기 위한 정밀한 기준을 충분히 마련하는 것은 아직 성공하지 못하였다.[57] 이 때문에 독일법의 형벌적용규정에 대한 근본적인 개정을 요구하자는 목소리가 증가하고 있다.[58]

IV. 중간 요약: 초국가적인 형법의 문제점

당시 초국가적인 형법이 형성되기 시작한 영역을 개관해 보면, 다음과 같은 문제에 부딪힌다. 즉 유럽형법에는 민주주의가 현저히 결여되어 있다는 점인데, 유럽형법의 규범은 공개된 토론을 거쳐서

---

56 BGHSt 46, 212 이하 (Töben 사건).

57 이에 대한 제안으로는 *Hilgendorf*, Überlegungen (주 52), 1876면 이하. 여기서는 오로지 하나의 특수한 영역, 즉 결과범을 위한 위와 같은 기준을 첨부할 것을 제안하고 있다. 아래의 V. 2.도 참조.

58 *O. Lagoday/C. Nill-Theobald*, Deutsche Strafgewalt für einen Völkermord im Ausland, in: JR 2000, 205면 이하; *A. Eser*, Völkermord und deutsche Strafgewalt. Zum Spannungsverhältnis von Weltrechtsprinzip und legitimierendem Inlandsbezug, in: A. Eser u. a. (Hrsg.), Strafverfahrensrecht in Theorie und Praxis. Festschrift für Lutz Meyer-Goßner zum 65. Geburtstag, 2001, 3면 이하 (30면).

민주적으로 정당화된 의회에서 통과된 것이 아니라, (종종 닫혀진 문 뒤에서) 실무대표자들에 의해 선포된다. 국제형법에서는 범죄구성요건들의 근거와 범위가 충분히 고려되지 않은 것으로 보이는데, 이러한 국제형법에서 많은 형벌규범들은 모호하기 때문에, 독일형법의 명확성원칙에 부합될 수 없다. 정보망범죄(Datennetzkriminalität)에 대한 대응에서는 국내형법이 기초가 되기 때문에, 정보망의 세계적 성격으로 인해 국제법의 불간섭원칙(Nichteinmischungsgrundsatz)이 항상 문제가 된다. 연방최고법원에서 유일한 교정수단으로 고려되는, 부가적인 "특별한 관련점"의 기준은 세분화된 해결방법이 (여전히?) 결여되어 있기 때문에, 독일형법의 적용영역을 법치국가적으로 확실한 방법으로 제한하기에는 너무도 불명확하다.

이러한 어려움을 고려해 볼 때, 위에서 서술한 문제들을 제기하지 않고서도 국제적인 형법적용을 가능하게 할 것으로 보이는 형법적용원칙인 보편성원칙(Universalitätsgrundsatz) 또는 세계법원칙(Weltrechtsgrundsatz)을 다시 고려해야 한다. 세계법원칙의 적용대상이 되는 범죄들은 국내법의 기준에 따라 전세계적으로 소추될 수 있는데, 국내형법은 존재하지 않는 세계형법의 자리를 어느 정도 잡아주는 역할을 하게 된다. 그러나 언뜻 보기에는 매력적인, 초국가적 형사사법의 딜레마로부터 벗어날 해결책은 처음 보여지는 것보다 더 많은 문제들을 제기하고 있다.

V. 오늘날 독일형법에서 세계법원칙

1. 형법 제6조— 실패한 규범

형법 제6조에 규정된 세계법원칙은 국제형법과 독일법상의 형벌적용규정 사이의 경계에 있다. 그런데 이 규범은 실패하였다. 우선 세계법원칙의 도그마틱 지위가 불명확하다. 그리고 속지주의(Territorialitätsprinzip) 및 이에 귀속되는 국제형법원칙들과 세계법원칙 사이에는 본질적인 차이가 존재한다는 점이 대체로 간과되고 있다. 먼저 속지주의는 경우에 따라서는 국제형법의 그 밖의 원칙들을 통해 수정되기도 하는 국제법의 "일반적인 경우"(Normalfall)에 해당하지만, 반면에 세계법원칙을 적용하는 것은 근본적으로 국제법의 불간섭원칙(Nichteinmischunsgrundsatz)에 위배되며, 이로써 세계법원칙의 적용은 모든 개별사례에서 특별한 검토와 정당성을 필요로 한다.

물론 그렇다고 해서 개별국가의 주권이 무제한적이라는 의미는 아니다. 가령 전체 모든 국민을 노예화하거나 아니면 학살하는 것은 더 이상 그 어느 국가의 "내부사정"으로만 볼 수 없는 일이다. 이러한 범죄를 비판하고, 종결짓도록 조치를 취하는 사람은 법으로 보호되는 주권이익을 침해하는 것이 아니다.[59] 이러한 범죄를 저지하는 것이 정치적으로 종종 매우 어렵다는 점은 물론 별개의 문제다. 뿐만 아니라 어떠한 형태의 침해가 여전히 국가의 유보영역(domaine réservé)에 속하게 될 수 있는지도 지금까지 명확하지 않다. 이와 관련

59 *K. Ambos*, Aktuelle Probleme der deutschen Verfolgung von "Kriegsverbrechen" in Bosnien-Herzegowina, in: NStZ 1999, 226면 이하 (227면).

하여 협약상 보장된 인권보호를 거듭 원용하는 것은,[60] 한계사례에서 명백한 결과를 이끌어내기에는 너무나 불명확하다.

제6조에 규정된 구성요건을 중심이념으로 되돌리는 것은 좀처럼 가능해 보이지 않는다. 세계사법(Weltrechtspflege) 원칙에 대한 구성요건의 귀속을 정당화하기 위해 상당수의 저자들은 초국가적인 합의를 하도록 지적하는 것에 만족하고 있을 뿐이다.[61] 그리고 이때 극소수의 국제법 조약만이 세계법원칙을 명확하게 포함하고 있다는 사실도 종종 간과되고 있다.[62] 또 다른 저자들은 국가관행과 국제관습법을 정당화의 근거로 내세우기도 하는데,[63] 그러나 이러한 입장은 단순한 관행으로부터 어떻게 법이 나올 수 있는가라는 국제법의 오랜 딜레마에 직면하게 된다.[64] 많은 사람들은 내용에 관해 논증을 하면서, 모든 국가와 관련된[65] 그러한 공격에 대한 방어에 있어서, 즉 공동체 전체(erga omnes)에 대한 범죄에 있어서 "초국가적 법익"의 보호와 "국가들의 연대성"을 지적하고 있다. 그러나 어떠한 법익을 "초국가

---

60 *A. Verdross/B. Simma*, Universelles Völkerrecht, 3. Aufl. 1984, §494.

61 그러한 예로는 *J. Baumann/U. Weber/W. Mitsch*, Strafrecht Allgemeiner Teil. Lehrbuch, 10. Aufl. 1995, §7 Rn. 58.

62 *D. Oehler*, Internationales Strafrecht, 2. Aufl. 1983, Rn. 147, 845 이하.

63 *P. Kuning*, Die Bedeutung des Nichteinmischungsprinzips für das Internationale Strafrecht der Bundersrepublik Deutschland, in: JuS 1978, 594면 이하 (596면); *A. Puttler*, Extraterritorial Application of Criminal Law: Jurisdiction to Prosecute Drug Traffic Conducted by Aliens Abroad, in: K. M. Meesen (Hrsg.), Extraterritorial Jurisdiction in Theory and Practice, 1996, 103면 이하 (111면).

64 *A. Bleckmann*, Grundprobleme und Methoden des Völkerrechts, 1982, 110면 이하.

65 *Oehler*, Internationales Strafrecht (주 62), 147면; *W. Zieher*, Das sog. Internationale Strafrecht nach der Reform. Der Rechtsgrund bei Straftaten im Ausland nach den §§5 und 6 StGB, 1997, 83면; 상세하게는 *R. Merkel*, Universale Jurisdiktion bei völkerrechtlichen Vergleichen. 동시에 형법 제6조에 대한 비판적인 문헌으로는 Lüderssen, Aufgeklärte Kriminalpolitik III (주 41), 237면 이하 (252면 이하).

적인 것"으로 인정할 수 있는지, 왜 그러한 법익에 이러한 지위가 부여되는지, 그리고 이러한 법익에 대한 지적이 단순한 도덕적 호소 이상을 의미할 수 있도록 어떻게 세밀하게 서술될 수 있는지는 여전히 불명확하다.

결국 한편으로는 형법적으로 중요한 모든 초국가적 법익이 형법 제 6 조를 통해서 충족될 수 있을지,[66] 그리고 다른 한편으로는 제 6 조가 내용으로 하고 있는 범죄유형들을 실제로 예외 없이 이러한 "세계적 법익"에 적용시킬 수 있을지는 의문이다. 제 6 조는 인종학살(Nr. 1), 원자력-, 폭발물-, 방사선범죄(Nr. 2), 항공기와 선박의 운항방해(Nr. 3), 인신매매(Nr. 4), 아동포르노유포(Nr. 6)뿐만 아니라, 향정신성의약품의 무허가판매(Nr. 5), 유가증권위조(Nr. 7) 그리고 보조금사기(Nr. 8)를 내용으로 하고 있다.[67] 이러한 범죄들이 범죄의 불법내용에서 상당한 차이를 보이고 있다는 점은 분명하다. 따라서 형법 제 6 조가, 세계법원칙이 실제적인 중요성을 얻으면 얻을수록, 더욱 신랄하고 다양한 비판을 오래도록 받아왔다는 사실은[68] 그리 놀라운 일이 아니다.

2. "특별한 관련점"의 기준

이러한 세계법원칙의 불확실성에 대해 판례는, 제 6 조 문언을 넘어서는 그리고 제 6 조 본래의 목표설정과는 반대되는, 바로 독일형법

66 세계법 위반행위의 목록에 대해서는 *F. Meili*, Lehrbuch des Internationalen Strafrechts und Strafprozessrecht, 1910, 85면 이하 참조.

67 물론 외국의 보조금은 형법 제264조 제 6 항 때문에 유럽공동체의 수단이 문제될 때에만 포함된다.

68 최근에는 *Merkel*, Universale Jurisdiktion (주 65), 240면 이하, 247면 이하 및 그 외 여러 면에서.

이 적용되는 것을 정당화하는 영토적 특수성, 즉 부가적인 "특별한 관련점"(besonderen Anknüpfungspunkt)을 요한다는 답변을 내놓았다.

연방최고법원의 판례에서 나온 이러한 판단기준은 외국에서 행해진 마약범죄와 관련된 사건에서 최초로 등장했다. 1976년 연방최고법원은, 독일인에게 네덜란드의 대마초(Haschisch)를 전매하기 위해 독일에서 판매한 네덜란드인에 대해 유죄판결을 내렸다.[69] 여기서 법원은 마약매매에 있어 세계법원칙의 적용을 금지하는 어떠한 보편적인 원칙도 존재하지 않는다고 상술하였다.[70] 그러나 법원은 독일영토를 넘어서는 독일형법의 확장을 특별히 정당화하는 관련점에 의존하려고 하였으며, 이후의 마약사건들에서도 이러한 판례의 경향은 지속되었다.[71]

정당성이 부여되는 관련점에 대한 요구는 구 유고영토에서 발생한 인종학살과 그 밖의 범죄에 대한 판례에서 더욱더 뚜렷하게 발견된다. 이러한 유형의 최초사건들 가운데 하나의 사건에서 연방최고법원의 수사법관은, 외국인이 외국에서 행한 범죄에 독일형법을 확장하여 적용하는 것은, 독일의 형벌권행사를 위해 자국과 관련을 맺는 그 어떠한 특별한 관련점이 존재하지 않는다면, 국제법상의 불간섭원칙에 저촉되는 것이며 다른 국가의 주권을 침해하는 것이라고 상술하였다.[72] 이후의 사건에서 이 판례는 한편으로는 독일형법의 적용가능성

69 *Oehler*, JR 1977, 425면의 평석과 함께 BGHSt 27, 30; 상세하게는 *Kunig*, Bedeutung (주 63), 594면 이하; *Puttler*, Extraterritorial Application (주 63), 103면 이하.

70 BGHSt 27, 30 (32), *Merkel*, Universale Jurisdiktion (주 65), 241면 이하에서는 법원이 이와 관련하여 입증책임의 분배를 전환하였다고 적절하게 서술하고 있다.

71 BGHSt 34, 334; BGH StV 1992, 155에서는 미해결로 남겨졌다. BGH StV 1985, 273에서는 특별한 관련점의 필요는 언급되지 않고 있다; BGHSt 34, 1.

72 *Oehler*, NStZ 1994, 485의 평석과 함께 BGH NStZ 1994, 232.

과 다른 한편으로는 독일의 관할권 사이의 구분을 통하여 강조되었으며, 특별한 국내관련성(Inlandsbezug)의 기준을 독일관할권과 연관짓게 되었다.[73] 특별한 국내관련성에 대한 요청은, 이러한 요청이 없다면 형사소송법 제153c조 제1항 1호에 규정된 불기소처분의 가능성에도 불구하고, 독일사법에 과도한 부담을 준다는 점에서도 또한 정당화되고 있다.[74] 1999년 4월 30일의 "인종학살판결"[75]에서도 연방최고법원은 이러한 원칙들을 확고히 하였다. 그러나 최근에는 정당성이 부여되는 관련점에 대한 요구가 약해지고 있음이 드러나는데, 연방최고법원은[76] "어떠한 경우이든 형법 제6조 제1항 9호에서는" 추가적인 연결점은 불필요하다고 하였다.

이 판례가 세계법원칙의 맥락에서 "정당성을 부여한 관련점"에 대한 연방최고법원의 입장에 대해 근본적인 전향을 시작하는 것인지의 여부는 좀 더 기다려 봐야 한다. 또한 가령 세계적인 충격과 경악을 불러일으킨 바로 2001년 9월 11일의 세계무역센터충돌과 같은 범죄에서, 모든 국가들이 형사소추에 대해 동일한 연관성을 갖지 않는다는 점은 거의 논란의 여지가 없는 일이긴 하다. 우선 이러한 범죄 자체를 처벌할 정당한 이해관계를 가진 국가는, 일차적으로는 피해를 입은 국가, 즉 이 경우에는 미국이다. 따라서 충분히 정당성을 부여하는 관련점이 없는, 예를 들면 독일의 관청[77]에 의한 형사소추는 관련 국가의

73 BGH NStZ 1999, 236; BGH StV 1999, 240.

74 BGH NStZ 1999, 236; 이에 대한 비판으로는 *Eser*, Völkermord (주 58), 25면 이하.

75 BGHSt 45, 64 = NStZ 1999, 396 (*Ambos*의 평석과 함께) = JZ 1999, 1176 (*Werle*의 평석과 함께) = JR 2000, 202 (*Lagodny/Nill-Theobald*의 평석과 함께). BVerfG NStZ 2001, 240에 의하여 민족말살에서의 "특별한 관련점" 요구는 미해결인 채로 남겨졌다.

76 BGHSt 46, 292 = JR 2002, 79 (*Hilgendorf*의 평석과 함께).

77 근거로는 형법 제6조 2호와 3호가 될지도 모른다.

고유한 사건에 대한 월권과 간섭으로 보일 수도 있을 것이다.

세계법원칙의 적용에서 나타나는 불확실함은, 특히 형벌적용원칙의 의의와 효력범위가 아직 명료하지 않다는 점과 이러한 이론적 결여가 세계법원칙의 해석과 실제적인 적용 속에 반영되어 있다는 점에 기인하고 있다. 따라서 세계법원칙의 역사적 토대를 독일형법에서 더 상세히 조명하는 일이 불필요한 것 같지는 않다.

Ⅵ. 추가논의: 독일형법에서 세계법원칙의 기원: 로베르트 폰 몰의 세계시민주의

1. 세계사법의 근본사상

근대 독일형법에서 세계법원칙의 시조는 뷔르템베르크주의 국가법학자이자 온건자유주의자인 로베르트 폰 몰(Robert von Mohl: 1799-1875)이다. 그는 1853년에 출간된 논문인 "망명에 관한 국제법이론"[78]에서 세계(시민)주의적이고 잠재적으로 세계를 포괄하는 법질서를 지지하였다. 몰의 논문은 법철학적 이상주의와 냉정한 현실감각의 흔하지 않는 결합으로 특징지어진다. 명확하면서도 엄격하게 체계적으로 구축된[79] 그의 글은 바로 오늘날에도 설득력을 가진 국제공동체 이론에 대한 개요라고 할 수 있다.

몰은, "전 인류를 위한 법질서의 형성에 기여할 자연적인 의무

78 In: Tübinger Zeitschrift für Staatswissenschaft, 1853, 461면 이하. 상술한 문장은 개정 및 확장판에 제시되어 있다. 즉 *R. v. Mohl*, Staatsrecht, Völkerrecht und Politik. Monographien Bd. 1: Staatsrecht und Völkerrecht, 1860, 637면 이하.

79 1836년에서 1844년 동안 몰은 튀빙겐 대학의 도서관장이었는데, 이것은 그의 놀라운 문학적 지식을 해명해 줄지도 모르겠다.

가 국가에 있는가"[80]라는 물음에서 출발하였다. 그는 "세계시민주의적" 입장과 "국수주의적" 입장을 구분하였다. 먼저 세계시민주의적 입장은 "일반적으로 인간의 도덕적 과제는 힘에 의해 완전한 법적 상태를 형성하는 것에 기여하는 것"이라는 점에서 출발하고 있는 반면에, 국수주의적 입장은 "국가의 과제는 오로지 자국 시민의 보호와 자국의 법질서유지"라는 원칙에 바탕을 두고 있다.[81] 이러한 기본입장의 특징은, 이미 몰이 세계시민주의적 견해에 동조하고 있다는 것을 암시한다. "완전한 법적 상태"를 향한 노력은 그에게는 이성의 명령이며, 세계시민주의는 그에게 "모든 신체적 · 정신적 선에 도달하기 위한 필수요건"[82]이자 "연약한 인간이 이룩할 수 있는 제도 중 최상위 단계"이다.[83]

여기서 몰은 국가의 목적에 대한, 그리고 최종적으로는 인간의 "삶의 목적"에 대한 광범위한 고찰로부터 출발하고 있다.[84] 이러한 맥락에서 그는 종교적인 학설을 불충분한 것으로 간주하였다.[85] 그 대신 오로지 "인간의 소질, 욕구, 수단에 대한 고려"[86]만이 유지되어, 이로부터 인간은 교육으로 성취하고자 하는, 매우 다양한 정신적이고 육체적인 속성과 능력을 갖고 있다는 사실이 분명해진다고 하였다. 그는 우리의 자연적 소질을 계발하고 교육하는

80 Staatsrecht, Völkerrecht und Politik (주 78), 638면.
81 Staatsrecht, Völkerrecht und Politik (주 78), 684면, 700면.
82 Staatsrecht, Völkerrecht und Politik (주 78), 684면.
83 Staatsrecht, Völkerrecht und Politik (주 78), 596면.
84 국제법의 과제로서 국제공동체에 대한 장려에 대해서는 Staatsrecht, Völkerrecht und Politik (주 78), 581면 이하.
85 Staatsrecht, Völkerrecht und Politik (주 78), 581면. 신학과 모든 형이상학에 대한 이렇게 명확하게 표현된 구분에 의해 구 자연법적 (그리고 또한 이성법적) 지위에 대한 명확한 경계선이 나타난다. 오늘날의 철학적 어법에서 몰의 정당화의 출발점은 가장 빨리 "자연주의적인" 것으로 특징지어진다고 한다.
86 Staatsrecht, Völkerrecht und Politik (주 78), 582면.

것이 개인의 목표일 뿐만 아니라, 많은 경우 "상호적인 원조"가 필요하기 때문에 공동체의 과제라고 하였다.[87] 따라서 몰에게 있어서 인간은 자신의 자연적 속성을 통해 다른 인간과 함께 공동체를 지향하는 존재이다. 여기서 그는 (예컨대 이성파트너와 같은) 개별적인 타인에서부터 공동의 이익에 따라 형성된 집단과 국가를 넘어서 국제적인 공동체에 이르기까지 주제의 영역을 확장시킨다.[88] 국가와 법은 이렇게 놀랍도록 현대적인 형태로 개인과 그의 소질 및 욕구와 연결되게 된다.

2. 세계시민주의의 한계

그러나 몰은 엄격히 시행되는 국가적 세계시민주의, 즉 외국에서 일어난 사건을 이유로 개별국가의 급부를 지나치게 요구하고, 외국과 풀기 어려운 난제를 초래하는 등의 위험을 명백히 바라보게 되었다. 그리고 그는, 경우에 따라서 국가는 부득이하게 "다른 국가의 의심스럽고 위협적인 상황에 대해 공식적인 입장을 표명"할 수도 있다고 하였다. 나아가 극단적인 경우, 국가는 망명자들을 폭력적인 정권에 인도하거나 아니면 외국 정부를 공개적으로 폭력정치라고 표명해야 하는 선택의 기로에 서게 된다고 하였다.[89] 그렇지만 그는 결론적으로는 세계시민주의적 출발점을 단지 특정한 부분으로만 제한하는 "중재적 입장"을 표명하게 된다. 따라서 다른 하나의 국가에 반하는 특별한 범죄는 그 국가에 의해서만 처벌받을 수 있다고 하였다.[90] 외국인이

87 Staatsrecht, Völkerrecht und Politik (주 78), 582면 이하.
88 Staatsrecht, Völkerrecht und Politik (주 78), 583면.
89 Staatsrecht, Völkerrecht und Politik (주 78), 705면 이하.
90 Staatsrecht, Völkerrecht und Politik (주 78), 712면 이하.

외국에서 행한 범죄는 범죄인인도가 실패한 후에야 비로소 처벌받게 되는 것이라고 하였다.[91]

몰의 구상에서 도출할 수 있는 가장 중요한 결론은 형법의 효력범위가 국경으로 끝나지 않는다는 점이다. 오히려 모든 국가는, "만일 범죄자가 그 권력에서 처벌받지 않고 있고, 직접 관련된 그 어떤 국가도 법원의 소추를 요구하지 않고 있는 경우라면, 외국인이 외국에서 행한 범죄를 처벌해야 할 […] 권리와 의무가 있다."[92] 그러나 몰은 그렇다고 "넓은 세계에서 처벌받지 않고 있는 모든 범죄자를 우스꽝스럽고 결국에는 불가능한 돈키호테식으로 추적하도록" 하자는 것이 아님을 강조하고 있다. 즉 국가는 "보편적인 법제정"의 의무가 있는 것이 아니라, 자신의 범행을 속죄하지 않은 채 자신을 국가의 처분에 맡기면서, 그리고 입증에 있어서 입증의 방법이 그 국가에게 있음직한 그러한 범죄자에 대한 처벌의무만을 부담한다고 한다.[93]

따라서 국제적인 법과 그 과제에 대한 몰의 세계시민주의적 이론에서는, 세계법의 대표자들이 곧잘 비난당하는 이유였던 맹신적인 불명확성과 비현실성[94]이 그렇게 두드러지지는 않는다.[95] 물론 다른 한편으로는 많은 물음들이 해결되지 않은 채 남겨져 있다는 점이 간

91 Staatsrecht, Völkerrecht und Politik (주 78), 698면, 751면.

92 Staatsrecht, Völkerrecht und Politik (주 78), 750면 이하.

93 Staatsrecht, Völkerrecht und Politik (주 78), 751면.

94 이와 달리 이러한 성질은 다음의 문헌에서 충분히 찾을 수 있다. *R. Heinze*, Universelle und partikulare Strafechtspflege, in: Festgabe zur Feier des siebzigsten Geburtstags seiner königlichen Hoheit des Grossherzogs Friedrich von Baden, dargebracht von Mitgliedern der juristischen Fakultät der Universität Heidelberg, 1896, 313면 이하.

95 가령 *F. v. Liszt*, Lehrbuch des deuschcen Strafrechts, 23. Aufl. 1921 (*E. Schmidt*의 검토와 함께), 101면; "wissenschaftlich unhaltbar und praktisch undurchführbar"; 유사하게는 *M. E. Mayer*, Der Allgemeine Teil des Deutschen Strafrechts, 2. Aufl. 1923, 77면 이하 참조.

과되어서는 안 된다. 이러한 점은 개별국가가 세계적으로 어떤 범죄를 처벌할 권한이 있는가 하는 문제에도 해당된다. 몰이 행한 (해당 국가만이 처벌할 수 있는) "다른 국가의 공법을 위반한 행위"와 평범한 "사적인 범죄"와의 구분은 전혀 설득력이 없다. 또한 주목을 끄는 것은, 그가 행위의 중대성에 따라 구분하지 않았다는 점인데,[96] 이로써 그는 기본적으로 국가보안범죄를 제외한 전체 범죄에 대해 모든 국가의 전관할권이 인정된다고 보았다.

이러한 모델은 기껏해야 19세기 중반 당시 한눈에 조망가능하였던 유럽지역에 대해서만 논의될 수 있다. 전세계적으로 실제적인 경계가 사라진 오늘날, 몰의 구상은 실현될 수 없다. 그러나 그의 세계시민주의적 체계에서의 몇몇 구조적인 요소들은 놀랍게도 현대적이다. 이는 가령 보편적으로 수용되었거나 아니면 적어도 수용가능한 (그러한 점에서 "보편타당한") 가치라는 그의 이념을 들 수 있다.[97] 그러나 설령 우리가 그의 이념을 받아들인다 하더라도, 구체적인 법익으로의 실제적인 전환과 적절한 형법규범의 형성은 문화적이고 정치적인 차이에 대한 광범위한 여지를 허용하게 된다. 공통되는 가치토대가 문화적으로 광범위한 지역에 대해 단일한 형법을 반드시 가져오는 것은 아니며, 하물며 세계적 차원의 단일화가 나올 수 있겠는가.

---

96 *A. A. W. v. Rohland*, Das internationale Strafrecht, 1877, 16면 이하.
97 이에 대해 *Hilgendorf*, Recht und Moral (주 11), 86면 이하.

VII. 세계법주의의 원칙

어떤 불법행위들이 세계법주의에 귀속될 수 있는가 (따라서 세계법 위반행위에 해당하는가) 라는 물음에 답하기 위해서는, 추상적-연역적인 착안은 경험적-귀납적인 착안에 의하여 보충되어야 한다. 실제로 세계법주의는 우선 해적행위, 노예매매 그리고 해상케이블의 파괴와 같은 불법행위에 적용되었다. 그러한 범죄행위는 보통 개별국가의 영토 밖이나 아니면 적어도 그러한 범죄행위를 저지하려고 하지 않거나 또는 저지할 수 없는 국가들의 영토에서 일어나는 것을 통해서 두드러진다. 이런 의미에서 실제로 초국가적 법익이 문제가 된다. 살인, 강간 그리고 중상해에 대한 예방과 처벌에 대한 관심도 마찬가지로 초국가적이며 심지어 보편적이다. 그러나 이러한 관심을 관철하는 것은 원칙적으로 개별국가의 수단으로도 충분하다. 이웃국가가 적절한 행위양식을 국내형법의 관할에 두도록 한다고 해도, 국가적 보호가 개선되지는 않는다. 따라서 국가적 보호가 개별국가의 법질서를 통하여 보장될 수 없거나 또는 충분히 보장될 수 없는 그러한 초국가적 법익만이 세계법주의에 속하게 된다.

그 밖에도 형법 제6조로 귀속시키고 국내의 사법권을 전세계로 확장시키는 것을 정당화하기 위해서는, 보호되는 이익이 특별한 중요성을 가져야만 한다. 그러나 보호이익을 초국가적으로 승인하는 것만으로는 여전히 정당성을 보장받을 수 없다. 나아가 이와 관련하여, 인간의 기본적인 소질과 욕구를[98] 결합하고 있는 몰의 사고는 세계법의

98 위의 VI. 1. 참조. 이와 달리 *Merkels*, Universale Jurisdiktion (주 65), 249면에서는 다음과 같은 제안을 하고 있다. 즉 "순수한 국제법 범죄"로서는 "조직

후보 가운데 우선순위에 대한 시험대로 보인다. 그 밖에도 보호이익에 대한 형법적 무장이 보호이익의 침해를 막는 데 적합하고 필요하다는 점이 요청된다(비례성원칙). 즉 하나의 국가만을 통해서는 보존될 수 없는 지구대기의 청결유지라고 하는 국가를 초월하는 매우 중대한 이익은 확실히 존재하고 있다. 그러나 이에 상응하는 오염의 구성요건을 세계법주의에 귀속시키는 것은 지금까지도 이행되지 않고 있는데, 이는 개인의 행위와 관련된 형법적 제재는 지구대기를 보호하기에는 적합하지 않기 때문이다.[99]

국제적으로 "매우 중요한" 법익의 목록에 귀속시키는 것은 개별사안에서는 종종 문제가 될 수도 있다. 하지만 대부분의 한계사례에서는 국제관습법이나 아니면 더 좋게는 국제법적인 협약을 통해서 결정내릴 수 있다. 여기에 바로 세계법주의의 다섯 번째이자 마지막인 중심이념과 직접 연결된다. 즉 세계법에 대한 모든 새로운 위반행위는 다른 국가들과의 주권충돌이라는 위험을 내포하고 있다. 이러한 위험을 없애기 위해서는 새로운 범죄를 세계법주의에 귀속시키는 일을 국제법적으로 확보해야만 하며, 따라서 그러한 일이 국제관습법에 의거하거나 아니면 충분히 많은[100] 협약당사자들과 함께 하는 국제법

화된 사회에서 모든 인간의 공존을 위한 규범적 조건을 침해하고," 이를 통해 "문명의 근간을 뒤흔들고," 그리고 "다른 국가가 그에 대한 대책 없이 수인하는 것으로 인해 세계적 규범승인의 포기할 수 없는 최소한도를 침해할 수밖에 없는" 범죄만을 세계법주의의 아래에 두었다. 이러한 기준이 인종학살에 의해 필수적으로 충족될 수 없는데, 하물며 인신매매나 아동포르노유포와 같은 "은밀한" 범죄에 의해 충족될 수 있겠는가.

99 1997년에 체결된 교토의정서(International Legal Materials [1998], 32면 이하)에는 그 대신 특정한 오염물질에 의한 오염의 계속적인 감소를 위한 구속력 있는 국가할당이 규정되어 있다.

100 엄밀히 말하자면 주권충돌을 방지하기 위해서 모든 국가들은 물론 새로운 세계법 위반행위를 승인해야 한다. 하지만 실제로는 "힘 있는" 국가들이 상당한 시간을 거쳐서 특정한 범죄를 세계법 위반행위로 승인하는 것으로 충당한다.

적 협약에 의해서 규제되어야 한다.

형법 제6조의 규정을 다섯 개의 기준, 즉 초국가적 이익의 보호, 개별국가에 의한 충분하지 않은 보호가능성, 보호이익의 특별한 중대성, 이익보호에 대한 형법의 적합성 그리고 마지막으로 국제법을 통한 초국가적인 형법적 보호의 안전조치라는 기준으로 평가해 보면, 특히 형법 제6조 5호의 정당성에 문제가 있는 것으로 보인다. 그러나 중대한 초국가적 정보망범죄(Datennetzkriminalität)를 억제하고자 하는 관심은 매우 크기 때문에, 예컨대 전세계적인 바이러스유포나 심각한 업무방해의 경우에는 이를 입법론적으로 세계법주의에 귀속시키는 것은 정당화된다. 아동음란물 유포의 경우, 이는 이미 형법 제6조 6호에 발현되어 있다.

세계법주의를 독일형법에서 국제형사재판소의 관할권과 어떻게 일치시킬 수 있는가 하는 물음은 여전히 해명되지 못하고 있다. 국제형사재판소 규약 제17조에서는, 국제형사재판소는 국내형법규범에 대해서 오로지 보충적으로만 권한이 있다고 규정되어 있다.[101] 이는 공동체 전체에 대한 범죄인 국제법 위반범죄의 이념과는 쉽게 일치될 수 없는 것이다. 적어도 이는 국제공동체에 반하는 범죄에 대해 국제공동체가 고유한 형사법원을 통해 직접적으로 다루는 것이 아니라, 단지 국내 (어떤?) 형법질서를 넘어서 간접적으로만 다루는 경우에만 작동하는 우회로로 보인다. 세계법주의 아래, 국내의 형법질서를 통해 초국가적 범죄행위를 강력하게 다루고 압박할수록, 세계형사재판소의

---

101 이는 독일의 국제형법전 초안에 대한 고려를 싣고 있다. die Entwurfsbegründung unter A I(Stand: 2, Mai 2001) 참조. 기본적인 평가로는 *C. Kreß*, Vom Nutzen eines deutschen Völkerstrafrechts, 2000; *G. Werle*, Konturen eines deutschen Völkerstrafrechts, in: JZ 2001, 885면 이하 및 *H. Satzger*, Das neue Völkerstrafgesetzbuch, in: NStZ 2002, 125면 이하.

정당성과 실질적인 의의는 점점 더 약화될 것이다.

강력한 국제형사재판소를 옹호하기 위해 비중 있는 논거들이 제시되고 있다. 즉 국내법을 적용하는 것은 기본적으로 다른 국가의 내정을 간섭한다는 비난을 받는 반면에, 국제형사재판소는 그 지위와 관할권 그리고 절차가 법치국가적으로 규정되어 있는 한, 그러한 의심으로부터는 자유롭다.[102] 이러한 전제 아래, 또한 법원에서는 단지 (자국의) 개별적인 이익추구만을 중요하게 다룬다는 의심 또한 제거될 수 있을 것이다. 따라서 오로지 국제형사재판소만이 공동체 전체에 대한 범죄에 대해 세계적으로 단일한 판례를 확보할 수 있다. 많은 경우 개별국가들은 다른 국가에서 발생한 그와 같은 범죄를 소추하기에는 그 국력이 너무나 미약할 것이다. 이는 특히 하나의 국가 그 자체가 범죄자이거나, 적어도 범죄자를 숨겨주는 경우에 더욱 그러하다. 중국이나 러시아, 미국과 같은 강대국에서 발생한 범죄에 대하여 국내의 형사소송을 기반으로 하여 형사소추하는 것은, 범죄자의 모국에서 이를 동의하지 않는 한 거의 불가능하다. 반면에 국제형사재판소는 이러한 정치적인 고려를 할 필요가 없는데, 왜냐하면 그 힘이 경제적이거나 군사적인 힘에서 나오는 것이 아니라, 그 판결에 대한 존중과 전세계적으로 광범위한 도덕적인 영향력에서 나오기 때문이다. 효과적인 초국가적 형법에 대한 최초의 전세계적인 네트워크 기반은 로마규약으로 형성되어 있다. 이로써 국제형사재판소는 국제형법에 대해서만이 아닌, 형법 전체에 대한 것이라는 시대적 전환을 알리게 되었다.

---

102 국제형사재판소 규약은 그 타협적 성격에도 불구하고 기본적으로 이러한 요청을 충족할 수 있을 것이다. *O. Lagodny*, Legitimation und Bedeutung des Ständigen Internationalen Strafgerichtshofes, in: ZStW 113 (2001), 800면 이하 참조.

VIII. 결 론

독일형법의 탈경계화는 먼저 유럽형법을 발전시키고 다시 독일형법에 영향을 미치도록 함으로써, 그리고 효과적인 국제형법을 출현시킴으로써, 마지막으로는 독일의 국제형법을 오늘날의 정보망범죄(Datennetz-kriminalitt)의 도전에 적합하도록 함으로써 실현된다. 독일형법의 유럽화는 일반적으로 받아들여지는 것보다 더 많은 물음을 제기하는데, 무엇보다도 유럽형법의 민주적 정당성과 통제는 오늘날까지도 여전히 풀리지 않는 문제이다. 국제형법에서는 로마규약에 의해 새로운 시대가 시작되었다. 인류역사상 최초로 국제법 위반 범죄를 진정한 세계법정에 세워 처벌할 수 있게 될런지도 모른다. 따라서 세계법원칙을 규정한 형법 제6조가 도그마틱적으로 실패했기 때문에, 보충성원칙 조항에 의거하여 법원의 효력범위를 축소시키자는 주장은 별로 설득력이 없다.

전지구적인 정보망범죄를 형법으로 극복하는 작업은 여전히 시작 단계에 있다. 특히 문제로 보이는 것은, 경계가 없는 "사이버공간"에서 독일형법의 적용범위를 어떻게 제한할 수 있는가 하는 점이다. 소수 의견들은, 이러한 물음들은 오로지 독일법상의 형벌적용에 관한 규정(§§3-7, 9 StGB)을 개정함으로써만 해결될 수 있다는 주장에 동조하고 있다. 세계법주의의 정당한 적용범위를 다섯 가지 기준, 즉 초국가적 이익의 보호, 개별국가에 의한 충분하지 않은 보호가능성, 보호이익의 특별한 중대성, 이익보호를 위한 형법의 적합성 그리고 국제법을 통한 초국가적인 형법적 보호의 안전조치라는 기준에 따라 결정한다면, 중대한 정보망범죄를 세계법원칙에 귀속시키는 것은 타당해 보인다.

Beobachtungen zur Entwicklung des deutschen Strafrecht 1975-2005

02

1975년부터 2005년까지 독일형법의 발전과정에 대한 관망*, **

I. 서 론

1975년 개정 형법총칙이 시행된 이후, 형법개정논의는 형법각칙을 중심으로 진행되었다. 형법은 더 이상 현대적이지 못한 것으로 간주되었으며, 지금까지의 개정안들은 지나간 시대의 논의로 치부되었다. 이에 따라 독일 기본법 정신에 더욱 잘 부합하는 법치국가적 및 사회국가적 형법에 대한 요청이 — "대안교수들"(Alternativprofessoren)을 중심으로 — 커져 갔다. 형법교수이자 1974년부터 1978년까지 연방내무부장관을 지낸 베르너 마이호퍼(Werner Maihofer)는 이러한 형법개정의 두 가지 주요지침을 밝혔다. 즉, "(1) 형법은 시민자유의 마

* 원문은 Beobachtungen zur Entwicklung des deutschen Strafrecht 1975-2005, in: Hilgendorf/Weitzel (Hrsg.), Der Strafgedanke in seiner historischen Entwicklung. Ringvorlesung zur Strafrechtsgeschichte und Strafrechtsphilosophie, Berlin 2007, 649-702면.

** 아래 I-IV의 내용은 *E. Hilgendorf/Th. Frank/B. Valerius*, Die deutsche Strafrechtsentwicklung 1975-2000. Reformen im Besonderen Teil und neue Herausforderungen, in: Th. Vormbaum/J. Welp (Hrsg.), Das Strafgesetzbuch. Sammlung der Änderungsgesetze und Neubekanntmachungen. Supplementband 1: 130 Jahre Strafgesetzgebung- Eine Bilanz, 2004, 258-380면을 요약하고 확장한 글이다.

그나 카르타(Magna Charta Libertaturn des Bürgers)이다." 그리고 "(2) 형법은 사회정책의 최후수단(ultima ratio)이다."[1] 그는 이러한 지침을 통해서 지금까지 지적되었던 형법의 결점, 특히 과도한 형사정책과 그리고 법과 도덕을 부적절하게 뒤섞으려는 경향에 대해 대응하고자 하였다. 또한 그는, 형법은 사회정책의 임의적 수단이 아니며, 또한 형사소추기관은 경미범죄에 전념함으로써 실제적인 범죄퇴치에서 물러서야 한다고 논증하였다.[2]

루돌프 비트횔터(Rudolf Wiethölter) 역시 마이호퍼와 마찬가지로 60년대 법비판의 지침서 격이었던 자신의 "법학"입문[3]에서 당시 형법의 주요흠결사항들을 서술하였다. 그는, 19세기 이해의 지평 속에서 형법이 당시의 안정에 기여했던 왕위와 제단에 의해 결속되어진 그러한 시민적인 소유사회 및 교양사회가 더 이상 아닌, 바로 우리의 현재 사회에서 형법이 담당하는 기능을 숙고해 줄 것을 요구하였다. 그리고 그는 형법각칙 개정의 주요영역으로서 정치형법과 간통죄, 인공수정, 낙태 및 단순 동성애를 다루고 있는 윤리형법을 들었다.[4]

마이호퍼와 비트횔터가 발안한 형법개혁프로그램은 60년대 초에 시작된 사회변혁의 배경을 알아야만 이해될 수 있다.[5] 형법각칙과 관련하여 그 시대가 요구했던 대부분의 법정책은 "자유화"(Liberal-

---

1 *W. Maihofer*, Die Reform des Besonderen Teils des Strafrechts, in: L. Reinisch (Hrsg.), Die deutsche Strafrechtsreform, 1967, 72-88면 (74면).

2 Die Reform des Besonderen Teils (주 1), 75면; 또한 *Hilgendorf/Frank/Valerius* (주 **), 262면 참조.

3 *R. Wiethölter*, Rechtswissenschaft, 1968.

4 Die Reform des Besonderen Teils (주 1), 79면.

5 이에 대해 *E. Wolfrum*, Die geglückte Demokratie. Geschichte der Bundesrepublik Deutschland von ihren Anfängen bis zur Gegenwart, 2006, 187면 이하, 253면 이하; 이와 동시에 진행된 법이론의 부흥에 대해서는 *E. Hilgendorf*, Die Renaissance der Rechtstheorie 1965-1985, 2005.

isierung)와 "폐지"(Abschaffung)라는 주요개념으로 요약할 수 있다. 즉 성형법(Sexualstrafrecht)과 정치형법(das politische Strafrecht)의 자유화, 형법 제218조 이하(역주- 낙태에 대한 형벌규정)의 완화 또는 폐지, 형법 제175조(역주- 남성들의 동성애에 대한 형벌규정)의 폐지였다. 이후 90년대 중반부터는 오늘날까지도 형법발전의 특징으로 간주되고 있는, 새로운 두 요소인 법의 유럽화와 국제화가 등장하게 되었다.

II. 발전 경향

형법각칙에 대한 개정논의의 결과로, 이미 여러 차례의 개정이 있어 왔다. 개정연구 시기에서는 특히 낙태, 테러방지, 경제범죄, 환경범죄, 성형법 그리고 조직범죄와 같은 법영역에서 변화가 있었다. 그리고 1998년의 제6차 형법개정에서는 특히 형벌규정에 대한 광범위하면서도 많은 변화가 있었다.[6] 돌이켜보면 이러한 주요단계에서는 1975년과 2005년 사이에 나타난 독일형법의 (부분적으로는 모순되는) 발전경향과 그리고 문제되는 특징을 발견할 수 있다.

프랑크푸르트의 형법학자인 볼프강 나우케(Wolfgang Naucke)는 지난 수년 간 독일의 형법발전을 가장 예리하게 관찰하고 비판한 사람 중의 하나이다. 나우케의 핵심논제는,[7] 독일형법전이 고전적이고

6 이러한 주제들의 영역에 대해 상세하게는 *Hilgendorf/Frank/Valerius* (주 **), 265-363면.

7 이 논제는 *W. Naucke*, Gesetzlichkeit und Kriminalpolitik. Abhandlungen zum Strafrecht und zum Strafprozessrecht, 1999; *W. Naucke*, Über die Zerbrechlichkeit des rechtsstaatlichen Strafrechts. Materialien zur neueren Strafrechtsgeschichte, 2000 (Juristische Zeitgeschichte, Abt. 1 Bd. 4)에서 찾아볼 수 있다.

자유주의적인, 개인적 법익을 지향하는 형법모델에서 벗어나, 가령 환경, 마약, 조직범죄, 테러범죄, 하이테크범죄 그리고 생산자책임과 같은 항상 새로운 영역으로 뻗어나가고 있다는 점이다. 이러한 그의 관찰은 실제로 사실이다. 즉 독일형법은 뒤로 물러서지 않고 계속 팽창하였으며, 그러는 사이에 "고전"형법이론에서 많이 벗어난 영역까지 형법에 포함하게 되었다.

물론 이러한 발전을 평가할 때, 일방적인 비판적 자세를 성급하게 취하면서, 실제로는 순수한 형태였던 적이 결코 없었던 "고전적·자유주의적 형법"의 미덕만을 설파해서는 안 된다. 또한 고려해야 할 점은, 많은 변화를 요구받고 있는 오늘날의 형법이 30년 전의 형법보다 훨씬 더 시대에 부합한다는 점이다. 이는 특히, 실정법의 정도가 사회윤리의 발전뿐만 아니라, 예컨대 데이터처리(Datenverarbeitung), 정보송신(Informationsübertragung) 등과 같은 기술적 발전수준에도 폭넓게 상응하고 있다는 의미에서도 타당하다. 아래에서는 적어도 착안하는 데 있어서라도 이러한 전체적인 발전에 적합하도록, 오늘날 형법 비판의 중심개념에 해당하는 14개의 주요개념들을 분석하고자 한다.

1. 변화의 도구들

입법자가 전통적으로 형법개정을 추진하는 데 사용하는 도구로는 a) 형법의 주변부에만 영향을 미치는 특정한 현안문제에 대한 법률, b) 명확하게 정의된 개별문제에 특별히 형법이 개입하게끔 하는 형법개정법률, c) 중요성 때문에 부각된 전체 생활영역을 규제하는 법률, 그리고 d) 예컨대 1998년 제6차 형법개정법률과 같이 형법의 많은 영역을 광범위하고 심도 있게 바꾸는 형법개정법률이 있다. 입법자는 본 글이 다루는 연구시기의 범위 내에서는 대체적으로 이러한 전통적인 범주에 의존하고 있다. 하지만 형법이 단지 일시적으로만 관련되어 있을 뿐인 단순한 개정법률의 수는 연구시기의 범위 내에서는 엄청나게 증가하였다.

2. 규범의 구조와 범위

입법자는 규범을 매우 세분화하고, 이에 따라 규범을 광범위하게 하려는 경향이 증가하고 있다. 이에 대한 예로는 범죄목록이 거듭 확장되고 있는 형법 제261조(돈세탁) 또는 논란이 되고 있는 행위양태인 형법 제263a조(컴퓨터사기) 및 형법 제152a조(지불카드위조)를 들 수 있다. 이처럼 모든 개별사례를 규정지으려는 입법기술은 법적용을 어렵게 하며, 또한 수범자로 하여금 무엇이 금지되고, 무엇이 그렇지 않은지를 항상 명확하게 인식할 수 없게끔 만든다. 범죄가 되는 행위들을 상세히 서술하려고 하는, 이러한 규범들에 작용하는 매우 세분화된 서술의 기술은 새로운 행위양태를 파악하는 데 있어서 복잡한 문제를 야기하는데, 이는 형법적 유추금지가 이러한 기술에 대립되기 때문이다.[8]

3. 불명확한 법률들

동시에 법적용자에게 상당한 판단여지를 주는 규범적 개념들을 수많은 법률에 사용하거나 그 밖의 다른 불특정한 표현들이 도입되기

---

8 지난 수십년 간의 입법기술에 대해서는 *U. Scheffler*, Strafgesetzgebungstechnik in Deutschland und Europa, ZStW 117 (2005), 766-800면; *F. C. Schroeder*, in: Vormbaum/Welp (주 **), Die Entwicklung der Gesetzgebungstechnik, 381-422면.

도 하였다. 이를 통해서 사법부에 부담을 주고 법적 불안정성을 불러오는 법규해석에 대한 논쟁이 미리부터 예정되었다. 법적용자에게 주어진 이러한 광범위한 판단여지는 권력분립의 원칙에서 보더라도 문제가 있는데, 민주적으로 정당화된 의회의 결정권한이 사법부나 행정부로 옮겨가기 때문이다. 불명확한 개념을 사용하는 경향은 또한 행위를 가능하면 정확하게 서술하려는, 앞의 2.에서 언급한 노력에 역행하게 된다.

4. 비범죄화

60년대 후반과 70년대 초반의 시대정신은 매우 광범위한 비범죄화 — 때로는 심지어 "형법폐지"에까지 이르는 — 요구로 각인되었음에도 불구하고, 1975년에서 2005년 사이에는 단지 소수의 일부 영역에서만 진정한 비범죄화가 이루어졌다. 여기에는 1994년에 입법화된 제29차 형법개정법률에 의한 형법 제175조의 폐지와 그리고 이와 관련된, 미성년자와의 양해적 동성애 행위에 대한 처벌규정 폐지가 포함된다. 그러나 반면에 단순한 상점절도나 뺑소니와 같은 경미한 불법을 내용으로 하는, 대량으로 광범위하게 행해지는 범죄를 비범죄화하려는 시도는 실패하고 말았다.

5. 새로운 범죄화와 형벌 강화

1975년과 2000년 사이에 있었던 탈범죄화는 전반적으로 볼 때 단지 일부에만 그쳤던 반면에, 폭력 및 특히 아동음란물 등과 관련한 성형법의 영역에서는 더한층 강화된 범죄화의 경향이 나타났다. 이러한 영역에서의 자유화는 매우 엄격하게 진행되었다. 강화된 범죄화의 또 다른 중요한 영역으로는 환경형법이나 경제형법을 들 수 있다. 나아가 신체상해범죄의 형량이 증가하였으며 (형량의 조화를 위해 마찬가지로 재산범죄의 형량은 낮춰졌어야 했다), (예컨대 단순상해에서 볼 수 있듯이) 미수범죄가 증가하였고, 제 6 차 형법개정법률에 주거침입절도가 특수구성요건으로 평가절상되었다. 지난 30년간 형법발전의 주요경향은 새로운 범죄화와 형벌의 강화로 볼 수 있다고 말해도 지나치지는 않다.

6. 전단계범죄화

새로운 형법규정의 제정을 통한 범죄화와 병행하여, 형법은 점점 더 고유한 법익침해가 일어나기 전의 단계로 한층 더 확대되어 가고 있음을 확인할 수 있다. 이를 위한 수단으로는 미수범죄의 증가와 특히 추상적 위험범의 도입을 들 수 있다. 추상적 위험범에서는 구체적 위험범에서처럼 실질적으로 확인할 수 있는 법익에 대한 구체적 위험에 이른 적이 결코 없지만, 입법자가 일반적으로 위험하다고 분류한 행위를 행하기만 하는 것으로도 충분하다.[9] 이에 대한 예로는 환경형법인 형법 제326조 이하, 부당경쟁범죄인 형법 제298조 이하, 나아가 형법 제306a조 제 1 항의 방화범을 들 수 있다.

7. 미래지향적 형사입법

본 글이 다루는 시기에서 보여지는 독일 형사입법의 특징은 입법자가 여러 차례 되풀이하여, 입법 당시 시점에서는 기술적으로 전

9 *J. Baumann/U. Weber/W. Mitsch*, Strafrecht Allgemeiner Teil. Lehrbuch 11. Aufl. 2003, §8 Rn. 42 이하.

혀 현실화될 수 없었던 행위들을 기술적 발전에 앞서서 처벌화하려 했다는 점이다. 이에 대한 가장 인상적인 예로는 1991년 제정된 배아보호법(Embryonenschutzgesetz)을 들 수 있는데, 이 법에서는 예컨대 인간세포를 복제하는 행위뿐만 아니라, 인간세포로 키메라나 하이브리드(잡종생물)를 만들어 내는 행위, 즉 90년대 초 여전히 공상과학소설에서나 묘사되는 그러한 행위 방식들을 처벌하고 있다. 이러한 제정노력의 배경은 새로운 생명기술 가능성에 대하여 형법을 통해 도덕적 및 정치적 의지를 각인시키려는 — 문제가 없지만은 않은 — 시도임이 분명하다.

8. 사회형성도구로서의 형법과 최후수단성

국가의 가장 예리한 수단인 형법은, 전통적인 그리고 여전히 오늘날에도 타당한 관점에 의하면 언제나 최후수단이어야 한다. 다른 모든 가능성이 실패한 경우라야만 형법의 투입이 정당화된다.[10] 그러나 오늘날의 형사입법자는 이러한 원칙을 깨뜨렸다. 형법은 이제 최후수단(ultima ratio)일 뿐만 아니라, 종종 최우선수단(prima ratio)으로, 심지어는 유일수단(sola ratio)으로 투입되고 있다. 특히 경제형법과 그리고 테러리즘 및 조직범죄 형법에서 이에 대한 예를 찾아볼 수 있다. 물론 여기서 여전히 고려해야 할 점은 형법의 개입이 항상은 아니더라도 때로는 다른 수단들, 특히 민법상의 방어청구나 보상청구의 수단을 투입하는 것보다 더 좋은 결과를 가져온다는 점이다. 이러한 경우에는 형법결과에 대한 위협이 훨씬 더 효과적일 수 있다.

---

10 *Baumann/Weber/Mitsch*, Strafrecht Allgemeiner Teil (주 9), §3 Rn. 19.

9. 결과지향

최근의 형법발전에 대한 표준적인 비난은 현대형법이 부적절하게 결과지향적이라는 데에 있다.[11] 이는 특히 형벌목적에 대한 전통적인 이해에서 벗어나, 입법이나 형법판례에서 경험적 결과를 고려하는 방향으로 나아가고 있음을 의미한다. 실제로 형법은 이와 같은 방향으로 발전하였다. 물론 이러한 경향이 처음부터 부정적으로 평가받아야 할 이유는 불명확하다. 범죄의 경험적인 차원을 고려하고, 형벌 및 형법을 그 결과에 따라 판단하는 것도 베카리아(Beccaria) 이래 여전히 계몽형법의 본질적 업적에 속한다. 계몽의 시대 이후 형법의 인본화(Humanisierung)를 가져왔던 이러한 관점변화에서 그 본질을 찾을 수 있다.

10. 일상정치의 의미

앞에서 언급한 경향들은 일상정치가 오늘날 형사입법의 진행에 과거보다 훨씬 더 강하게 영향을 끼치고 있다는 점에서 그 원인을 찾을 수 있다. 아동학대나 환경재해, 또는 경제영역에서의 엽기적 행각 등 사람들의 주목을 끄는 사건들에서는 여러 차례 입법자의 개입을 요청하고 있으며, 이에 입법자들은 형법을 강화하고자 한다고 선언함으로써 여론을 자신에게 유리하게 몰고 갈 준비가 기꺼이 되어 있다. 특히 성형법은 자주 인위적으로 조작된 여론의 변화추세를 쫓는 "현

11 예를 들어 *W. Hassemer*, Strafrechtswissenschaft in der Bundesrepublik Deutschland, in: D. Simon (Hrsg.), Rechtswissenschaft in der Bonner Republik. Studien zur Wissenschaftsgeschichte der Jurisprudenz, 1994, 259-310면 (276면 이하) 참조.

대"형법의 원형으로 간주될 수 있다.

11. 정치적 방향과 형법의 과도화

위에서 묘사한 경향을 오로지 정치적 측면에만 전가하는 것은 부적절할 수도 있다. 그러나 거의 모든 정치진영은 수년 전부터 비범죄화보다는 범죄화쪽으로 기우는 경향이 있으며, 다만 형법개입 시 부여하는 중점영역에서만 차이를 보일 뿐이다. 즉 한쪽이 국내치안과 조직범죄 영역에서 범죄화를 선호하는 반면에, 다른 한쪽은 생명기술, 환경보호 또는 경제범죄에서 범죄화를 선호하고 있다. 그 결과, 형법규범의 수와 범위가 현저하게 증가하였다. 1871년 제정된 형법은, 부수형법은 논외로 하더라도, 오늘날 과거 어느 때보다도 광범위하며, 처벌조항이 있는 수많은 금지규범들은 고유한 법익침해의 전단계에까지 미치고 있다. 이로부터 자유가 제한받게 됨에도 형법의 전문적인 관찰자 집단을 제외하고는 단지 소수의 시민들만이 이러한 자유제한에 대해 민감한 것 같다.

12. 역조정의 수단인 기소편의주의

확장하는 범죄화에 대한 조정책의 일환으로서, 오늘날 경미하고 중하지 않은 범죄들은 상당한 범위에 걸쳐 기소중지로 처리되고 있다. 1981년부터 1998년 사이에 기소편의주의에 따른 기소중지는 161.4%나 증가하였다. 심지어 형사소송법 제153조, 제153b조에 따른 기소중지는 260.5%나 증가하였다.[12] 이와 동시에 기소편의주의는 광범위한 영역에서 합법성 원칙를 몰아냈다. 이는 많은 사례에서 범죄자에게

---

12 독일 연방내무부와 법무부가 2001년 편찬한 제 1 차 안전보고서 349면.

낙인을 찍어 사회적으로 배제하는 것을 막는 데 기여하고, 그럼으로써 간접적으로 재범가능성을 막는 데 기여할 수도 있다. 그러나 대부분에 있어서는 (행정업무의 완화, 절차의 신속화, 비용절감 등) 절차의 경제적 고려가 결정적이다. 즉 검사의 측면에서는 광범위한 범죄화로 나아가기 위한 자원이 결여되어 있다. 이러한 기소편의주의의 확장은 법치국가 관점에서 보았을 때 아주 우려할 만한 일인데, 가벌성이나 비가벌성에 대한 결정은 형사소추기관들에게 달려 있으며, 게다가 종종 당사자에 대한 법적 보호가능성이 결여되어 있기 때문이다.

13. 피해자지향

전통적인 사고에 따르면 형법은 행위자 중심이다. 국가적으로 조직된 형법에서는 피해자와 그 가족은 형사절차 과정에서 역할이 배제되는 것을 전제로 한다. 그러나 몇 년 전부터 형법정책은 피해자에게 더 많은 관심을 기울이고 있다. 한편으로 피해자에게 눈길을 돌리는 것은 종종 대중의 인기에 영합하기 위한 요약으로 나타나며, 더 높아진 형벌위협을 정당화하도록 한다. 나아가 피해자에 대한 행위자의 사후행위는 양형에서 그리고 형사절차상의 기소중지실무에서 점점 더 큰 역할을 담당하고 있다. 1994년 10월 28일 제정된 범죄방지법으로부터 가해자와 피해자의 조정을 형법 제46a조에 도입한 데서 알 수 있듯이, "보상"가능성은 이론적으로도 실천적으로도 받아들여지고 있다. 이에 더하여 예컨대 1986년 12월 18일 제정된 피해자보호법이 도입한 형사소송법 제406d조 이하와 같이 피해자의 형사절차참여권이 강화되고 있다.

14. 재가톨릭화 경향

1975년 이후 형법개정은 민주주의 원칙에 상응하여 의회 내 정치적 다수의 의지를 지배적으로 반영하고 있다. 물론 출산 전 생명보호의 영역에서는 독일 연방헌법재판소가 두 번씩이나 민주적으로 정당화된 의회의 다수에 반하는 개신교, 특히 가톨릭의 입장에 손을 들어줬다.[13] 이러한 형사입법의 가톨릭화(Katholisierung) 또는 재가톨릭화(Rekatholisierung)는 특히 체외수정된 난자와 분화가능성 있는 배양관 안의 세포를 배아보호법(Embryonenschutzgesetz)이나 줄기세포법(Stammzellgesetz)에서 형법적으로 보호하려는 일부 열성적인 의원들의 집단에 의해 지속되고 있다. 심지어 오늘날에는 "진보적"이라고 스스로 자부하는 정당조차도 생명형법과 관련된 문제에 있어서는 부분적으로 가톨릭의 입장과 거의 다를 바가 없는 주장을 펼치고 있다.

15. 형벌목적과 형법의 다른 법영역과의 관계

형벌목적론은 단순히 학문적인 문제만이 아닌, 입법과 법적용의 실무에 있어서도 중요한 역할을 하고 있다. 본 글이 다루는 시기의 초기에는, (적극적) 일반예방적 사고를 대신하는 이미 70년대부터 증가하였던 특별예방적 기대들이 지배적이었다. 그렇다면 본 글이 다루고 있는 시기의 형법은 사실상 "예방형법"으로 부를 수 있을 것이다. 형법이 일반예방을 지향함으로써 형법이 다른 법영역과 비교하여 갖

13 형법과 종교의 관계에 대해서 일반적으로 *E. Hilgendorf*, Religion, Recht und Staat, in: E. Hilgendorf (Hrsg.), Wissenschaft, Religion und Recht, 2006, 359-383면 (384면 이하).

게 되는 위치는 변하게 된다. 즉 이러한 경향으로부터 형법은 경찰법뿐만 아니라 또한 행정법, 사회법 그리고 손해배상법 등과 극명하게 가까워지게 되며, 이는 명확한 경계와 분명한 원칙이 없는 "안전법"이라는 분야로 융합하기에 이르게 되었다.[14]

16. 형법과 범죄학

본 글이 다루는 시기의 초기에 있어서 범죄학은 형사입법에 그리 많은 영향을 미치지 못한 반면, 최근에는 정치책임자들의 사고전환이 암시되는 듯하다. 이러한 경향이 드러나는 문서로는 2001년에 발표된 독일 연방내무부와 법무부에서 발행한 "제 1 차 안전보고서"를 들 수 있다.[15] 여기에서는 경험적인 범죄학적 작업을 통한 독일 내 범죄현황에 대한 총괄적인 조사보고가 포함되어 있는데, 입법 시에는 장차 이 보고서를 고려해야 할 것이다. 이 보고서의 저자에는 참여한 부서의 대표자들 외에도 범죄통계와 관련된 기관들과 함께 독일의 주요 범죄학자들도 포함되어 있다. 이 안전보고서는 (범죄학을 포함한) 형법학과 입법부와의 공동작업이 미래에는 어떻게 더욱 향상될 수 있는지를 제시하고 있다.

---

14 Hilgendorf/Frank/Valerius (주 **), 380면; 또한 Adolf-Arndt-Kreis (Hrsg.), Sicherheit durch Recht in Zeiten der Globalisierung, 2003의 논문들도 참조.

15 편찬인은 독일 연방내무부장관과 법무부장관이다.

III. 독일형법의 새로운 도전

1. 유연화

앞에서 묘사한 형법의 몇 가지 부분적 발전들은 형법과 법치주의 원칙의 "유연화"(Flexibilisierung)로 특징될 수 있는 경향들과 관련을 맺고 있다.[16] 다시 말해 최후수단성 원칙(ultima-ratio-Prinzip), 명확성 원칙(Bestimmtheitsgrundsatz) 그리고 합법성 원칙(Legalitätsprinzip)과 같은 전통적인 법치국가적 원칙들은 약화되어 가고 있으며, 또한 종종 불합리한 범죄화의 요구에 희생되어 가고 있다.

이러한 현대형법의 현상은 형이상학으로 채워진 "절대적" 형벌이념으로 되돌아가기를 공개적으로나 비공개적으로 시도한다고 해서 사라지지는 않을 것 같다. 대신 위와 같이 묘사된 잘못된 발전들은 오늘날 경험적인 범죄학의 도움으로 가능하게 된 형사입법의 학문화(Verwissenschaftlichung der Strafgesetzgebung)를 강화함으로써 수정해야 할 것이다. 그 출발점으로서 현대형법의 기원인 프란츠 폰 리스트(Franz von Liszt)의 "현대학파"를 고려해 볼 수 있다. 본 주제와 관련하여 중요한 원칙은, 형법은 법익보호의 도구이며, 단순히 엄격성을 가지고 합목적적으로 사용해서는 안 되며, 자유를 위협하는 형법의 예리함으로 인하여 최후수단으로만 사용해야 한다는 것이다. 따라서 형법규정은 명백하게 정의된 사회적 목적을 이루기 위해서는 적합하고 필요한 것이어야만 한다. 명확하게 서술된 범죄구성요건과 형

---

16 *E. Hilgendorf*, Strafrechtliche Produzentenhaftung in der "Risikogesellschaft," 1993, 48면 이하.

사소송에 대한 분명한 규정들을 통해서 피고인은 국가권력의 단순한 대상으로 전락되지 않도록 보장될 것이다.

2. 형법의 확장

1975년과 2005년 사이에 전개된 형법발전을 개관해 보면 형법은 점점 더 많아지고, 점점 더 날카로워지는 경향으로 가고 있는 것이 분명하다. 형법은 뒤로 물러서지 않으며, 점점 더 확장되어 가고 있다. 이러한 경향이 지금과 같이 반성 없이 계속 진행된다면, 형법의 이러한 확장경향은 자유주의적 법치국가와 그 속에 사는 개인의 자유에 대해서 중장기적으로 위험이 된다.

형법은 법익보호에 기여하며, 이를 위해 형법은 실질적으로 일어난 법익침해뿐만 아니라 (계속적으로 증가하는) 위험한 (즉 잠재적으로 법익을 침해할 가능성 있는) 행위에도 관여하게 된다. 과학과 기술의 진보와 함께, 우리의 가능한 행위들도 급속히 증가하며, 이와 함께 우리의 행위에 내재된 잠재적 위험성 및 개인이 특정 행위로 다른 사람에게 손해를 입힐 가능성도 증가하게 된다. 나아가 예컨대 환경오염의 영역에서와 마찬가지로 과거에는 인간이 개입할 수 없었던 법익에도 피해가 갈 수 있게 되었다. 이러한 발전은 과학발전의 양면성을 그대로 보여주고 있다. 새로우면서 정당한 보호요구가 생겨나게 되었으며, 이러한 보호의 최후수단으로서 형법 역시 물론 투입될 수는 있다. 이러한 방식으로 1975년 이래 전개된 형법확장의 일부분이 설명될 수 있다.

그러나 과학과 기술의 발전은 새로운 침해가능성과 함께 동시에 새로운 법적 보호규정에 대한 요구로 직접적으로 이어질 뿐만 아니라, 또한 간접적으로는 사회의 분위기와 가치에도 영향을 미치고 있다. 이를 통해 법익이 오로지 개별적인 이익만을 주장할 때에는, 법익의 권위는 상실되게 되며, 다른 이익이 법익의 지위를 차지하게 된다. 또한 형법은 설령 시간이 상당히 지체되더라도, 이러한 사회적 가치의 변화를 반영하고 있다. 오늘날에는 대량의 전자우편("스팸"), 전자거래(eCommerce)의 급속한 확장,[17] 인터넷활동의 염탐과 같은 기술이 새로운 형벌요구를 불러일으킨다. 아마도 미래에는 생명기술과 나노기술도 마찬가지로 새로운 형벌에 대한 요구를 일으키게 될 것이다. 또한 사회의 극적인 노화현상 역시도 어쩌면 새로운 형벌요구를 불러일으키게 될 것이다.

3. 유럽화

독일형법을 근본적으로 변화시키는 세 번째 경향은 형법의 유럽화이다. 유럽연합(EU) 및 유럽공동체(EG)가 독자적인 형벌권한을 가지고 있는 것은 아니지만, 지침서나 기본결의서의 형태에서 볼 수 있듯이, 국내형법에 대한 유럽차원의 권고는 국내법으로 전환되도록 하고 있다. (우선 제정에 실패한) 유럽헌법 제III-172조 제1항에서는 유럽연합이 기초가 되는 법률(Rahmengesetz)을 공포할 수 있는 광범위한 권한이 예정되어 있었다. 유럽연합 및 유럽공동체의 제한된 형법제정권한에도 불구하고, 국내형법은 늦어도 90년대 초부터 유럽화의 과정에 들어서고 있는데, 이 과정은 초기에는 은밀하게 진행되었으나, 몇 년 전부터는 점점 더 공개적이고 신속하게 진행되고 있다.

---

17 결과적으로 인터넷사기가 많이 증가하였다. 이에 대해서는 *E. Hilgendorf*, Betrug im Internet, in: K. Asada u. a. (Hrsg.), Das Recht vor den Herausforderungen neuer Technologien. Deutsch-japanisches Symposium in Tübingen vom 12. bis 18. Juli 2004, 2006, 141-161면.

형사소추와 실체형법을 유럽차원에서 조화시키겠다는 생각은 원칙적으로는 거의 문제되지 않았다. 그러나 유럽화의 속도, 범위 그리고 내용은 논쟁의 대상이 되었다. 특히 의회를 통해 공포된 것이 아닌, 가령 유럽공동체의 위원회와 같은 행정기관에서 규정한 유럽형법 규정의 민주주의 결함은 비판을 받고 있다.

나아가 유럽지침들은 전통적으로 법치국가적 성향이 강한 독일 형법 도그마틱과 종종 곧바로 합치되지는 못한다. 많은 유럽적 지침들은 상당히 불명확하며, 이런 점에서 유럽지침은 형법이 유연해지고 형법적 보호가 전단계화되어 가는 경향을 강화시키고 있다. 따라서 바로 이러한 점 때문에 형법학의 프랑크푸르트학파 주장자들은[18] 지금까지 독일형법에서 진행되고 있는 "유럽화추진"에 대해 비판적인 의견을 제시하고 있다. 물론 독일형법이 함께 번영하는 유럽에서 자신의 소리를 충분히 경청하게 한다면, 과도한 비관주의에 빠질 이유는 없다.[19]

4. 세계관의 다원화

형법의 네 번째 도전은 사회의 세계관이 다원화되어 가는 곳에서 찾을 수 있다. 기독교는 방향설정의 기능을 거의 상실하였다. 사회의 많은 구성원들은 자신을 무신론자라고 하며, 또 많은 이들은 기독교 아닌 다른 종교를 따르고 있다. 특히 이슬람교가 커다란 도전이

18 대표적으로 프랑크푸르트의 범죄학 연구소가 내놓은 논문집: Vom unmöglichen Zustand des Strafrechts, 1995 (Frankfurter kriminalwissenschaftliche Studien 50).

19 이에 비해 법의 세계화는 세계형법(형법적용법), 인터넷형법 그리고 국제형법을 제외하고는 형법에 큰 영향을 미치지는 못했다. 법의 세계화에 대해서 일반적으로는 R. Voigt (Hrsg.), Globalisierung des Rechts, 2000 참조.

되고 있는데, 이슬람교는 그 신자의 숫자로 보아서도 그렇고, 그 엄격한 종교적 믿음의 관점으로 보아서도 독일에서 중요한 종교사회 가운데 하나로 성장해 가고 있다. 이로부터 국내형법은 점점 더 다른 문화나 세계관을 지닌 개인들에게 적용되고 있다. 공법의 영역에 있어서 이러한 종교적 다원화는, 이슬람교 신앙인 여성이 공무직을 수행할 때 두건을 둘러도 되느냐 하는 주목받았던 사안에 대해 격렬한 논쟁을 가져오기도 하였다.[20]

사회의 문화적 및 세계관적 다원화는 형법에 있어서도 중요한 의미를 갖는다. 사회의 다원화된 세계관 속에서 국가규범은 수범자들이 이 규범을 하나의 세계관에서 표출된 것이 아니라고 간주할 수 있어야만 일반적으로 받아들여질 수 있을 것이다. 따라서 국가의 입법자는 미래에는 바로 형법의 영역에서는 지금까지보다 더욱더 중립된 세계관을 지녀야 함에 유의해야 할 것이다.[21] 따라서 입법과 법도그마틱의 일부분에서 관측될 수 있는 재가톨릭화 경향은[22] 이러한 원칙들에 부합하지 못한다.

동구권의 붕괴 이후 나타난 국제형법의 부흥은, 형법 역시 문화를 넘어서는 것이 가능하다는 점을 보여주었다. 이러한 관계 속에서 가장 중요한 것으로는 국제형사재판소(Internationalen Strafgerichtshof)의 설립을 들 수 있는데, 국제형사재판소는 1998년 7월 17일에 제정된 로마규정을 통해 설립되어, 2002년 6월 30일부터 효력을 갖게 되었다. 여기서는 집단살인(제 6 조), 반인륜적 범죄(제 7 조), 전쟁범죄(제

20 이에 대해서 *M. Morlok*, Kommentierung von Art. 4 GG Rn. 119 이하; in: H. Dreier (Hrsg.) Grundgesetz, Kommentar, 2. Aufl. 2004; 근본적인 시각은 *H.-M. Pawlowski*, Recht und Moral im Staat der Glaubensfreiheit. Ausgewählte rechtstheoretische Arbeiten, 1992.

21 이에 대해서 *E. Hilgendorf*, Religion, Recht und Staat (주 13), 379면 이하.

22 *Hilgendorf/Frank/Valerius* (주 **), 372면.

8조) 그리고 침략범죄(제5조 제2항) 등을 재판한다.

IV. 오늘날의 형법과 사회

형법은 오늘날 독일 연방공화국 역사상 유래가 없을 정도로 사회, 정치 그리고 대중매체의 주목을 받고 있다. 1975년 당시에는 아직도 비범죄화의 요구가 지배적이었던 반면에, 오늘날의 시대정신은 점점 더 엄중한 범죄화를 요구하는 방향으로 전향되고 있다. 대중과 정치계 대부분에서 형법은 원하지 않는 모든 형태의 발전에 대응하는 만능무기로 되어 가는 듯하다. 종종 포퓰리즘적 성향을 보이는 형사입법은 급히 마련한 새로운 법률을 가지고 반응하고 있는데, 이러한 새로운 법률들은 최후수단성 원칙에 반하면서 점점 더 새로운 범죄구성요건을 만들거나, 형량을 강화하거나, 그리고 새로운 임무에 더 잘 대응하기 위해 형법을 총체적으로 "유연화"시키고 있다. 형법을 이처럼 혹사시키는 형법정책은 자유주의적 법치국가의 중요한 가치인 자유를 위협하며, 최종적으로는 시민들이 형법에 대해서 갖는 위상과 지지를 몰락시킬 수 있다. 따라서 형법각칙의 근대화가 시작되었던 60년대 후반에 주창되었던 원칙으로 돌아가는 것이 필요하다고 보여진다. 형법은 계몽된 법정책의 최후수단이어야 하며, 또한 범죄자에 대한 "투쟁"일 뿐만 아니라[23] 무엇보다도 자유주의적 법치국가에서 자유의 마그나 카르타이어야 한다.

---

23 "범죄자와의 투쟁"이라는 개인화된 표현은 생물학적 표현이라는 점에서 문제가 있다. 그 대신 "범죄와의 투쟁"이라는 표현이 개인보다는 문제 자체에 초점을 맞춤으로 더 적합하게 보인다(이러한 지적을 해 준 동료 Uwe Scheffler에게 감사를 전한다).

1975년 이후의 독일형법 발전을 개관해 보면 두 가지의 큰 경향을 발견할 수 있다. 하나는 새로운 범죄화와 형량강화를 통한 형법의 확장(Strafrechtsausweitung)이며, 다른 하나는 명확하고 구속력 있는 규정의 폐지를 통한 형법의 유연화(Strafrechtsflexibilisierung)이다. 먼저 형법의 확장은 특히 점점 더 노쇠화되고 지쳐 있는 사회의 안정성요구(Sicherheitsbedürfnis)와 관련되어 있을 수 있다. 두 번째 요소는 국가지향(Staatsorientierung)인데, 이는 다른 말로는 국가적 신앙으로 불릴지도 모르겠다. 이러한 국가적 신앙은 국가가 사회적 및 삶의 총체적 문제들을 해결하기를 기대하는 신앙으로서, 설령 형법을 수단으로 한다고 하더라도 마찬가지이다. 성찰 없는 형법의 확장이 자유를 위협하는 결과를 가져오게 될 것이라는 인식은 도처에서 점점 더 사라지고 있으며, 이에 대한 걱정은 더 이상 진지하게 받아들여지지조차 않는다. 이러한 문제에는 일반시민과 그들의 의견을 처음 주창한 자들에 대한 법학교육의 부재 역시 중요한 역할을 하고 있다.

형법의 유연화 역시 마찬가지로, 가령 법적 결과를 확정("다양화")하는 데 있어서 국제적인 추세를 따르고 있다. 그러나 여기에, 민주주의가 실현되기 오래전부터 법치주의와 법률주의가 정착해 왔던 바로 독일에서 주목을 끄는 국내적인 요소들도 부가되고 있다. 형식적 법률주의에는 60년대 후반부터 보수주의자라는 오명이 붙어 있으며, "실증주의"(Positivismus)라는 말은 거의 욕설로 받아들여지고 있다. 법이 자유의 형식적 자매(die Form Schwester der Freiheit)라는 점을 이해하는 사람은 많지 않다. 형법이론 자체도 60년대 이후부터 상당히 "유연화"되었으며, "엄격한" 개념화와 이러한 개념을 명확하게 규범화함으로써 고전적인 형법 도그마틱을 해체하는 것이 그 이후의 독일형법학의 주요과제였다는 점을 확인할 수도 있을 것이다. 수많은 박사학위논문이나 교수자격취득논문에서는 종종 커다란 학문적 노력을 통해 형법의 전통적인 개념들을 광범위하게 유연화하려고 시도되기도 하였다. 반면에 형법의 정당화와 한계 그리고 법에서 법률 구속력이 갖는 중요성에 대한 기본적인 지식을 전달하는 작업은 소홀해졌다. 따라서 이렇게 교육받은 법학자들이 정치와 사회 영역에서 언제나 새로운 "유연화"에 쉽게 순응되어 간다는 사실은 결코 놀라울 것도 없다.

독일형법이 단기간 내에 법치국가적 전통으로 돌아갈 것이라는 기대는 할 수 없다. 오히려 형법은 형법의 목적설정 및 투입가능성에 있어서 상당히 유연한, 사회법에서 경찰법 그리고 손해배상법 등을 아우르는, 광범위한 "안전법"(Sicherheitsrecht)의 일부가 되어 가고 있다. 오늘날 법학논문의 일부에서 그리고 대중매체에 이르기까지, 근본적인 법치국가적 안정성을 모두 버리는, "적대형법"(Feindstrafrecht)이라는 범주가 실질적으로 고려되고 있다는 사실을 심각하게 바라봐야 한다.[24] 형법학의 가장 중요한 임무는 (실질적이든 가상적이든) 안정성을 얻게 되면, 그 대가로 자유가 희생된다는 점에 대한 자각을 불러일으키는 것이다.

---

24 이에 대한 설득력 있는 비판으로는 *F. Saliger*, Feindstrafrecht: Kritisches oder totalitäres Strafrechtskonzept?, JZ 2006, 756-762면. 잘리거(Saliger)의 "적대형법"의 불명확한 구성을 적절하게 지적하고 있는데, 적대형법은 일부에서는 순수하게 서술적으로 아니면 가치중립적인 분석의 도구로 사용되는 반면에, 그러나 또한 일부에서는(바로 그 개념의 창시자인 야콥스[Günter Jakobs]에 의해) 완전히 긍정하는 의도로 사용되어진다.

V. 증가하는 처벌주의를 가능하게 하는 요인들

형법의 확장과 형법의 유연화는 "증가된 처벌주의"로 자주 특징되어지는 전체사회적인 현상으로 돌릴 수 있다. 이는 더욱 많아지고 더욱 엄해지는 형벌에 대한 요구로 표출되는 반성 없는 친형법적 태도를 의미한다.[25] 전문가들은 범죄구성요건의 높아진 숫자들과 그리고 상향된 형량이 법익보호에 전혀 개선되지 않는다는 데에 입을 모으고 있다. 그럼에도 불구하고 독일을 포함한 많은 유럽의 국가에서는 처벌주의가 증가하는 경향을 보이고 있다. 이러한 추세를 멈추고, 그리고 가능하면 되돌리기 위해서는, 일단 그 원인을 규명하는 것이 중요하다. 다음에서는 여전히 경험적인 검토가 절대적으로 필요한 몇 가지 가정을 개관하고 있다.

1. 처벌주의적 전통

첫 번째 요인은, 어쩌면 가령 과거 동유럽에서 다반사로 일어났던 것과 같은, 특정한 처벌적 전통에서 찾아볼 수 있을 것이다.[26] 이

25 이에 대해 상세하게는 R. Lautmann/D. Klimke/F. Sack (Hrsg.), Punitivität. 8. Beiheft des Kriminlogischen Journals, 2004 참조.

26 특히 주목할 만한 것으로는 예를 들자면 폴란드의 그러한 전통이다. 이에 대해서는 *K. Buchara*, Grundzüge des Reformvorhabens. Entwurf des polnischen Strafgesetzbuches vom Oktober 1990, in: A. Eser/G. Kaiser/E. Weigend (Hrsg.), Viertes deutsch-polnisches Kolloquium über Strafrecht und Kriminologie, 1991, 9-32면; *B. Stando-Kawecka*, Strafrechts- und Kriminalpolitik in Polen, in: A. Eser/J. Arnold/J. Trappe (Hrsg.), Strafrechtsentwicklung in Osteuropa. Zwischen Bewältigung und neuen Herausforderungen, 2005, 318-330면 참조. 일반적으로는 A. Eser/G. Kaiser/E. Weigend (Hrsg.), Vom totalitären zum rechtsstaatlichen Strafrecht. Kriminalpolitische Reformtendenzen im Strafrecht osteuropäischer Länder, 1993, 참조.

러한 전통과 그리고 이러한 전통을 받아들이는 자세는, 동유럽국가의 법제도가 어느 정도 시장주의적 경제체제로의 전환이 일어난 이후에도 거의 변하지 않고 그대로 유지되고 있다는 점과 관련하여 오늘날까지도 계속 영향을 미치고 있다. 그러나 독일에서는 이러한 지속되는 처벌주의적 전통을 찾아볼 수 없는데, 60년대와 70년대 절대적 다수의 형법학자와 형법정책가 및 지성인들 그리고 여론에 앞장서는 대중매체들은 비범죄화와 형법의 축소를 주장하였다.[27] 그리고 이러한 대세는 비로소 70년대 중반 이후부터 바뀌었다. 하지만 이는 1962년의 발안에서[28] 볼 수 있는 오랜 전통의 형법정책으로의 회기가 결코 아니다. 따라서 70년대 중반 이후 시작된 형법의 확장은 어쨌든 독일에서 오래된 전통으로 충분히 설명될 수는 없다.

2. 유럽의 영향

처벌적 전통보다 오늘날 형법정책에 확산된 더 많은 그리고 더 높은 형량을 부과하는 경향에 영향을 미치고 있는 또 하나의 요소로는 유럽의 형사정책을 들 수 있다. 얼핏보기에 형법은 독일법의 유럽화에서 벗어나 있다는 인상을 준다. 그러나 이는 허상이다. 독일의 형법정책은 점점 더 브뤼셀에서 내려지는 결정에 영향을 받고 있다. 즉 "유럽적 형법"이 형태를 잡아가고 있다.[29] 이러한 발전의 큰 문제는,

---

27 이에 대해서는 위의 II. 4. 참조.

28 이에 대해 광범위하게는 *U. Scheffler*, Das Reformzeitalter 1953-1975, in: Vorbaum/Welp (주 **), 174-257면 (176면 이하).

29 *K. Ambos*, Internationales Strafrecht (Strafanwendungsrecht, Völkerstrafrecht, Europäisches Strafrecht), 2006; *B. Hecker*, Europäisches Strafrecht, 2. Aufl. 2007; *H. Satzger*, Internationales und Europäisches Strafrecht 2005. 또한 F. Zieschang/E. Hilgendorf/K. Laubenthal (Hrsg.), Strafrecht und Kriminalität in Europa, 2003 참조.

새로운 유럽형법에서는 민주적 정당화가 매우 불충분하다는 점이다.[30] 유럽에서 형법의 발전을 가져온 것은 유럽의회가 아닌, 각국 정부의 대표들이다. 그리고 여기에 더 이상 예측되지 않는 (그리고 실제로도 조정이 어려운) 각국의 경찰 및 법무부 차원의 협력도 있다.[31] 집행부가 만들어 낸, 전 유럽을 아우르는 실체형법과 형사소송법이 만들어지고 있다. 이러한 발전은 법규를 계획하고 집행하려는 이들의 극단적인 처벌주의적 태도에서 나오는데,[32] 이러한 경향은 국내의 입법자에게도 영향을 끼치고 있다.

3. 경제와 형법

세 번째 요인은 한 국가의 경제발전과 그리고 형벌관행 및 형벌이론 사이의 관계 속에서 찾아볼 수 있을 것이다. 이는 경제적으로 보다 많이 발전한 국가의 범죄시스템에서는 벌금형이 예견될 수 있는 반면에, 경제적으로 보다 덜 발전된 국가들에서는 자유형이나 신체형에 의존한다는 가설에서 추론될 수 있다. 이렇게 본다면 엄격한 처벌관행은 경제적 요인과 연관되어 있다고 설명할 수 있을 것이다. 이러한 이론은 얼핏 보기에는 설득력이 있는 것 같지만, 그러나 경험적으

30 이에 대해 그리고 예를 들면 "인터넷형법" 범주에서의 형법의 유럽화가 가져오는 다른 문제에 대해서는 *E. Hilgendorf*, Tendenzen und Probleme einer Harmonisierung des Internetstrafrechts auf Europäischer Ebene, in: Ch. Schwarzenegger/O. Arter/F. S. Jörg (Hrsg.) Internet-Recht und Strafrecht, 2005, 257-300면 (286면 이하) 참조.

31 자츠거(Satzger)의 개관 (주 29) §9.

32 *B. Schünemann*, Fortschritte und Fehltritte in der Strafrechtspflege der EU, GA 151 (2004), 193-209면 (203면: "유럽차원에서의 완전히 새로운 형법의 설계를 급격하게 진행시키려는 현재의 초조함에는 객관적인 근거가 없다" 참조). 유럽형법에서도 법치국가적 기초를 보존하고 방어하기 위한 연구집단의 첫 결과물로서 참고할 만한 것으로는 *B. Schünemann*, Alternativentwurf europäische Strafverfolgung (2004)을 참조하시오.

로는 증명되지 못하였다. 또한 독일의 경우, 더 많은 그리고 더 엄격한 형법의 경향은, 결코 경제적 침체기라고 말할 수 없는 70년대 중반에 시작되었다는 점을 감안해 보면, 독일에서 보이는 경향을 설명하기 위한 출발점으로는 적당하지 못하다. 그러나 경제적 문제와 함께 경제 및 사회적 분배투쟁이 발생했던 시기에, 많은 유권자들이 더 강력한 처벌과 그리고 처벌주의적 사고의 또 다른 표출방식에 동의를 표했다는 추측은 쉽게 떨쳐버릴 수 없다.

4. 정치와 "상징형법"

또한 중요한 처벌주의적 요인으로는 정치계가 형법을 범죄에 대한 투쟁에서 값싼 그리고 매우 상징적인 수단으로 이용했다는 사실에서 의심할 여지없이 찾을 수 있다.[33] 형법은 오늘날 더 이상 입법자의 최후수단이 아닌, 최우선수단 그리고 때로는 유일수단이다.[34] 새로운 범죄를 도입하는 것과 형량을 강화하는 것은 대중매체와 대중에게는 높은 효과를 보이는 반면에 비용은 들지 않는다. 사회는 많은 영역에서 사회통합문제, 국경을 초월한 경제활동, 인터넷상의 사회유해적 행위 등의 큰 문제들을 해결할 실마리를 찾지 못한 채 가지고 있다. 형법을 수단화함으로써 정치계는 문제의 해결을 위한 효과적인 방법을 찾지 못했다는 점은 시인하지 않은 채, 자신들은 활동하고 있다는 인상을 심어줄 수 있다.[35]

---

33 특히 *Wolfgang Naucke*는 이러한 상황을 지난 몇 년 간 수차례 반복해서 강조해 오고 있다. 위의 주 7 참조.

34 *W. Hassemer*, Produktverantwortung im modernen Strafrecht, 1994, 2. Aufl. 1996, 8면(이에 대한 *E. Hilgendorf*의 논의는 JZ 1997, 611면).

35 *W. Hoffmann-Riem*, Kriminalpolitik ist Gesellschaftspolitik, 2000, 204면.

5. 대중매체의 역할

강도 높은 처벌주의를 지향하는 법정책은, 기이하고 끔찍한 것을 좋아하는 사람들의 자연스러운 욕구를 즐겨 채워주려는 대중매체 없이는 생성되지 않았을 것이다.[36] 수많은 대중매체는 독자들의 욕구를 충족시키기 위해, 실제로는 그렇게 자주 일어나지 않는 살인, 강간, 아동학대와 같은 폭력범죄가 퍼지고 있다는 허상을 만들어 내고 있다. 진지한 언론도 이러한 인상을 개선하기 위한 노력을 기울이지 않는다. 특정한 대중매체들의 과장과 극대화는 허용되는 오보의 경계로까지 나아가는 경우도 종종 있다. 특히 문제가 되는 것은 텔레비전을 통한 보도인데,[37] 과다한 화면은 실질적인 정보를 관심의 뒷전으로 밀어낸다.[38] 이러한 방법으로 강력범죄에 대한 공포로 발전하는 위협

---

36 이러한 관계의 매우 중요한 주제를 여기서는 아쉽게도 짧게 다룰 수밖에 없다. 미디어심리학에 대한 개관으로는 *W. Faulstich*, Medienpsychologie, in: W. Faulstich (Hrsg.), Grundwissen Medien, 4. Aufl. 2000, 77-84면; 미디어에서 비춰지는 폭력의 영향에 대해서는 *H. M. Kepplinger*, Wirkung von Gewalt in Massenmedien, in: Fischer Lexikon Publizistik/Massenkommunikation, hrsg. von E. Noelle-Meumann/W. Schulz/J. Wilke, aktualisierte Neuauflage 2002, 648-658면; *W. Wunden*, Medienwirkungen am Beispiel von Gewaltdarstellungen im Fernsehen, in: M. Karmasin (Hrsg.), Medien und Ethik, 2002, 77-98면. 인터넷상의 폭력에 대해서는 F. Rötzer (Hrsg.), Virtuelle Welten- reale Gewalt, 2003.

37 80년대 중반 독일에서 일어난 순수 공영 방송시스템에서 이원적 방송시스템(공영 그리고 민간 방송의 공존)으로의 변화가 이러한 관계에 영향을 주었는지는 상세히 연구할 만한 가치가 있다. 순수 공영 방송시스템에서 이원적 방송시스템으로의 전환에 대해서는 *R. Mathes/W. Donsbach*, Rundfunk, in: Fischer Lexikon Publizistik/Massenkommunikation (주 36), 546-596면 (568면 이하).

38 심지어는 폭력범이나 기타 다른 범죄자들이 언론인들에게 돈을 받고 카메라 앞에서 "미디어에 적합한" 폭력행위를 보여주고 있다는 소리가 나오기도 한다. 법의 화상화에 대한 새로운 일반적 경향에 대해서는 E. Hilgendorf (Hrsg.), Beiträge zur Rechtsvisualisierung, 2005.

적인 시나리오가 구체화된다. 그리고 사회의 노화 역시 이러한 경향을 강화시키고 있다.[39] 이러한 방법으로 만들어진 높아진 범죄에 대한 공포는 더 많은 그리고 더 강한 형벌을 요구하기 위한 이상적인 토대를 만들어 내고 있다.

6. 전문가들의 영향력 상실

위의 II.에서 IV.까지 언급한 발전에 대해서 반박할 수 있는 가능성은 크게 줄어들었다. 형법을 적절히 다루는 정책을 요구하는 정치계와 언론의 목소리는 이에 상응하는 청중을 찾기가 어렵게 되었다. 그리고 이처럼 차별화된 입장들은 대중에 대한 점점 더 높아지는 "범죄의 홍수"에 대한 극적인 경고와 그리고 이와 관련되어 강력한 형벌을 신속히 도입하라는 요청에 비해서 그다지 매력적이지도 못하다. 형법도그마틱과 범죄학의 전문가들은 대중에게도, 또한 정치계에게도 인정받지 못하고 있다. 이는 특히 — 진정한 전문가이든 가짜 전문가이든 — 전문가의 수가 많아졌다는 점에서 원인을 찾을 수 있을지도 모른다. 즉 오늘날에는 거의 모든 임의적 상황에 있어서 자신에게 유리한 입장을 변호할 수 있는 "전문가"를 찾아볼 수 있다는 사실을 과장 없이 말할 수 있다. 이러한 상황에 직면해서 개별 연구자와 학자에 대한 가치평가 및 최종적으로는 학문에 대한 가치평가도 일반적으로 자연스럽게 낮아지고 있다. 형법정책의 한 예시는 이러한 경향을 잘 보여주고 있다. 즉 1998년의 제6차 개정형법은 거의 학계

---

39 *S. Beck*, Alter- eine neue Herausforderung für das europäische Strafrecht?, in: M. Tomasek (Hrsg.), Menschenrechte im europäischen Strafrecht. Sammelband des Deutsch- Tschechischen Grundlagenseminars zum Europäischen Strafrecht. 21.-22. April 2006 in Würzburg, 2006, 50-67면.

의 지원 없이 구상되고 입법화되었다. 물론 이는 결과적으로는 해석에 많은 어려움을 가져오는 등의 피해를 가져왔다.[40]

그러나 반대의 예시도 찾아볼 수 있다. 2001년의 제1차 안전보고서에서 범죄학계과 형법학계의 주요전문가들은 실제 범죄발전 경향에 대해 세밀하게 분석한 사실적 보고서를 제출할 수 있었으며, 이는 정치가들에게 전달되었다. 2006년에는 제2차 안전보고서가 있었다. 형법학과 형법정책 간의 성공적인 합작이 일련의 특별한 사건으로 남지 않을 것을 기대해 본다.

7. 법학교육의 결함

전문가들의 약세와 그리고 최후수단성 원칙을 외면하는 많은 법학자들을 수긍하는 자발적 태도는 법학교육의 결함에서도 기인한다. 형법의 철학적 및 법정책적 기초는 오늘날 법학교육에서 아무런 역할도 하지 못하고 있다. 거의 모든 대학에서 학생들은 학업 시 한번도 형벌의 의미와[41] 법치국가적 형법의 철학적 요건들 그리고 합리적 형법정책의 조건 또는 현대적 처벌에 대한 연구결과 및 경험적 범죄학의 결과 등을 논하지 않고서도, 시험에서 높은 성적으로 통과하는 것이 곧바로 가능할 수 있게 되었다. 이러한 내용 대신 젊은 법학도들은 실정법에 대한 엄청난 양의 세세한 지식을 암기하는 것을 강요받게 되었다. 시험의 핵심은 매우 어려운 형법사례를 매우 짧은 시간 내에 그들이 암기한 범위 안에서 해결하는 데 있다. 이렇게 사회화된 법률가들이 항상 새롭고 다양화된 범죄에 대해 많은 저항력을 갖지

40 *G. Arzt*, Wissenschaftsbedarf nach dem 6. StrRG, ZStW 111 (1999), 757-784면.

41 *E. Schmidhäuser*, Vom Sinn der Strafe. Herausgegeben und mit einer neuen Einleitung versehen von E. Hilgendorf, 2004.

못한다는 사실은 당연한 일이다.

8. 지식인과 "비판적 대중"의 침묵

처벌주의적 형법정책에 기여하는 또 다른 요인은 지식인 및 비판적 대중이 비범죄화와 형법의 축소에 대해 소극적인 태도를 보이고 있다는 데에 있다. 60년대와 70년대 초반, 성형법과 정치형법 영역을 중심으로 개혁을 추진했던 개혁운동이 중요한 목표를 달성하고 난 이후 — 예컨대 "형법폐지"를 시도하는[42] 등의 — 계속된 계획들은 서서히 잊혀져 갔으며, 비범죄화는 그 매력을 상실하게 되었다. 그리고 형법폐지를 지지하는 목소리들도 침묵하게 되었다.

오늘날에는 오히려 자신을 "진보적"이라고 정의하는 정당들과 정치적 집단들이 예를 들면 성희롱, 차별 그리고 다양한 형태의 "스토킹"과 관련한 광범위한 영역으로부터 보호하기 위해 형법의 강력화를 자주 주장하고 있는 상황이다.[43]

9. 학문적 경계의 사라짐

지금까지 언급한 요인들은 형법의 경계가 무너지기 시작하면서 중요성을 갖게 되었다. 형법은 경찰법에서부터 사회법을 아우르는 넓은 의미에서의 "안전법"(Sicherheitsrecht)으로 막 흡수되고 있으며,[44] 여기에는 정보형법과 생명형법 같은 분야를 넘나드는 영역들이 점점

---

42 예를 들어 *A. Plack*, Plädoyer für die Abschaffung des Strafrechts, 1974 참조.

43 *E. Hilgendorf/S.-H. Hong*, Cyberstalking, Kommunikation und Recht, 2003, 168-172면. 새롭게 신설된 "스토킹 조항"인 형법 제238조를 긍정적으로 보는 입장으로는 *W. Mitsch*, Der neue Stalking-Tatbestand im Strafgesetzbuch, NJW 2007, 1237-1242면.

44 *Hilgendorf/Frank/Valerius* (주 **), 380면.

더 많이 추가되고 있다. 이러한 발전이, 계몽 이후 전개된 것과 같은 형법의 해체로 이어질지는 기다려봐야 할 것이다. 어쨌든 — 법률주의 원칙에서부터 최후수단성 원칙에 이르는 — 형법의 독특한 법치국가적 조건구조는 의미를 잃어가고 있다. 그리고 형법은 계속해서 예방법으로 이해되고 있다. 물론 이러한 예방사상을 처음부터 부정적으로 보아서는 안 되는데, 오히려 일반예방 내지 특별예방적 형법사상은 계몽주의의 중요한 업적에 속한다. 하지만 이러한 예방사상을 법치국가적으로 제한하지 않는다면, 막대한 자유의 위협에 빠지게 될 것이다.

10. 완전한 해명모델로서의 "감성민주주의"

앞에서 언급한 각각의 요인들은 그 자체로만 보면 오늘날의 처벌주의적 형법정책을 이해하는 데에는 충분하지 않다. 하지만 전체적으로 보면, 이는 내가 보기에는 충분히 설득력 있는 해석의 거점모델을 찾을 수 있다. 오늘날의 형법정책을 설명하는 실마리를 더욱 명확하게 하기 위해서는, 형법정책을 넘어서는 우리의 민주주의적 시스템의 몇 가지 근본요건과 특징들을 고려할 필요가 있다.

가이거(Theodor Geiger)는 약 50여 년 전에 "도그마 없는 민주주의"(Demokratie ohne Dogma)[45]라는 자신의 저서에서 자신이 "감성민주주의"(Stimmungsdemokratie)라고 명명한 현상에 대하여 서술하였다. 가이거는 정치를 함께 추구하고 형성하기 위해 민주주의 국가시민은 지식을 갖춰야만 하는데, 이러한 지식은 19세기 이후 점점 더

45 Demokratie ohne Dogma. Die Gesellschaft zwischen Pathos und Nüchternheit, 1963 (이 작품의 초판은 1960년대 아르후스 대학의 *Acta Jutlandica* [XXXII, 1]에서 "Die Gesellschaft zwischen Pathos und Nüchternheit"라는 이름으로 발간되었다. 레빈더[Manfred Rehbinder]에 의해 서문이 쓰여지고 편집된 제 4 판은 1991년 발간되었다. 여기에서는 1963년 발간된 독일어 초판을 인용하였다).

증가하고 있다는 사실을 전제로 하고 있다. 이전에는 "보통의 평범한 사람은 […] 이에 상응하는 교육으로도 민주주의 정치의 본질을 이해하기에 충분한 지식을 습득할 수 있었던" 반면에, "국가의 임무 범위가 확장"되는 상황에서는 근본적으로 변화하였다. 전문가나 직업정치인들조차도 의견이 일치할 수 없는 사안에 대해서 평범한 시민들은 완전히 무지할 수밖에 없다.[46] 국가의 예산정책에서부터 경제정책, 내무정책 그리고 외무정책까지 아우르는 국가의 임무는 시민들이 진지하게 토론하기에는 너무나 복잡화되었다. 즉 "이러한 발전은 교육을 제대로 받지 못한 '광범위한 대중'은 물론이고, 최고의 교육을 받은 대다수의 시민들조차도 대부분의 정책 대상에 대해 현실적인 객관적 인식이 결여되는 결과를 가져온다."[47]

이러한 발전의 결과, 유권자들은 본질적으로 이익을 따져서 결정을 내리는 것이 아닌, "감성에 따라"(stimmungsmäßig) 결정을 내리게 된다. 이와 동시에 정치의 본질적 내용이, 특히 증가하고 있는 우리의 경제적 및 사회학적 지식으로부터 즉물화되어 가므로, 정치인들은 객관적일 뿐만 아니라, 감성정치를 해야만 한다. 이러한 정치는 합리적인 개인을 고려하는 것이 아니라, "일반적 이데올로기를 감성에 따라 주장함으로써"[48] 쉽게 지지를 얻을 수 있는 "대중"을 고려할 뿐이다. 가이거가 특별히 강조했던 점은, 시민들이 이러한 복잡화된 관계들로 인해 전문가와 직업정치인에게 전권을 위임하는 것으로는 이제 만족해 하지 못한다는 점이다. 이러한 시민의 태도는 "단순히 올바르지 않다거나 그릇된 수동적 자세가 아닌, 즉물적 무지와 기분상 흥분의 독특한 혼합이

46 Demokratie ohne Dogma (주 45), 337면.
47 Demokratie ohne Dogma (주 45), 339면.
48 Demokratie ohne Dogma (주 45), 342면 이하.

라고 할 수 있다. 이들 시민은 위와 같은 이유로 인해, 정치적 문제해결에 있어서 아무런 해결책을 내놓지 못하고 있기는 하지만, 그 밖에 많은 사람들은 그 어떤 하나의 정치적 독트린을 위해서 온 힘을 다해 노력하기도 하며, 그리고 거의 모든 이들은 정치적인 불만을 매우 적극적으로 쏟아붓기도 하고 있다. 이처럼 무관심한 소극주의와 열성적인 정치적 관심표출 그리고 기분이 언짢아서 마구잡이 격으로 행하는 무책임한 비판 사이의 여러 길에서 이리저리 왔다갔다 태도를 취하는 것은 바로 감성민주주의의 저주이다."[49] 이러한 방식으로부터, 재선되고 싶어 하는 정치인들은 "전시를 위한" 정치에 매진하게 되고, 이는 즉물정치(Sachpolitik)적 관점에서는 끔찍한 결과를 불러오게 된다. 즉 "대중들을 이데올로기적 해결책으로 흠뻑 빠지게 만들 수는 없으며, 따라서 현실적인 정치결정에 있어서 냉정한 평가를 기대할 수 없을 것이다. 따라서 정치인이 대중들의 위임을 받게 하는 절차야말로 바로 자신의 과제를 해결하는 데 있어서 그에게 장애물이 되고 있다."[50]

여기서 대중매체 역시 높은 발행부수를 보장하기 위하여 감정적으로 충전된 주제에 있어서 어쨌든 "일반시민"의 말에 맞장구를 쳐야 한다는 점을 감안해 보면, 형법정책 역시 포퓰리즘적 경향에서 자유로울 수 없다는 점은 분명하다. 따라서 현재의 높은 처벌주의적 형법정책은 오늘날의 대중민주주의(Massendemokratie)라는 특수한 조건에서 기인하고 있음을 알 수 있다. 여기서 텔레비전이 갖는 중대한 역할을 생각해 보면, "감성민주주의"라는 용어보다는 "텔레비전 민주주의"(Fernsehdemokratie)라는 말로 대신해야 할 것이다.[51]

---

49 Demokratie ohne Dogma (주 45), 345면.

50 Demokratie ohne Dogma (주 45), 346면.

51 *M. Rehbinder*, Rechtssoziologie, 5. Aufl. 2003, 257면; 또한 *M. Rehbinder*, Ist Theodor Geigers Demokratietherapie realistisch?, in: M. Rehbinder

11. 현실적 위험— 테러리즘을 통한 처벌주의적 형법정책의 정당화

마지막으로 현재의 높은 처벌주의적 형법정책을 객관적으로 정당화하고 이를 통해 포퓰리즘에 대한 비난을 약화시킬 수도 있는 문제를 논하지 않는다면, 앞에서의 분석들은 불완전할 수 있다. 바로 국제테러리즘이라는 새로운 차원을 들 수 있는데, 이는 2001년 9월 11일 테러 이후 가시적인 성과를 보이고 있다. 2004년의 마드리드 테러사건, 2005년의 런던 테러사건 그리고 2006년에 시도되었던 독일 기차테러사건들은 보안정책차원에서 새로운 형벌강화, 허용되는 추적방법의 확대, 그리고 공공장소에서의 불법행위에 대한 의심 여부와 상관없이도 감시가 가능하도록 하는 등의 개정을 요구하기에 이르렀다.[52]

이는 포퓰리즘적 형법에 대한 비판이 시대에 뒤떨어지게 될지도 모른다는 것을 의미하는 것은 아니다. 오히려 그 정반대다. 즉 오늘날 형법정책의 합리적 재검토야말로 이전보다도 더욱 중요해졌다. 테러단체로 인한 대량의 신체상해와 생명의 위협이 있는 경우, 안전을 위해 자유를 희생해야만 한다는 점에는 동의할 수 있다. 그리고 시민을 효과적으로 보호하기 위해서, 국가는 적절하고 필요한 수단을 동원할 수 있어야만 한다. 하지만 이때 자유국가의 주요가치들이 외면되어서는 안 된다. 형법을 강화하면 할수록, 가능한 형사소추의 수단을 확대

(Hrsg.), Abhandlungen zur Rechtssoziologie, 1995, 222-232면; *M. Rehbinder,* Erziehung zum intellektuellen Humanismus als Staatsaufgabe, in: M. Rehbinder/M. Usteri (Hrsg.), Glück als Ziel der Rechtspolitik, 2002, 139-148면.

52 예를 들어 오늘날 많은 정치인들이 요구하는 광범위한 카메라 감시를 통해서.

하면 할수록, 자유는 조금씩 상실되게 된다. 자유의 상실은 조금씩 다가와, 거의 인식 못하게 된다. 따라서 새로운 처벌주의적 조치가 정말로 보안을 높이는지, 아니면 이러한 조치는 단순히 포퓰리즘적 방법으로 정치적 활동을 선전하는 것만은 아닌지 항상 검토해야만 한다. 또한 바로 테러리즘의 도전에 직면하여 범죄정책은 객관적이며, 합목적적이어야 한다. 그리고 시민의 자유를 제한하려는 정치인들은, 그들이 제안한 그러한 조치가 정말로 보안을 높일 수 있는지에 대한 논거를 내세울 의무가 있다. 결과적으로 이는, 가이거가 감성민주주의의 유혹에 대해 설파했던 경고가 테러리즘의 시대에도 유효하다는 것을 의미한다.

Ⅵ. 전망: "형법적용의 포퓰리즘"으로 가는 길에서

형법이 점점 더 대량화되고 강화되는 추세가 지속될 것이라는 많은 예상을 할 수 있다. 여기서 특히 문제가 있는 것으로 보이는 경향이 있는데, 입법의 영역에서뿐만 아니라, 형법적용의 영역에서도 각각 "대중의 입장"에서 결정을 내려야 한다는 법적 척도에 대한 압박이 증가할 수도 있다는 점이다. 즉 형사소추와 법원의 독립성, 그리고 형법적용의 객관성과 합목적성을 위협하는 "법적용의 포퓰리즘"(Populismus der Rechtsanwendung)이 들이닥치려고 하고 있다.

이를 도발적으로 표현하면, 형사사법에서의 "지나친 민주주의"에 대한 위협이라고 할 수 있다. 사법부의 독립이란 시민의 변화하는 기분이나 편견으로부터의 독립 역시 의미하는 것이다. 국가조직원칙으로서의 민주주의는 포기될 수 없다. 하지만 이는 오래전부터 알려진 바대로,[53] 법치국가원칙과 종종 긴장관계에 있다. 법치국가를 법률과 절차규정을 통한 주권자의 길들이기로 이해한다면, 오늘날 형법에서는 "더 많은 법치국가원칙"과 "더 적은 민주주의"에 대한 요청이 다반사가 될 것이다.

오늘날 강화된 처벌주의 추세를 어떻게 정지시킬 수 있는지, 아니면 제동을 걸 수 있는지는 알 수 없다. 적어도 대중의 성향변화에 좌우하는 판례의 위험을 저지하기 위해서, 우선은 기본법 제97조에서 규정되어 있는 법관의 독립성을 확언할 필요가 있다. 법관과 그리고 다른 법적용자들은 포퓰리즘적 영향의 위험에 대해서 교육받아야 하며, 그리고 갈등의 상황에서는 용기를 북돋아 주어야만 한다. 다른 한편으로 긴급하게는 시민과 대중매체의 대표들에게 법학교육을 향상시켜야 할 필요가 있다. 형법, 형법의 법치국가적 기본원칙, 그리고 역사적 근원에 대한 계몽이 시급히 필요하다. 최후수단성 원칙, 법적 구속력, 그리고 법관의 독립성 원칙은 당연히 일반지식에 속해야만 한다. 이는 우리의 일상생활에서 논의되는 많은 사법화에 대한 적절한 답변일 수도 있으나, 하지만 또한 계몽의 시대 이후 이루어 낸 형법발전의 중요한 업적들을 파괴할 우려가 있는 포퓰리즘적 형법정책의 유혹에 대한 답변일 수도 있다.

---

53 *E. Benda*, Der soziale Rechtsstaat, in: E. Benda/W. Maihofer/H.-J. Vogel (Hrsg.), Handbuch des Verfassungsrechts, Studienausgabe, Bd. 1, 2. Aufl. 1995 §17 Rn. 8.

Folter im Rechtsstaat?

03

법치국가에서 고문은 허용될 수 있는가?*

본 논문에서는 "고문"(Folter)개념을 명확히 규정하고 고문에 대한 찬반 논쟁을 다루고자 한다. 그리고 세 개의 가능한 해결책을 논의하며, 끝으로 고문에 관한 일곱 가지 테제들을 제기하고자 한다.

야콥 폰 메츨러(Jakob von Metzler) 유괴사건[1]을 계기로 경찰의 고문을 둘러싸고 벌어진 토론은 금기를 깬 사건이었다. 고문을 허용해도 좋은가에 대해서 정치권과 여론이 이처럼 광범위하게 관여하면서 공공연하게 논의한 적은 독일연방공화국 역사상 지금까지 한번도 없었다.[2] 물론 이제까지 선입견 없이 실제로 명료하게 논의되는 것을 방해해 왔던 다음의 세 가지 요인들은 이 논쟁에 부담이 되고 있다.

우선 당시의 논쟁에서 몇몇 중심개념들을 너무도 불명확하게 사

* 원문은 "Folter im Rechtsstaat?," in: JZ 7/2004, 331-339면.

1 그러나 *Hamm*, NJW 2003, 946면에서는 이 사건이 그 특수성 때문에 고문에 관한 논의를 위한 토대로는 오히려 부적절하다고 하였다(특히 강제처분으로 위협받았을 당시, 이미 유괴된 아이는 죽었다. 하지만 경찰은 이를 몰랐다).

2 이와 유사한 주목할 만한 논쟁으로는 2001년 9월 11일에 미국에서 발생한 테러에 대한 논쟁이 있다. 특히 자유주의적인 하버드학파에 속하는 *앨런 더스호위츠*(*Alam Dershowitz*)는 "시한폭탄사건"에서 고문의 허용을 *찬성*하는 입장을 2001년 11월 8일자의 LA타임지에 게재하였다. "www.spectacle.org/0202/seth.html" 참조.

용했다는 점을 확인할 수 있다. "고문"이라는 개념 자체가 이에 해당한다. 신체적이거나 정신적으로 고통을 가하는 것으로 간주되어[3] 적지 않게 사용되는 이 고문 개념은, 고문을 절대적으로 금지하는 것을 받아들이는 데 상당히 위태롭게 하는 일종의 의미변형이다. 그러나 고문을 허용하는 데 반대하는 주된 논거로 사용되는 인간존엄성이란 개념도 면밀히 살펴보면, 실제로 필연적일 만큼 모든 측면에서 설득력 있는 결과를 보장하기에는 너무나도 불명확하다.

따라서 이러한 불명확성의 문제는 두 번째 문제를 가져오는데, 오늘날의 고문 논쟁에 있어서 하나의 법적 지위뿐만 아니라, 두 가지 법적 지위를 고려해야 하기 때문이다. 즉 고문을 당할 가능성이 많은 유괴범의 법적 지위와, 가령 유괴당한 아이와 같은 희생자의 법적 지위이다. 유괴범과 희생자 모두 국가가 존중해야 할 뿐만 아니라 적극적으로 보호해야 할 인간존엄성의 대상자들이다(기본법 제1조 제1항 2문). 이러한 인간존엄성의 딜레마는 지금까지도 해결될 수 없었다.

논쟁의 세 번째 문제요소는 우리가 지고 있는 특수한 역사적 부담에 있다. 독일에서는 게슈타포의 공포를 떠올리지 않고는 고문에 관해 논할 수 없다. 과거를 돌아보는 이러한 시각은 적절하고 중요하다. 이는 전체주의 국가에서 고문이 무엇을 의미할 수 있는지를 보여준다. 그러나 우리는 다음과 같은 점을 간과해서는 안 된다. 오늘날 논쟁이 되고 있는 것은 전체주의적인 고문국가로 회귀하고 있는지가 아니라, 좁게 제한된 특별한 예외적인 사례에서 무고한 생명을 구하

---

3 이에 대한 적절한 설명으로는 *G. Jerouschek* und *R. Kölbel*, JZ 2003, 613-620면 (614면) "Distanz zu einem historischen Folterkonzept" 참조. *E. Peters*, Folter, Geschichte der Peinlichen Befragung, 2003, 192면 이하에 따르면, "고문" 개념의 확장은 18세기에 이미 임의적인 형태의 잔혹한 취급으로 시작되었다.

기 위해서라면 정보획득을 목적으로 범죄자에게 고통을 가하는 것이 정당화될 수 있는지를 묻는 데 있다.

금기를 깨뜨리고 나면, 우리는 고문에 대한 문제를 새롭게 조명하고, 중요한 역사적 관점을 찾아내며, 고문 허용에 대한 찬반 논증을 거론하지 않을 수 없다. 이는 야콥 폰 메츨러 사례에서 경찰서장의 지시에 의해 명백히 고문을 행했다는 점, 그리고 어쨌거나 독일의 유치장에서 고통에 대한 위협이 드물지 않다는 점을 볼 때 더욱 그러하다.

I. 야콥 폰 메츨러 사건

2002년 9월, 야콥 폰 메츨러라는 아이가 그의 부모로부터 높은 몸값을 받아내려는 자에게 유괴되었다. 프랑크푸르트의 법과대학 학생인 범인은 곧바로 체포되었다. 유괴된 아이의 생존을 우려한 경찰은 처음부터 묵비권을 행사하던 범인에게 아이의 감금장소를 말하지 않으면 심한 고통을 가하고[4] 혈청주사를 놓겠다고 위협했다. 담당 경찰은 유괴범이 유괴 직후 아이를 이미 죽였다는 사실을 알지 못했다. 고문에 대한 위협을 가한 사람은 프랑크푸르트 경찰부서장이었는데, 그는 이러한 사실을 기록하고 이를 검찰에 알렸다. 이러한 위협 때문에 유괴범은 침묵을 깨뜨렸고 죽은 아이의 감금장소를 털어놓았다.

이 사건은 언론에 상당한 관심을 불러일으켰다. 그러나 여기서 논란의 중심이 된 것은 범죄자의 파렴치함과 그리고 구금되어서도

4 매우 고통스럽지만 아무런 흔적도 남기지 않는 방법인, 손목을 과도하게 늘리는 것이 계획되었었다.

경찰이 잘못된 수사를 하도록 유인하려고 했던 그의 뻔뻔스러움이 아니라, 그 아이의 감금장소를 알아내기 위해 경찰이 유괴범에게 고통을 가하겠다고 위협했다는 사실이었다. 언론에서는 일반적으로 "고문" 또는 적어도 고문에 대한 위협이라고 기사화했다. 사법부와 경찰의 고위관계자에 이어 정치가와 법학자들마저도 프랑크푸르트 경찰부서장의 편을 들었을 때, 언론의 관심은 더욱 뜨거워졌다. 많은 신문의 문화면에서는 독일에서 고문이 다시 허용되는 것이 아닌가 하는 추측이 무성하였다.

야콥 폰 메츨러 사건은 "고문의 허용"(Zulässigkeit von Folter)에 대한 아주 포괄적인 물음의 배후에 숨겨져 있는 수많은 물음을 제기하고 있다. 가령 경찰서 유치장에서 고통을 주겠다는 위협이 절차위반은 아닌가에 대한 물음,[5] 강요된 진술을 사용할 수 있는가에 대한 물음, 위협에 책임 있는 경찰공무원들을 처벌하거나 적어도 징계규정을 적용할 수 있는가에 대한 물음, 강요된 최초의 자백에도 불구하고 피고인에게 특히 중한 책임을 물을 수 있는가에 대한 물음,[6] 그리고 아직도 좀 더 면밀히 규정해야 할 예외적인 사건의 경우 특수하게 경찰법적으로 고문을 허용하거나 권장하는 것인지에 대한 물음들이다. 이때 형사절차적 차원에서와 그리고 위해방지의 차원에서 고문의 허용 여부를 구분해야 하는데, 전자의 경우는 형사소송법에, 그리고 후자의 경우는 경찰법에 적용된다.

아울러 이 사건은 독일의 법질서와 권리에 대한 근본적인 물음들과 총체적으로 관련되어 있다. 프랑크푸르트 경찰부서장 스스로도

---

5 이는 *Th. Weigend*, StV 2003, 436면 이하의 평석과 함께, *LG Frankfurt*, StV 2003, 327면에서 설득력 있는 근거로 부정되었다.

6 긍정하는 입장으로는 *프랑크푸르트 주법원(LG Frankfut)*이 있다. FAZ, 2003. 7. 29. 참조. 반면에 부정하는 입장으로는 *K. Lüderssen*, FAZ, 2003. 8. 8, 31면.

피의자에 권리를 침해해야 하는지, 피해자의 생명을 훼손해야 하는지를 결정해야만 하는 비극적 상황이었다고 말하였다. 실제로 이 사건은 법과 도덕의 불일치, 즉 법조문 그 자체에 따라 고문에 대한 위협을 예외 없이 금지시키는 법과 그리고 설령 범죄자의 이익이 침해될지라도 무고한 아이의 생명을 구해야 한다는 도덕적 요청 사이의 불일치라는 범주에서 분석될 수 있다.

II. 고문의 역사에 대하여

자백 및 그 외 다른 정보를 얻기 위한 법적 수단인 고문의 역사[7]는 고대까지 거슬러 올라갈 수 있다. 그리스와 로마에서는 처음에는 노예만 고문을 받았다. 로마 공화정에 이르러서야 자유시민도 고문을 받았다. 로마는 기독교인들이 신앙을 버리도록 강요하기 위해 그들에게 고문을 가하였다. 후기 로마시대에는 국가가 공식적인 오락으로서 고문을 제공하기도 하였다. 이에 반해 독일인들은 고문에 대해서 잘 알지 못했던 것 같다. 중세 초기에도 고문은 행해지지 않았다. 물론 중세에서는 신의 존재를 증명하기 위한 효과적인 방법(신탁재판; Ordale)으로 고문이 종종 사용되기도 하였다.[8]

12, 13세기에 고문은 형사절차로 바뀌었다. 이렇게 된 주요원인은 1251년에 "이교도"(Ketzer)에 대한 고문을 공식적으로 채택했던

7 이에 대해서는 *Peters* (주 3) 외에, *F. Helbing*, Die Tortur, Geschichte der Folter im Kriminalverfahren aller Völker und Zeiten, 1910, Neudr, 2001 참조.

8 신탁재판과 고문과의 관계에 대해서는 *W. Schild*, Die Geschichte der Gerichtsbarkeit, Vom Gottesurteil bis zum Beginn der modernen Rechtsprechung, 1980, Neuausg, 1997, 20면 이하 참조.

교회의 영향이었다.[9] 고문은 소위 마녀와 마술사, 무교인, 더 나아가 임의의 교회 반대세력이나 비판자에 맞서는 교회의 주된 무기였다. "마녀사냥"(Hexenhammer)이라고 하는 마녀재판을 위한 공식적인 지침서는 진리를 만천하에 공표하기 위해 수많은 고문방법을 권하였다. 교회에서 자행하였던 과도한 고문의 실행은 단순했던 국가 형사소추에도 영향을 미쳤다. 최초로 독일 전역에서 시행되었던 형법전인 카롤리나 형법전(Constitutio Criminalis Carolina: 1532)은 고문 시행 시 확고한 법률 규정에 따랐는데, 물론 이는 교회가 행한 재판에서는 아주 적은 영향만 미쳤다.

이른바 마녀와 마술사로 몰린 사람들에 대한 고문의 지나친 남용 때문에 최초의 비판가들이 등장하였다.[10] 17세기에 프리드리히 폰 슈피(Friedrich von Spee)는 "형법의 보장"(Cautio Criminalis)이라는 저서에서 고문에 의한 자백이 신빙성이 있는가에 대해 의문을 제기하였다. 계몽의 시대인 18세기 독일에서는 특히 크리스티안 토마지우스(Christian Thomasius)가 고문에 대해 단호하게 반대하였다.[11] 이보다 더 큰 영향력을 미친 사람은 체자레 베카리아(Cesare Beccaria)였는데, 그는 유명한 논문인 "범죄와 형벌"(Verbrechen und Strafen, 1764)에서 고문은 "힘이 센 범죄자에게는 무죄판결을, 힘 없는 무고자에게는 유죄판결을 내리는" 확실한 수단이라고 하였다.[12] 그 밖에 고문에 대한

---

9 *Peters* (주 3), 98면 이하.

10 17세기 이후의 고문에 대한 비판과 고문의 종국적 폐지에 대한 개괄적인 내용으로는 *M. Schmoeckel*, Humanität und Staatsraison, Die Abschaffung der Folter in Europa und die Entwicklung des gemeinen Strafprozess und Beweisrechts seit dem hohen Mittelalter, 2000.

11 *Ch. Thomasius*, Über die Folter, Untersuchungen zur Geschichte der Folter, Übers. und hrsg. von R. Lieberwirth, 1960 참조.

12 *C. Beccaria*, Über Verbrechen und Strafen, Nach der Ausgabe von 1766 übers. und hrsg. von W. Alff, 1968, 92면 이하 (제16장).

영향력 있는 비판가로는 벤담(Bentham)[13]과 볼테르(Voltaire)[14]가 있다. 돌이켜보면 특히 (베카리아나 벤담 같은) 공리주의를 옹호하는 저자들이 고문을 공공연히 비난했던 것 같다. 그에 비해서 칸트(Kant)는 베카리아의 "동정어린 감상"(teilnehmende Empfindelei)을 비난하고, 벤담의 행복론(Glückseligkeitslehre)[15]을 비판하였으나, 적어도 명백하게 고문을 찬성하지는 않았다.[16]

계몽주의적인 비판의 영향을 받아 최초로 고문을 폐지한 나라는 스웨덴이다(1734). 6년 후인 1740년에는 프로이센이 독일의 주들 가운데 처음으로 이를 뒤따랐다. 그리고 독일의 나머지 주들도 이에 합세하였다. 이미 바이에른에서 고문이 폐지되었던 1806년에, 포이어바흐(Feuerbach)는 고문을 단지 습관과 그리고 생활의 혁신에 대한 두려움 때문에 고수한, 야만적인 과거의 법적 수단이라고 맹렬히 비난할 수 있었다.[17] 마침내 1831년에 바덴주도 고문을 법적으로 폐지

13 이에 대하여는 *W. L.* und *P. E. Twining*, Bentham on Torture, Northern Ireland Legal Quarterly 24 (1973), 305-356면.

14 *Voltaire*, Republikanische Ideen. Schriften 2, hrsg. von G. Mensching, 1979, 33-88면(고문에 대해서는 58면 이하)에 수록되어 있는 베카리아의 "범죄와 형벌"에 대한 그의 논평 참조.

15 *I. Kant*, Die Metaphysik der Sitten, 1797. 여기서는 *Immanuel Kant*, Werkausgabe Bd. VIII, hrsg. von W. Weischedel, 1968, 453면 이하(벤담의 공리주의에 대해서), 457면 이하(베카리아에 대해서) 인용.

16 물론 오늘날 소수의 고문지지자 중 한 사람인 빈프리트 부르거(Winfried Brugger)가 칸트를 자신의 논거 기반으로 내세우고 있다는 점은 주목할 만하다. *W. Brugger*, Darf der Staat ausnahmsweise foltern?, Der Staat 35 (1996), 67면 이하 (86면 이하) 참조.

17 *P. J. A. Feuerbach*, Die Aufhebung der Folter in Baiern, in: Themis, oder Beiträge zur Gesetzgebung, 1812, 239-270면. 이에 대해 보다 상세하게는 *W. Schreibmüller*, Randbemerkungen zu Paul Johann Anselm Ritter von Feuerbach. Mit einem Exkurs zur Geschichte der Folter in Bayern, in: Jahrbuch des Historischen Vereins für Mittelfranken, Bd. 95(1990/1), 339-352면 참조.

한 독일의 마지막 주가 되었다.

포이어바흐와 그 동시대 사람들에게 있어서 신체적 고문은 초기 입헌주의의 발생으로 인한 근대 계몽의 형사절차에서는 더 이상 설 자리가 없는 수단이었다. 독일의 초기 자유주의의 주요 작품인 로텍(Rotteck)과 벨커(Welcker)의 "국가사전"(Staatlexikon)의 초판에서 1837년 피쩌(Pfizer)는 다음과 같이 회고하고 있다.

> "국가적 목적이 모든 수단을 정당화하고, 죄 있는 사람을 찾기 위해 단순히 혐의만 있는, 어쩌면 무고할지도 모르는 사람도 처벌해도 좋다는 원칙을 포기하자마자, 고문에 대한 혹독한 비판이 가해졌다."[18]

물론 피쩌는 당대의 형사절차에서 여전히 많든 적든 "고문에 버금가는" 수단을 찾아볼 수 있다고 믿었다.[19] 때문에 그는 특히 "정신적 고문"(geisiger Tortur)의 수단을 생각하였는데, 그는 자백을 얻어내기 위해 피고인을 거짓말과 자가당착에 빠뜨리려는 법관의 노력이 이에 속한다고 보았다. 이미 여기에서 고문개념이 확대되는 문제경향이 나타난다. 왜냐하면 자가당착에 빠뜨리는 "고문"은 근대 초기의 고문과는 거의 비교할 수 없는 것이기 때문이다. 피쩌는 자책에 대한 피고인의 의무와 그리고 이와 관련된 자백의 우월한 역할을 핵심문제로 보았다.[20] "피고인이 스스로를 유죄라 표명하고자 하는지 아닌

18 *P. Pfizer*, Folter, in: Staats Lexikon oder Enzyklopädie der Staatswissenschaften hrsg. von C. von Rotteck und C. Welcker, Bd. 5, 1837, 592-600면 (594면 이하).

19 *Pfizer* (주 18), 595면 이하.

20 "자백이나 대답의 강제는 자백에 대한 권리를 전제로 한다. 그러나 자백은 스스로 자책하는 것이다. 그리고 이에 대해 사회는 범법자들에 맞서서 본래부터 자명하게 이해되는 법을 가지고 있지는 않다"(*Pfizer* [주 18], 596면). 진실을 얻기 위한 수단으로서의 고문, 그리고 간접증거에 의한 소송(Indizienprozess)과 자유

지"의 여부가 피고인에게 맡겨져 있을 때에라야 비로소 "고문제도"의 폐지가 완료된다고 하였다.[21]

19세기 말 무렵, 고문은 세계의 거의 모든 국가에서 폐지되었다. 그리고 최종적으로 전세계에서 고문을 폐지하는 것은 시간문제로만 보였다. 그런 만큼 20세기 고문의 부활은 더욱 섬뜩한 일이다. 이러한 고문의 부활은 스탈린주의와 나치주의에서 그 최악의 성장을 체험했다. 그러나 소련연방과 히틀러 지배하의 독일 이외에 또 다른 국가들도 놀라울 정도로 양심을 외면하고 일찍이 폐지한 것으로 믿어왔던 이러한 권력 도구를 다시금 집어들었다. 고문 부활의 두 가지 주요근거는 19세기 자유주의가 개인주의로부터 전향했다는 것과 그리고 이와 밀접하게 관련되어 전체주의 국가형태가 등장했다는 것을 들 수 있을 것이다. 19세기의 자유주의적 실증주의는 특히 독일의 법치국가(Rechtsstaat)에서 가장 명백하게 각인되었다. 자유주의는 개인과 그리고 개인 자유의 중요성을 강조하여, 국가를 자유를 보호하는 기능에 국한시켰다. 이에 반해 새로운 전체주의적 법사상은 헤겔(Hegel)의 전통 속에서 국가를 우상화하고 개인을 단지 공동체의 일원으로 보았다. 이러한 정신적 태도의 가장 극명한 표현은 "당신은 아무것도 아니다. 단지 국민만이 모든 것이다!"(Du bist nichts, dein Volk ist alles!)라는 나치주의의 구호에서 찾아볼 수 있다.

주목할 만한 점은 고문의 부활이, 고문이 국내의 경찰법과 형사소송법에 다시 등장하는 것과 관련되었다는 점이 아니라, 오히려 법

로운 증거인정을 통한 진술극복으로서의 고문에 대하여는 W. Schild, Die Folter als rechtliches Beweisverfahren, in: Justiz in alter Zeit. Schriftenreihe des Mittelalterlichen Kriminalmuseums Rothenburg ob der Tauber, Bd. Vic, 1989, 241-260면.

21 *Pfizer* (주 18), 597면.

에서 자유로운 영역인 특별대리권과 긴급권한 그리고 예외규정들을 통해 만들어졌던 영역에서 이루어졌다는 점이다. 특히 호전적인 논쟁에 있었던 고문은 "정상적인" 법질서를 훨씬 벗어나 있었다(지금도 그러하다).[22] 따라서 고문은 실제로 행해지기는 했지만, 다시 법체계 내로 통합되었던 것은 아니었다. 그리고 이러한 상태는 본질적으로 오늘날까지지도 계속되고 있다. 고문을 행하는[23] 국가는 이를 비밀리에 자행하고 있다.[24] 이에 반해 여론은 고문에 대항하는 가장 강력한 무기이다. 하지만 더욱 주목할 만한 것은, 예외적인 특정한 사안의 경우 독일에서 고문을 다시 공식적으로 허용해야 한다는 제안이다.[25]

---

22 50년대 후반에 프랑스 군인이 알제리에서 반란을 일으킨 토착민들을 고문으로 잡았다는 것이 알려졌을 때, 이는 프랑스에서 전대미문의 사건이었다. 특히 이 사건은 알제리에서 고문을 당했던 앙리 알렉(Henri Alleg)이라는 저널리스트가 자신의 경험을 보고하는 글에서 촉발되었다. *H. Alleg*, Die Folter(La Question), Mit Geleitworten von Jean Paul Sartre und Eugen Kogon, 1958 참조.

23 국제 엠네스티는 국가적 지위를 가진 구성원에 의한 고문이나 학대를 자행한 150여 개 이상의 국가에 대한 보고서를 가지고 있다. 70여 개 국가에서는 고문이 널리 행해지고 있거나 특히 끊임없이 행해지고 있다고 한다(amnesty international, Für eine Welt frei von Folter, 2000, 8면 참조). 최근 가장 악명높은 고문국가로는 아르헨티나, 칠레, 그리고 군사독재기간 동안의 그리스가 포함되어 있다(J. P. Reemtsma [Hrsg.], Folter. Zur Analyse eines Herrschaftsmittels, 1991에 있는 보고서 참조). 특히 그리스에 관해서는 *D. Spirakos*, Folter als Problem des Strafrechts, 1990, 58면 이하 참조.

24 예외적으로 이스라엘에서는 고문이 심지어 법원에 의해서 등급에 따라 허용되었다. 이스라엘 대법원 1996년 11월 14일 Hamdan 판결(http://www.derechos.org/human-rights/mena/doc/hamdan.html) 참조. 이와 다르게는 1999년 9월 6일 동법원 판결(http://www.derechos.org/human-rights/mena/doc/torture.html) 참조. 또한 N. Gordon, R. Marton (ed.), Torture, Human rights, medical ethics and the case of Israel, 1995; *A. Ehrlich/M. Johannsen*, Folter im Dienst der Sicherheit? Terrorismus und Menschenrechte am Beispiel der Vernehmungspraxis des israelischen Geheimdienstes Shin Bet gegenüber palästinensischen Häftlingen, in: J. Hasse/E. Müller/P. Schneider (Hrsg.), Menschenrechte. Bilanz und Perspektiven, 2002 참조.

25 이에 대해서는 아래 V.에서 상술함.

고문은 적극적으로 규제되지 않았기 때문에, 적어도 나치주의의 고문체제를 극복한 1945년 이후 고문은 "폐지되었던" 것이 아니라, 새로운 규범을 통해 고문의 실행을 금지해 왔다. 이러한 종류의 최초 금지 가운데 하나는 1948년 12월 10일에 유엔총회에서 채택된 "인권에 대한 선언"(Allgemeinen Erklärung der Menschenrechte) 제5조에 나타나 있다. 즉,

> "어느 누구도 고문 또는 잔인하고 비인간적이며 모욕적인 취급 또는 형벌을 받아서는 안 된다."

이에 따라 고문금지는 상당수의 국제법 협약에서 채택되었다. 특히 유럽인권협정(Europäische Menschenrechtskonvention; EMRK) 제3장과 그리고 시민의 권리와 정치적 권리에 관한 국제협약(Internationale Park über bürgerliche und politische Rechte; IPBPR) 제7장이 중요하다. 1984년의 유엔고문방지협정(UN-Folterkonvention)에서는 특정 나라에서의 고문을 금지했을 뿐만 아니라, 고문으로 위협하는 국가로 사람을 인도하거나 추방하는 것도 금지하고 있다. 나아가 이 협정은 고문을 처벌하는 데 대한 국제협력을 예정해 놓고 있다.

마지막으로 중요한 것은 1987년 11월 26일에 발의된 고문과 그리고 비인간적이거나 모욕적인 취급이나 형벌을 방지하기 위한 유럽고문방지협정인데, 독일은 1989년에 가입한 바 있다.[26] 이 협정에 의해 국제위원회가 설립되었는데, 이 위원회의 임무는 협정당사국의 구금조건을 재검토하고, 심각한 결점을 적발하는 것이다. 그리고 이 위원회는 구치소를 방문하고 감시자 없이 구금자들과 말할 권리를

---

26 BGBI, 1989 II, 946면 이하.

갖는다.[27] 1998년 7월 국제법원의 로마규약에서는 반인륜적 범죄와 전쟁범죄 시 고문을 특별히 고려하고 있다. 때문에 고문은 독일의 새로운 국제형법전에서도 여러 번 등장하고 있다(§6 Abs. 1 Nr. 2; §7 Abs. 1 Nr. 5, 6, 8; §8 Abs. 1 Nr. 3, 8 und 9 VStGB).

독일의 국내법에는 고문에 대한 독자적인 형벌구성요건이 없다. 그러나 또한 꼭 필요한 것도 아니다. 왜냐하면 고문 실행은 형법 제223조 이하와 제340조의 상해죄 구성요건과 제343조의 진술강요죄 구성요건, 그리고 제240조의 강요죄 구성요건을 통해 포섭될 수 있기 때문이다. 심지어 경우에 따라서는 형법 제212조, 제211조, 제22조, 제23조의 살인미수죄에 의거하여 적용될 수도 있다. 그리고 고문의 위협은 적어도 형법 제343조와 제240조를 통해 파악되고 있다.

III. "고문"에 대한 개념 정의

고문에 대한 투쟁은, "고문"이라는 개념의 의미에 대해 충분한 합의가 있어야만 성공을 거둘 수 있다. 따라서 고문에 반대하는—소위 국제앰네스티와 같은—다양한 국내외 시민단체들은 지속적으로 정확한 전문용어에 대한 가치를 부여해 왔다.[28] 고문을 심각한 고

27 유럽적 차원에서의 고문방지, 특히 유럽의 고문방지위원회(European Committee for the Prevention of Torture; CPT)의 업무에 대해서는 *G. Kaiser*, Folter und Misshandlung in Europa, in: G. Köhne (Hrsg.), Die Zukunft der Menschenrechte. 50 Jahre UN-Erklärung: Blianz eines Aufbruchs, 1998, 141-161면; *R. Morgan/M. Evans*, Bekämpfung der Folter in Europa, Die Tätigkeit und Standards des Europäischen Ausschuses zur Verhütung von Folter, 2003 참조.

28 Amnesty international, "Wer der Folter erlag […]," Ein Bericht über die Anwendung der Folter in den 80er Jahren, 1985, 26면 이하 참조; *Triffterer*,

통을 부가하는 것으로 보는 일상적인 개념의 사용은 명백히 너무나 광범위하다. 왜냐하면 이러한 개념의 사용은 여기서 뜻하는 의미에서의 고문이 지니는 극단적인 불법내용을 파악할 수 없기 때문이다. 이에 반해 만일 고문자의 의도가 정보획득에만 맞춰져 있어서, 고문을 너무 협소하게 이야기하게 되면, 고문은 형벌이나 처형("처형고문")[29]과 관련하여 개념적으로 등장할 수 없게 된다.

많은 국가에서 고문은 국민을 위협하는 데 사용해 왔고, 정보획득과 관계없이 무분별하게 고문을 자행해 왔다. 많은 경우에 있어서 (가령 우간다의 *Idi Amins*과 같이) 고문은 단순히 권력자와 그 주변 측근들의 환락을 위해 무고한 자에게 자행되었던 것처럼 보인다. 그러나 이와는 달리 오늘날 논의에서는 인간생명을 구하기 위해 고통을 가할 수 있는가 하는 점에 중점이 있다. 이 때문에 "구조를 위한 고문"(Rettungsfolter)이라고도 말할 수 있다.[30] 그런데 이러한 구조를 위한 고문은 정보획득에 그 방향을 두고 있다. 따라서 구조를 위한 고문은 인간생명의 구조에 기여한다고 하는 "일반적인" 종류의 고문과는 구별된다.

"고문" 개념에 대한 정확한 정의는 1984년 12월 10일에 체결된 유엔고문방지협정 제 1 조 제 1 항에서 찾을 수 있다.[31]

Das "Folterverbot" im nationalen und internationalen Recht- Anspruch und Wirklichkeit, in: amnesty international, Folter, Stellungnahmen, Analysen, Vorschläge zur Abschaffung, 1976, 125-169면 (130면 이하).

29 처형고문에 대해서 가장 잘 알려진 문헌의 예는 *Franz Kafka*, In der Strafkolonie (1919)에서 유래한다.

30 이 표현은 *Milos Vec*, FAZ, 2003. 3. 4, 38면에서 사용되었다.

31 Übereinkommen gegen Folter und andere grausame, unmenschliche oder erniedrigende Behandlung oder Strafe, BGBI, 1990 II, 247면 이하. 위에서 표현된 유엔고문방지협정에서의 정의는 (개별적으로 중요한 구분과 함께) "고문 그리고 잔혹하거나 비인간적이거나 모욕적인 취급 또는 형벌로부터 모든 인류를 보호한다는 것을 명확히 한다는 점"에 기인한다. 이는 1975년 12월 9일 UN 총

"이 협정의 의도에 비추어 볼 때, '고문'이라는 용어는 의도적으로 한 개인에게 정신적이거나 신체적인 큰 고통이나 시련을 가하는 행동을 말한다. 예컨대 그 또는 제3자에게서 진술이나 자백을 받아내기 위해, 그 또는 제3자가 실제로 저질렀거나 저지른 것으로 추정되는 행위를 이유로 그를 처벌하기 위해, 또는 그나 제3자를 겁주거나 강요하기 위해, 아니면 다른 그 어떠한 형태의 차별에 근거한 이유로 인해 그에게 부과되는 것을 말한다. 이때 이와 같은 고통이나 시련은 공무원이나 공적 성격을 가진 자가 권유하거나 또는 명시적이거나 묵시적인 동의를 거쳐서 가해진다. 오로지 합법적 제재에 기인하거나 또는 이에 해당하거나 이와 관련된 고통이나 시련은 이러한 고문 개념에 포함하지 않는다."

이러한 정의에서는 다음의 세 가지 내적요소를 구분할 수 있다. 즉 (1) "막대한 신체적 · 정신적인 고통이나 시련을 부과하는 것"으로 표현되는 객관적인 구성요건, 그리고 (2) 고의와 특정한 의도로 이루어진 주관적인 구성요건, 끝으로 (3) 국가권력에 대한 행위자의 특별한 근접성이 그것이다.

고문은 우선 막대한 신체적 · 정신적 고통이나 시련을 가하는 것을 전제로 한다. 따라서 가령 고통스러운 전기충격, 여성이나 남성에 대한 장기간의 구타나 폭력은 문제 없이 이에 속하게 된다. 또한 덜 심각한 고통의 부과도 고문으로 설명될 수 있는데, 물론 이때 염두에 두어야 하는 것은 부적절하게 의미를 확장함으로써 고문 개념을 단순화해서는 안 된다는 점이다. 고통스럽거나 모욕적으로 취급하는 것이 위법이라 하겠지만, 그것이 바로 고문의 전제 조건을 충족한다고는

회의 결의안(결의안 3452[XXX])에 덧붙여졌다.

할 수 없을 것이다. 따라서 프랑크푸르트 사건에서 "고문"의 위협이 있었다고 자명한 것처럼 말하는 것은 문제가 있다. 마찬가지로 형사소송법 제136a조의 위반이 바로 고문으로 인정되는 것은 아니다.

막대한 신체적 고통을 부과하는 것 외에 극심한 정신적 아픔을 가하는 것도 고문이라 할 수 있다. 가령 위장처형(Scheinexekution)하는 것, 가까운 지인을 그럴듯하게 꾸며서 (혹은 실제로) 고문하거나 살해하는 것, 그리고 특정한 고문을 가하겠다고 위협하는 것이 이미 희생자에게 이에 상응하는 정신적·심리적 효과를 초래하는 한, 고문에 해당한다. 유엔고문방지협정 제 1 조 제 1 항 2문의 예외조항은 문제가 있다. 이에 따르면 법률에 근거한 제재와 관련된 고통이나 시련은 고문으로 간주하지 않는다고 한다. 이러한 조항을 문자 그대로 받아들일 경우, 이에 상응하는 법률규정을 통해 임의적인 모든 고문은 근본적으로 국제적 고문금지의 적용범위로부터 벗어날 수 있다. 이 조항은 특히 일부 극단적인 가혹한 형벌을 고집하는 이슬람국가를 허용하게 되어서,[32] 특히 고문반대운동을 펼치는 비정부기구들(NGO)로부터 날카로운 비판을 받았다.

더 나아가 고문이 성립하려면 행위자의 행위가 고의적이어야 한다. 따라서 단순한 과실로 인한 것이라면, — 극심한 고통의 부과임에도 불구하고 — 고문은 성립되지 않는다. 즉 "피고문자를 신체의 은밀한 곳까지 압박하려는 확고한 의지나 의도적인 계획이 고문의 배후에 있다면, 이는 고문에 대한 비난가능성을 보여주는 것이다."[33]

32 *K. Hailbronner/A. Randelzhofer*, Zur Zeichnung der UN-Folterkonvention durch die Bundesrepublik Deutschland, EuGRZ 1986, 641-648면 (642면).

33 *Ch. Tomuschat*, Rechtlicher Schutz gegen Folter? Zum Verhältnis von nationalen und internationalen Rechtsnomen, in: P. Schulz-Hageleit (Hrsg.), Alltag, Macht, Folter: 11 Kapitel über die Verletzung der Menschenwürde, 1989, 95-118면(102면).

협정은 고의 외에도 고통부과에 대한 특정한 목적이 설정될 것을 요구하고 있는데, 예를 들면 진술이나 자백의 강요, 처벌, 희생자 및 제3자에 대한 위협이나 강압, 또는 가령 인종적이거나 정치적 또는 종교적인 동기로 차별하려는 의도를 들고 있다.[34]

고문 개념의 세 번째 요소는 행위자의 특정 자격이다. 가령 경찰공무원이나 간수와 같은 공권력의 담당자나 아니면 적어도 공무원의 지시에 따라 일하는 자가 관련되어야 한다. 하나의 예를 들면, 개인적으로 처벌하는 자뿐만 아니라 가령 경찰의 동의 아래 폭력을 가하여 유괴당한 인질의 행방을 실토하게 만드는 유괴당한 인질의 친척을 들 수 있다. 순수한 "사적고문"(Privatfolter), 즉 공무원의 암묵적 동의조차도 없이 행해지는 고문은 유엔고문방지협정의 정의에는 포함되지 않는다.

고문의 역사는 인간이 다른 인간에게 무엇을 행해도 되는지에 대하여 명백히 어떠한 한계도 존재하지 않는다는 것을 보여주고 있다.[35] 많은 나라에서 고문자는 특별한 훈련을 받는데, 이 훈련으로 그의 의지는 꺾이고, 모든 동정심도 무디어지며, 강력한 집단적 결속이 만들어진다고 한다.[36] 옛날부터 고문가능성을 고안해낼 때, 인간은 비범할 정도로 환상적이라는 것이 입증되어 왔다. 실질적인 고문방법의 목록으로는 예컨대 구타, 전기충격, 예민한 신체부분에 의도적으로 화상을 입히는 것, 수일 동안 특정한 신체활동을 박탈하는 것, 손톱과 발톱을 뽑는 것, 뼈를 뚫는 것, 사지절단, 동물에 의한 성

34 차별화 사례에 대해서 회의적으로는 *Tomuschat* (주 33), 103면.

35 사회심리학적 실험은 이를 인상 깊게 증명하고 있다. *S. Milgram*, Obedience to Authority, 1974 참조. 독일어 제목으로는 Das Milgram-Experiment: zur Gehorsamsbereitschaft gegenüber Autorität, 12. Aufl. 2001 참조.

36 예컨대 *M. Haritos-Fatouros*, Die Ausbildung des Folterers. Painingsprogramme der Obristendiktatur in Griechenhand, in: Reemtsma (Hrsg.), Folter (주 23), 73-90면 참조.

폭력까지 포함하는 성적 학대, 가상적인 총살, 그리고 기타 다른 정신적 조작 및 모든 감각지각을 지속적으로 극심하게 방해하는 것을 포함한다.[37] 고문에 대한 최근 역사의 특징은 이후에는 도저히 입증될 수 없는 그러한 수단의 투입이 선호된다는 점이다. 때문에 종종 마약을 수단으로 하는 고문이 행해지기도 한다. 의학적 검증에 따라 고통이 최고도에 이르도록 하면서 동시에 희생자가 미리 죽지 않도록 보장하는 점이 확인되고 있다.[38]

Ⅳ. 구조를 위한 고문의 법윤리적 평가

고문과 고문 위협의 허용을 법적으로 검토하기에 앞서, 법치국가에서 고문을 투입해도 좋은가에 대한, 가장 중요한 법윤리적 찬반 논거들을 끄집어내려는 시도가 있어야 한다. 경찰 심문의 범위 내에서 고문의 허용을 찬성하는 주요논거는, (예컨대 유괴사건에서) 고문을 통하여 인간의 생명을 구하거나 무고한 사람의 다른 높은 법익(신체적 불가침성에서부터 자유를 넘어 인간존엄성에 이르기까지)을 지킬 수 있다는 데에 있을 것이다. 일례로 경찰에 체포된 유괴범이 감금당한 아이의 감금장소를 알려 주기를 거부했기 때문에 결국 굶어 죽은 아이의 경우를 들 수 있다.[39]

---

37 통용되는 고문방법의 상세한 목록에 대해서는 *C. Corovalan*, Folter und die Folgen, in: Alltag, Macht, Folter (주 33), 61-83면 (66면 이하).

38 이러한 고문집행에 있어서 선구자는 중국의 "살을 발라내는 고문"(Folter der hundert Glieder)이라 할 수 있는데, 이러한 고문을 행할 때 희생자에게는 오랜 시간에 걸쳐 가능한 한 많은 살이 발라내어지도록 하는 작업에 앞서 아편이 주어진다. 이것은 희생자가 예상보다 빨리 죽는 것을 막아준다.

39 1997년 9월에 납치되어 작은 구덩이 속에 숨겨진 채로 고통스럽게 질식사한 마

"구조를 위한 고문"[40]과 같은 사례에서 보면 무조건적인 이익형량은 고문을 찬성하는 것처럼 보인다. 왜냐하면 유괴범의 신체상 완전성이 유괴된 아이의 생명과 인간존엄성보다 덜 중요하기 때문이다. 고문은 이와 같은 사건들에서 생명을 구하기 위한 매우 효과적인 수단일지도 모른다. 그래서 결국 유괴범은 부당함에 봉착하게 된다. 즉 고문은 죄 지은 자에게 내려지고, 고문의 목적은 무고한 자를 구조하는 것이다. 유괴범은 당장 감금장소를 밝힘으로써 고문을 피할 수도 있다는 것을 바로 알아챘을 수도 있다. 사적인 긴급구조의 범위에서 고문은 어쨌든 어떤 특정한 한계 내에서만[41] 허용될 수 있을 것이다. 즉 예를 들어 유괴된 아이의 아버지는 자기 아이의 감금장소를 알아내기 위해 범인에게 역시 극단적인 고통을 가하는 것이 허용될 수 있게 된다.

가령 도심에 폭탄을 설치하고 그 장소를 알려 주지 않으려는 한 명의 테러리스트에 의해, 단지 한 명이 아닌 백 명 혹은 심지어 천 명의 생명이 위협받는 경우라면, 위에서 언급한 논거들은 일단은 타당하다. 오늘날 테러리스트들에게 있어서 이러한 대량 살상무기를 손에 넣는 일은 경악할 정도로 매우 쉬워졌다. 이렇게 변화된 위험상황은 극단적인 경우에는 고문도 포함하는 변화된 국가적 방어수단을 통하는 것도 고려되어야 한다고 논증될 수 있을 것이다. 이미 고문의 위협효과가 매우 커서 이를 통해 범죄를 피할 수 있다는 것이다.

한편 고문에 반대하는 법윤리적 논거로는 다음을 들 수 있다.

티아스 힌트체(Matthias Hintze) 사건 또한 참조.

40 위의 주 30 참조.

41 가령 사지의 절단과 같은 극단적인 행위는 정당방위의 범위 내에서 또한 허용되지 않을 것이다. 왜냐하면 여기에는 인간존엄성의 보호로부터 근거 지어진 동시에 (물론 세부사항에서 비로소 새롭게 강조된) 문언에 따른 제한 없는 정당방위의 사회윤리적인 제한이 있기 때문이다.

설령 고문을 소수의 매우 극단적인 긴급상황으로만 제한한다고 하더라도, 결코 그 남용을 배제할 수 없다는 점이다. 무분별한 고문행위나 무고한 자에 대한 고문행위는 법치국가적 원칙에 명백히 위배된다. 국가가 자신의 도덕적 정당성을 잃지 않고자 한다면, 곤란한 상황에 처했을 때에도 국가가 결코 손대서는 안 되는 일정한 수단이 존재한다. 법치국가에서 고문을 허용한다는 것은 고문의 적용을 위한 법규정을 공표해야 함을 의미할 것이다. 또한 공무원은 경우에 따라 고문가로서 부가적 훈련을 받아야 한다. 이 두 가지는 이미 역사적인 이유에서 독일연방공화국에서는 생각할 수도 없는 일이다. 그 밖에도 어떤 법적 한계도 인정될 수 없으며 그리고 피고문자가 고문자의 무한한 자의에 내맡겨지게 되는 것이 바로 고문의 전형이기 때문에, "정형화된 고문"(formalisierten Folter)이라는 표상은 문제가 있는 것으로 보인다.

그러나 고문에 반대하는 주된 논거는 최악질의 범죄자에게조차도 부인해서는 안 되는 인간존엄성에 있다. 고문에 대한 우려는 신체의 침해가 아주 심하거나 심지어 치명적이라 할지라도 고문이 단지 신체적 침해 이상이라는 데에 기인한다. 고문은 자의식과 자유의지가 자리하고 있는 영역, 즉 가장 깊은 내면에까지 영향을 미칠 수 있다. 피고문자는 단순한 육체, 즉 식물적 존재로 축소되게 된다. 때문에 고문은 개인의 자율성을 침해할 뿐만 아니라 개인의 자율능력을 위태롭게 하고 파괴한다. 그처럼 극단적인 침해의 경험은 희생자에게 지속적으로 정신적인 충격을 주게 된다.[42]

---

42 상세하게는 *G. Keller*, Die Psychologie der Folter, 1981, 59면 이하; 나아가 die Beittäge von Lipps und Corovalan, in: Alltag, Macht, Folter (주 33), 46면 이하, 61면 이하 참조.

따라서 체계적으로 그리고 가능한 한 큰 고통을 가하려고 행하는 고문은 인간존엄성에 대해 상상할 수 있는 것 가운데 가장 중대한 공격인 것이다.[43] 따라서 고문의 목표지향성은 희생자의 생명만 빼앗아 갈 뿐 그의 존엄성을 침해하지는 않는 상해나 살인과는 구분된다. 따라서 고문자는, 사형선고 받은 자에 대한 사형집행인보다 피고문자에 대해 일반적으로 더욱 강력한 지위를 갖게 된다.[44] 이때 사형선고 받은 자의 존엄이 사형집행에 의해서 반드시 침해되는 것은 아니다. 사형집행자는 여전히 규율에 구속되는 반면, 고문자는 그의 환상을 자유롭게 발휘할 수 있다.

따라서 고문에 대한 위협이 초래할 수 있는 두려움이 국가권력에게는 언제나 유혹적이었다. 이에 대해 케이트 밀레(Kate Millet)는 다음과 같이 서술하였다.

> "고문은 국가권력의 가장 극단적인 수단이다. 국가가 감히 국민을 고문할 권리를 갖는다면, 국가는 국민에 대한 절대권력을 획득하게 된다. 국가가 체포, 구금, 소송, 유죄판결, 처벌과 같은 인간에 대한 기존의 권력 이외에 고문까지 사용한다면, 국가는 인간을 유린하게 된다. 왜냐하면 고문은 저항할 수 없기 때문이다. 계몽주의의 개혁정신이나 인권운동이 고문을 가장 단호하게 경계해 왔던 것도

43 계몽주의 이후로 그러했던 것처럼, 인간존엄성의 근거를 본질적으로 개인의 자율성에 둔다면, 이는 어쨌든 적절하다. 그러나 많은 종교들이 이러한 생각을 공유하고 있지는 않다. 우선 기독교적 전통 속에서 인간존엄성은 뒤늦게서야 기본가치로서 존중되었고, 이는 개인의 자율성이 아닌 인간이 "신의 모습을 닮았다는 점"에 근거를 두고 있다. 기독교 역사에서 고문은 매우 중요한 역할을 수행해 왔다. 가장 중요한 기독교의 상징은 죽음에 이르는 고문을 받는 신이다. 수많은 순교자들과 그들을 종종 대단히 극적으로 상징하는 묘사들은 고문을 신앙에 대한 시련으로 표현하기도 했다.

44 피고문자는 고문자에 대한 완전한 무력감을 항상 강조하고 있다. 가령 "Wer der Folter erlag [···]" (주 28), 33면 이하 참조.

아마도 주로 이러한 이유에서였을 것이다."[45]

그러나 고문이 당사자를 "유린한다"는 밀레의 주장은 정말 적절한가? 고문이 통제되고 적절하게 사용된다면, 고문이 생명을 구하고 범죄자를 합법적으로 강제할 수는 없는가? 고문반대론자들의 논거들은 구조를 위한 고문에는 일반적으로 들어맞지 않지만, 고문지지자들, 어쨌든 서방국가들에서는 극단적인 개별상황에서만큼은 무고한 사람을 구조하기 위한 최후의 수단으로서 고문을 허용하려 한다는 점은 주목할 만하다.

V. 극단적 상황에서 행해지는 고문에 대한 최근의 정당화

빈프리트 부르거(Winfried Brugger)는 정확하게 특정된 예외적인 상황에서 허용되는 고문에 찬성하며 이러한 의견을 세심하게 근거지어 왔다.[46] 그가 주목한 사례들은 다음과 같은 특징을 보여준다.

"무고한 사람의 (1) 생명과 신체적 완전성(Integrität)에 대해 (2) 명백하고, (3) 직접적이며, (4) 현저한 위험이 현존하고 있다.[47] (5) 그러한 위험은 식별될 수 있는 방해자에 의해 초래되었다. (6) 그 방해자는 법의 한계 안으로 되돌아옴으로써 위험을 제거할 수 있는

---

45 *K. Miller*, Entmenschlicht. Versuch über die Folter, 1993, 14면. 또한 고문국가와 개인의 관계에 대해서는 같은 글 68면 이하 참조.

46 *W. Brugger*, VBlBW 1995, 415면 이하, 446면 이하; *W. Brugger*, Der Staat 35 (1996), 67면 이하; *W. Brugger*, JZ 2000, 165면 이하.

47 여기에서는 "또는"이 보다 설득력이 있을 것으로 보인다. 왜냐하면 어차피 신체적 완전성에 대한 위험성은 생명에 대한 위협으로 인해 발생하기 때문이다.

유일한 사람이다. (7) 또한 그는 그렇게 할 의무를 가지고 있다. (8) 신체적 강제를 사용하는 것이 정보획득을 위한 유일한 성공가능성 수단이다."[48]

브루거는 우선 실정법이 법조문 그대로 고문을 명백히 배제하는 것을 인정한다. 그는 이에 대한 예로 경찰법, 헌법, 국제법을 인용하고 있다. 이와 마찬가지로 형사소송법[49]에도 타당하긴 하지만, 형사소송법은 브루거가 주목한 사례에 직접적으로 관련되지는 않는다. 왜냐하면 범행의 추적이 아니라, 위협적인 위험을 극복하는 것이 문제되기 때문이다. 그러나 얼핏 보기에 명확해 보이는 고문금지는, 부분적으로 범죄자의 권리 영역에 대해 깊숙한 개입을 허용하는 다른 경찰법 규정에는 모순이 된다. 브루거는 이를 "가치흠결"(Wertungslücken) 또는 "가치모순"(Wertungswidersprüchen)과 관련지어 말하고 있다.

이와 같은 종류의 중대한 모순은, 소위 "구조를 위한 최후적 발포"를 허용하는 데에서, 즉 인질을 구하기 위해서 인질범을 죽이는 것을 허용하는 데에서 찾아볼 수 있다. 그래서 바덴-뷔르템베르크주 경찰법(bwPolG) 제54조 제 2 항에서는 "안전에 인접한 개연성으로 치명적으로 작용하게 될 총격은, 그것이 현재의 생명에 대한 위험이나 혹은 신체적 불가침성(Unversehrtheit)을 중대하게 침해할 현재의 위험을 방지하기 위한 유일한 수단인 경우에만 허용된다"고 규정되어 있다. 이와 유사하게 바이에른주 경찰직무법(BayPAG) 제67조 제 1 항에서는 "사람에 대한 총기사용은 1. 신체나 생명에 대한 현재의 위험을 피하기 위해서만 가능하다. […]"고 규정되어 있다. 여기서

48 JZ 2000, 167면.

49 특히 기본법 제104조 제 1 항 2문과 형사소송법 제136a조를 말한다.

브루거는 고문문제에 응용할 수 있는 두 가지 원칙을 제시한다. 하나는 경찰이 위험을 효과적으로 예방하고 또한 제거해야 한다는 것이고, 다른 하나는 경찰이 "법과 법률을 보호해야만 하며, 법과 법률의 한계를 넘어서는 사람에게는 정해진 한도를 지키라고 말해야 한다"는 것이다.[50]

심지어 범죄자(방해자)를 살해하는 것도 허용되는데, 정보획득의 목적을 위한 고문은 어째서 금지되어야만 하는가? 브루거는 다음과 같은 예를 든다.

> "인질범이 권총을 인질의 관자놀이에 들이대고 있을 때, 인질의 생명을 구하기 위한 성공가능성이 높은 유일한 방법이 인질에게 총을 발사하는 것이라면 총을 발사할 수도 있다. 인질범이 시한폭탄을 인질의 몸에 부착시켜 놓았고, 인질의 몸에 부착되어 있는 점화장치의 암호를 알아내기 위해서는 인질범을 강제해야만 이로부터 인질이 구조될 수 있는 상황이라면, 관련 법규범에서 이러한 강제조치는 제외된다."[51]

결론적으로 브루거는 가치모순을 피하기 위해 그가 공식화한 여덟 가지 기준들이 주어진 사례들에 있어서, 고문에 반대하는 국내외 규범들을 목적론적으로 줄일 것을 제안하고 있다.

브루거의 제안은 지금까지 대부분 기피되었다. 하지만 관련문헌에서 그의 논증과정이 매우 불충분하게 평가받았다는 인상을 가끔 받는다.[52] 어찌 되었든 브루거가 경찰서에 유치된 유괴범이나 테러리

---

50 JZ 2000, 168면.

51 JZ 2000, 168면.

52 이에 대한 상세한 논쟁으로는 *H. Welsch*, BayVBl, 2003, 481-488면; *B.*

스트의 인간존엄성 침해를 명백히 불가피한 것으로 생각한다는 것은 문제가 있는 것으로 보인다. 내가 보기에 이러한 전제는 당연해 보이지 않는다. 경찰이 정보획득을 목적으로 행사하는 직접적인 강제가 정말로 유괴범이나 테러리스트의 인간존엄성을 침해하는 것인가? 대다수의 저자들은 브루거와 마찬가지로 이를 인정하고 있는 것으로 보인다. 그러나 이 질문에 대한 설득력 있는 대답은 우선, 무엇이 인간존엄성(기본법 제1조 제1항)을 보호하고 있는가에 대해 명료히 할 것을 전제로 한다. 그러나 직접적인 강제 그 자체가 이미 인간존엄성을 침해한다는 점에서부터 결코 시작할 수는 없다.[53]

VI. 인간존엄성과 고문

프랑크푸르트 고문사건을 둘러싼 논의에서 인간존엄성은 다시금 논의의 대상이 되었다. 그러나 이 논의에서 인간존엄성 개념을 명확하게 규명하지는 못하였다. "인권"(Menschenrechte)에 호소하는 것도 마찬가지다. 종종 고통스럽게도 분명한 것은 "인간존엄성"이라는 개념이 광범위하게 오용되고, 정치적 목적을 위해 과도하게 이용되었으며, 그 결과로 인간존엄성이 경시되고, 감정에 치우치게 됨으로써, 그 개념은 명료성과 엄격성 그리고 이와 함께 논증적 힘을 상실하게 되었다는 점이다. "인간존엄성"이라는 개념은, 정치적 논쟁이나 일간

Kretschmer, RuP 2003, 102-118면; *J. P. Wilhelm*, Die Polizei 2003, 198-207면; 연습문제의 형식으로는 *F. Jeßberger*, JURA 2003, 711-715면; 결론이 열려 있는 것으로는 *Miehe*, NJW 2003, 1219면 이하. 브루거와 일치하는 경향으로는 *F. Wittreck*, DÖV 2003, 873-882면.

53 이에 반해 지금까지 인간존엄성을 침해하는 것이라는 비판 없이, 사실상 직접적인 강제는 매일매일 사용된다고 말해지기도 한다.

지에서 사용되고 있는 것처럼 문제되는 사안에 있어서 명확한 결정을 내리기에는 너무나 불명확하다. 이것은 바로, 대중적인 문헌에서 나타나고 있는 특별한 인기에도 불구하고 널리 무용지물이 된 도구화된 표어에 해당된다.[54]

고문이 인간존엄성에 반한다는 것을 증명하기 위해서는, 우리가 "인간존엄성"이라는 말로 무엇을 이해하고자 하는지를 명료하고 명확하게 할 필요가 있다. 이는 또한 이 개념의 정신적 토대를 숙고한다는 것을 의미하기도 한다. 인도주의 전통에서 인간존엄성은 타고난 양도불가의 "고유가치"(Eigenwertes)를 표현하는 것으로 이해할 수 있다. 이때 이 고유가치는 다시 다양한 주관적 권리들에서 표현된다. 이 권리들은 모두 함께 인간존엄성을 형성하는 주관적 권리들의 앙상블을 형성한다. 개별적으로 인간존엄성이라는 범주에서 아래의 주관적 권리들을 구별할 수 있다.

1. 물질적 최저생활에 대한 권리: 개인의 생존에 필수적인 재화, 예컨대 음식, 공기, 공간을 박탈하는 것은 인간존엄성에 반한다.
2. 자율적 자아발현에 대한 권리: 모든 개인에게는 적어도 최소한의 자유권이 보장되어야 한다.
3. 정신적-영적 불가침에 대한 권리: 개인의 의식을 약물이나 세뇌와 같이 저항할 수 없는 수단으로 바꾸는 것은 인간존엄성에 반한다.
4. 극도의 고통에서 자유로울 권리: 개인에게 중대하고 지속적인 고통을 부과하는 것은 인간존엄성을 침해한다.

---

54 이에 대해서는 *E. Hilgendorf*, Die miβbrauchte Menschenwürde, Probleme des Menschenwürdetopos am Beispiel der bioethischen Diskussion, in: Jahrbuch Recht und Ethick Bd. 7 (1999), hrsg. von B. S. Byrd, J. Hruschka, und J. C. Joerden, 137-158면.

5. 정보의 자기결정에 대한 권리: 인간의 가장 긴밀한 사생활 영역은 임의의 제3자에게 노출되어서는 안 된다.
6. 법적으로 평등할 권리: 개인으로부터 권리소유자로서의 지위를 박탈하는 것은 인간존엄성에 반한다.
7. 최소한의 존중을 받을 권리: (1)에서 (6)까지 언급한 침해형식들 이외에 누구도 극단적인 방식으로 모욕을 받거나 자긍심을 빼앗겨서는 안 된다.

이렇게 명료화한 인간존엄성에 비추어 고문을 평가해 보면, 다중적인 관점에서 인간존엄성의 침해를 곧바로 확인할 수 있다. 대부분의 고문은 물질적으로 최저생활을 할 수 있는 권리(예컨대 공기의 유입을 차단한 질식고문이나 좁은 공간에 감금하는 것)를 위반하며, 자율적으로 자아를 발현할 수 있는 권리(온종일 감시하는 것), 또는 정신적-영적으로 불가침 권리(세뇌, 마약투여 등)를 침해한다. 그리고 극도의 고통에서 자유로울 권리도 규칙적으로 침해받는다. 나아가 피해자가 자신의 모든 사생활을 실토하도록 강요받을 경우에는 정보의 자기결정권에 관한 권리도 관련될 수 있다. 고문이 사용될 때 고문피해자는 권리주체로서의 지위를 상실하기 때문에 법적으로 평등할 권리도 전형적인 방식으로 침해받는다. 피해자를 모욕하고, 피해자의 자율성을 강탈하는 것이 곧 고문의 본질이기 때문에 최소한의 존중을 받을 권리는 언제나 침해받는다.

이로부터 고문이 왜 인간존엄성을 침해하는지, 나아가 고문이 왜 인간존엄성을 가장 심각하게 손상하는 국가적 수단인지도 보여주고 있다. 독일연방공화국과 같이 인간존엄성이 전체 법질서의 토대가 되는 법치국가에서는, 인간존엄성에 대한 이러한 현저한 침해를 결코 허용할 수 없다. 긴급상황에서 고문을 예외적으로 허용하는 것은, 이를 아무리 좁게 파악하고 명확하게 정의한다 할지라도, 국가행위가 국가고유의 정당성에 모순되는 결과를 가져오게 될 것이다.

그러나 절대적인 고문금지도 또한 인질로 납치되거나 테러리스트로부터 위협을 받으며 국가로부터 그의 운명이 방치된 무고한 사람의 인간존엄성을 침해하고 있지는 않은가? 국가는 이와 같은 사람들의 인간존엄성을 적극적으로 지켜야 할 의무를 지고 있지는 않은가? 기본법은 제 1 조 제 1 항 2문에서 이들 질문에 명확하게 답하고 있는데, 이에 따르면 국가권력은 인간존엄성을 "존중"해야 할 뿐만 아니라 "보호"해야 한다. 그러나 기본법은 한 사람의 인간존엄성을 존중하는 것이 또 다른 사람의 인간존엄성에 대한 침해를 수반할 수 있는 경우, 어떠한 조치를 취해야 하는지에 대해서는 말하고 있지 않다. 법치국가가 고문을 한다면 이는 법치국가임을 포기하는 것이다. 법치국가가 고문을 하지 않는다면, 법치국가는 경우에 따라서는 무고한 사람을 끔찍한 운명에 빠뜨리게 되는 것이다. 양자의 경우 모두 인간존엄성을 침해하는 것이 된다.

VII. 세 가지 해결방안

내가 보기에는 이러한 딜레마에서 벗어나는 데 있어서 세 가지 방법이 있는 것 같다.

(1) 프랑크푸르트 사건에서 나타난 것과 같은 극단적인 상황에서는, 어쨌든 고문을 도덕적인 것으로서 허용하는 것으로, 심지어 도덕적으로 명하는 것으로 간주함으로써 정당화될 수 있다. 오늘날 논쟁

에서 고문의 사용을 옹호하는 사람들의 논거를 살펴보면, 그들이 결국 법을 그들의 도덕적 직관에 일치시키는 것이 실제로 중요하다고 생각하고 있다는 것을 알 수 있다.[55] 따라서 극단적인 상황에서 고문을 허용할 수 있는가를 둘러싼 논쟁을 법과 도덕의 관계라는 범주 속에서 재구성할 수 있다. 여기서 옹호되고 있는 해결책에 따르면, 도덕적으로 정당화될 수 있는 고문은 인간존엄성에 반하기 때문에, 법적인 제한 없이 금지되어야 한다. 법치국가에서 고문은 어떠한 경우에도, 설령 매우 비극적인 상황에서라도 허용될 수 없다. 이러한 한계상황에 놓여있는 것으로 안티고네(Antigone)의 답변을 들 수 있는데, 즉 도덕을 법 위에 두고, 자신의 자유로운 행위로부터 나온 법적 결과를 감수해야 한다.

(2) 두 번째 해결방안은, 생명을 위한 위험방지나 또는 신체의 완전성에 대한 현저한 침해가 문제되는 경우라면, 극단적인 상황에서 고문의 문턱 아래 있는 효과적인 위협수단과 강제수단을 법적으로 허용하는 데서 찾아볼 수 있을 것이다. 그러나 이러한 위협 및 강제수단은 신체적 강제와 신체적인 고통부과를 포함하고 있으므로 — 정당화될 수 없는 — 인간존엄성 침해의 문턱 아래에 머물러 있어야만 한다는 것이다. 이에 대한 예로서 고통스럽게 꼬집는 것, 포박상태에서 팔을 꺾는 것, 또는 야콥 폰 메츨러 사건에서 그랬던 것처럼 손목을 과도하게 비트는 것을 들 수 있다. 여기에서는 아직은 고문이 아닌, 고통의 부과가 문제되고 있다.[56] 형사소추의 범주 안에서는 이런 종류의 조치를 배제하고 있는 반면에(형사소송법 제136a조), 인간생명을 구하기 위해 필요하다면 위험방지라는 목적을 위해 이를 허용할

55 이는 예를 들어 *부르거*의 경우를 보면 명백해진다. JZ 2000, 165면, 172면 참조.
56 이 경우에 그런 민감한 영역에서의 한계설정은 매우 어렵다는 점이 인정된다.

수 있을 것이다. 일반적인 경찰 행동의 테두리 내에서는 "최후적 총격"에 이르기까지 강제조치가 허용되고 있다. 특히 생명구조가 문제되고 있는 경우에는 신체의 완전성을 제한하는 것이 허용되는데, 정보획득이 문제가 되고 있는 경우에는 왜 그러한 제한을 허용해서는 안 된다는 것인지 명확하지가 않다. 물론 이를 위해서는 경찰법상의 법적인 근거마련이 요청될 것이다.

다른 수단이 가능하지 않으며 과잉금지원칙을 염두에 둔다면, 강제적용을 원칙적으로 허용할 수 있는 직접적 강제의 한 가지 사례가 문제된다.[57] 물론 각 주의 경찰법에서는 주로 "진술을 위한" 직접강제(즉 바이에른주 경찰직무법 제58조 규정)의 적용을 배제하는 규정을 찾아볼 수 있다.[58] 이러한 규정들은 여기에서 논의된 것과 같은 상황을 위해 다음과 같이 보충할 수 있을 것이다. "인간생명을 구하기 위해 또는 다른 사람의 건강에 대한 중대한 침해를 피하기 위해 직접적 강제의 사용이 요청되는 한, 이 규정은 적용되지 않는다."

이러한 조항은 인간존엄성에 반하는 고문을 문서로 확정하려는 것이 아니라, 고문을 통해서만 생명을 구할 수 있거나 건강에 대한 중대한 위해를 피할 수 있는 경우에 진술의 강요를 위해서 직접강제의 사용을 예외적으로 허용하고 있는 것이다.[59] 직접강제가 그 자체로 인간존엄성을 침해하는 것은 아니다. 여기에서 특수한 목적 설정, 즉 정보의 획득이라는 목적을 가지고 강제력이 행사되는 것을 통해

---

57 *F. L. Knemeyer*, Polizei und Ordnungsrecht, 9. Aufl. 2002, Rdnr. 369 이하.

58 "(1) 다른 강제수단이 고려될 수 없거나 어떠한 효과도 보장되지 않거나 합목적적이지 않을 경우, 경찰은 직접강제를 사용할 수 있다. 직접강제를 사용하는 종류와 방법에 대해서는 제60조 이하에 규정되어 있다. (2) 진술을 위한 직접강제는 제외한다."

59 이에 반하여 "누구도 자기 스스로를 고소할 의무가 없다"(nemo teietur seipsum accusare)는 헌법원칙은 뒤로 물러서야만 한다.

서도 달라지는 것은 없다. 따라서 이러한 점은 피해자에 대한 효과에 따라 인간존엄성 침해를 객관적으로 규정할 수 있기 때문에 타당하다.[60] 또한 직접적 강제는 그것이 인간존엄성을 침해하는 문턱 아래에 있는 한, 유괴범이나 테러리스트에게 투입될 수 있다. 여기서 옹호되고 있는 해결책에 따르면 이는 기본적으로 직접강제가 정보의 획득을 지향할 때에도 유효할 수 있을 것이다.

이러한 입법론적 해결책과는 반대로, 허용되는 고통부과와 금지된 고문을 명백하게 구분하는 것이 어렵다는 문제점이 특히 언급되고 있다. 고통부과의 강도에 대해서는 상호주관적인 어떠한 명백한 기준도 주어질 수 없을 것이다. 이러한 이유로 방금 살펴본 방법 역시 우선은 입법론적으로는 고려되지는 않을 것이다.[61] 그러나 어쩌면 장래에는 본질적으로 변화된 사회의 위험상황에서는 이러한 방법을 새롭게 숙고해 보아야 할 것이다.

(3) 세 번째 해결가능성은 형법적 정당화 근거인 형법 제32조와 제34조를 적용하는 데에서 찾아볼 수 있다. 물론 이러한 정당화 근거가 경찰법에서 공무원의 권한을 확대시킬 수 있는지 여부에 대해서는 논란의 여지가 있다. 소수견해는 이를 부인하고 있지만,[62] 반면에 공법에서 나온 다수견해는 일반적인 정당화 근거가 경찰의 개입

60 *Hilgendorf* (주 54), 143면 이하. 이와 달리 도구화논거의 적용은 인간존엄성의 보호에 있어서 주관화를 초래하게 된다. 즉 인간존엄성 침해는 관여자의 의도에 좌우한다.

61 의문스러운 것은 정보획득의 목적을 위한 "보다 경미한 고통부과"가 고문 외에도 "비인간적인 또는 모욕적인 형벌"도 금지된다는 유럽인권협약 제3장에 부합할 수 있는지 여부이다. 이에 대해 보다 상세하게는 인권을 위한 유럽법원(EuGHMR) 판례의 논거와 함께 *J. Meyer-Ladewig*, EMRK-Handkommentar, 2003, Art. 3 Rz. 6 이하.

62 *G. Jakobs*, Strafrecht Allgemeiner Teil, 2. Aufl. 1991, 12/41 이하; *J. Renzikowski*, Notstand und Notwehr, 1994, 297면; *K. Seelmann*, ZStW 89 (1977), 49면 이하.

권한을 근거 지을 수는 없지만, 정당화 근거들을 내세울 수 있는 공무원을 형법적 책임으로부터 보호하기에는 적절하다는 입장을 옹호하고 있다.[63] 형법 문헌에서 지배적인 견해는, 한 걸음 더 나아가 일반적 정당화 근거의 개입을 통해 공무원의 행동이 형법적으로뿐만 아니라, 경찰법적으로도 합법적이라는 입장을 지지하고 있다.[64] 연방최고법원은 이런 방향으로 가고 있는 듯하지만, 그러나 판례는 이 문제에 대해 아직 확정적인 입장을 표명하고 있지는 않다.[65]

일반적인 정당화 근거가 경찰법에서도 적용될 수 있다고 하는, 형법 문헌만이 아닌 공법 문헌에서도 지배적인 입장을 따라가 보면, 앞에서 제기한 사례문제에 형법 제32조(긴급피난)가 적용될 수 있을 것이다. 유괴범은 아이의 감금장소 정보를 알려 줄 선행행위에 의한 의무가 있음에도, 이러한 감금장소 알려 주기를 거부한 데에서, 아이의 생명, 존엄성 그리고 신체적 불가침성이 침해받게 되었다.[66] 이러한 침해는 경찰이 직접적 강제로 위협했을 때에도 여전히 계속되었다. 그러한 위협은 적합하고 필요한 것이었는데, 왜냐하면 다른 모든 수단들은 실패했기 때문이다. 사회윤리적인 제한의 근거가 제시될지는 의문이다. 보호법익과 침해법익 사이에 극단적인 불균형이 존재하는 사례군은 이에 해당되지 않는데, 적어도 생명, 인간존엄성, 신체

63 *V. Götz*, Allgemeines Polizei- und Ordnungsrecht, 13. Aufl. 2001, Rdnr. 414; *Knemeyer* (주 57), Rdnr. 374; 형법에서는 *H.-J. Günther*, Strafrechtswidrigkeit und Strafrechtsausschluss, 1983, 366면 이하; *Ch. Kühl*, Strafrecht Allgemeiner Teil, 4. Aufl. 2002, §7 Rdnr. 155.

64 *Lackner/Kühl*, StGB-Kommentar, 24. Aufl. 2001, §32 Rdnr. 17; 상세하게는 *Spendel*, Leipziger Kommentar StGB, 11. Aufl. 1992 이하, §32 Rdnr. 263 이하, 275; *Schönke-Schröder-Lenckner/Perron*, §32 Rdnr. 42a 이하.

65 BGHSt27, 260; BayObLG JZ 1991, 936면 이하 참조.

66 야콥 폰 메츨러 사건에서는 아이가 이미 죽어 있었지만, 경찰이 이 사실을 몰랐다는 것 때문에 상황이 복잡해진다. 그 때문에 허용구성요건착오가 전제된다.

적 불가침성은 보호해야 하는 측면에 있고, 반대로 유괴범의 신체적 완전성, 그리고 경우에 따라 그의 인간존엄성은 침해되는 법익의 측면에 속해 있기 때문이다. 어찌 됐든 여기에서는 균형점을 확립해야 하는데, 강제조치에 의해 자신의 법익을 침해받은 유괴범에게 유리하게 되어서는 안 된다.

물론 (폐쇄된 범주를 기술하는 것이 아닌, 확장가능한) 정당방위의 사회윤리적인 제한근거의 맥락에서 수많은 국제적 고문금지들이 고려될 수 있다. 물론 여기서는, 큰 고통이 수반될지라도 잠시 손목 늘리는 것을 실제로 고문이라고 표현될 수 있는지가 다시 의문시되기는 한다. 지금까지 직접강제에 반대하여 고문에 대한 비난이 제기되었다는 점을 제시할 필요도 없이, 직접적 강제의 많은 형태들은 고통과 결부되어 있다. 그러나 여러 주들의 경찰법에서는 정보획득을 위해 경찰공무원이 모든 형태의 직접강제를 적용하는 것은 거의 제외되어 있다.[67] 이러한 평가는 정당방위의 사회윤리적 제한을 위한 착안점으로 사용될 수 있다. 결과적으로 이것은 현행법상 형법 제32조를 넘어서는 정당화는 가능하지 않다는 것을 의미한다. 이는 인간존엄성을 침해하는 고통부과라는 보다 중대한 사례에 있어서 더욱 타당하다.

VIII. 요 약

(1) 원칙적으로는 의심되지 않았던 일반적인 고문금지는 인질이나 테러리스트의 위협과 같은 극단적인 상황에서는 문제가 된다. 생존과 관련된 한계사례들은 다양한 해결책이 제시될 수 있는 불확실

67 위의 V. 참조.

한 사법영역에서 나타난다.

(2) 기본법이 요구하는 바와 같이 독일연방공화국 국가질서의 기본토대로서 인간존엄성을 법적 평가에 놓는다면, 그리고 이에 덧붙여 국가는 어떠한 경우에도 인간존엄성 침해를 허용하지 않는다는 전제를 받아들인다면, 고문은 무고한 사람의 생명과 존엄을 보호하는 데에 투입된다 하더라도 위법한 것이 된다.

(3) 프랑크푸르트 사건은 개념적인 엄격성을 필요로 한다. 개념적인 엄격성 없이는 문제를 적절하게 파악하고 논의할 수 없다. 이는 한편으로 지독하고 지속적인 고통을 가할 때에만 인정되는 고문 개념에도 적용된다. 이에 반해 경미한 사례들은, 절대적인 고문금지를 불합리한 것으로 다루려 하지 않는다면, 고문 개념에 포함시킬 수 없다.

(4) 그러나 인간존엄성 개념 또한 명확화와 명료화를 필요로 한다. 인간존엄성은 물질적 최저생활, 자율적 자아발현, 정신적이고 영적인 완전성, 고통으로부터의 자유, 정보의 자기결정, 법적 평등, 그리고 최소한의 존중을 지향하는 주관적인 권리들로부터의 앙상블로 이해될 수 있다. 우리가 이러한 명료한 개념 이해를 기초로 한다면, 고문은 명백히 인간존엄성에 반한다. 그러나 정보획득을 위한 단순한 직접적 강제는 인간존엄성에 반하는 것은 아니다.

(5) 프랑크푸르트 사건은 또한 법과 도덕 사이의 갈등으로 해석될 수 있다. 법질서는 여기서 지지된 해결책에 따르면 고문을 예외 없이 금지하는 반면에, 다수견해에 의하면 고문은 경우에 따라 극단적인 한계상황에서는 도덕적으로 정당화될 수도 있다. 여기서 (다시 한 번) 법과 도덕이 동일한 것이 아니라는 점이 분명해진다. 하나의 국가에서는 단 하나의 법질서만이 유효한 반면, 법질서의 요청에서 때로는 심지어 모순되기까지 하는 도덕은 매우 다양하게 존재할 수 있다.

(6) 입법론적인 하나의 해결책으로서, 인간생명을 구하거나 신체의 완전성에 대한 중대한 침해로부터 보호하기 위해 필요한 경우라면, 진술확보를 목적으로 보다 경미한 형태의 직접적 강제는 예외적으로 허용될 수 있다. 이를 위해서는 경찰법을 개정해야만 한다. 그러나 이러한 방법은 직접적 강제의 "보다 경미한" 형태와 "보다 강력한" 형태 사이의 경계를 어떻게 설정할 것인가 하는 문제를 야기한다.

(7) 현행법의 기반 위에서는 여기서 논의되었던 것과 같은 극단적 사례의 경우 원칙적으로 형법 제32조의 긴급피난으로 해결할 수 있다. 그러나 많은 경찰법상의 실정법적 조문에서 발견되는 정보획득을 위해 직접적 강제를 투입하는 데 대해서 법윤리적으로 거부하는 것은 정당방위의 사회윤리적 제한과 유사하다. 이러한 평가에 따른다면 형법 제32조에 따른 정당화는 배제된다.

프랑크푸르트 사건을 둘러싼 논쟁은 생존이 걸린 문제사례에서 실제로 강제력 있는 해답을 주기에는 법적 규율과 사법적 논증이 얼마나 부적절한지를 보여주고 있다. 법적 판단은 여기서 한계에 부딪힌다. 동시에 단지 일상적인 사법업무의 범주에서만 사고할 것이 아니라, 법의 본질적인 문제로 종종 시선을 돌리는 것이 얼마나 중요한지가 분명해진다.

Tragische Fälle Extremsituationen und strafrechtlicher Notstand

04

비극적 사건들*

극한 상황과 형법의 긴급피난

I. 서 론

기원전 155년 그리스 철학자 카르네아데스(Karneades)는 세계강대국으로 새롭게 부상하는 로마에서 정의를 주제로 하여 이틀 동안 연강을 했는데, 이 강연은 지적 호기심에 가득찬 로마의 젊은이들에게 센세이션을 불러일으켰다.[1] 카르네아데스는 "in utramque partem dicere"[2]라는 방식에 따라 강연을 진행했다. 즉, 그는 발표 첫날에 상세한 근거를 뒷받침하면서 전체 주제들을 제안하였고, 둘째 날에는 이러한 주제들을 반박하면서 반대입장으로 선회하였는데, 정확히 말하자면 양쪽의 입장을 동등하게 설득력 있게 제시하였다.[3] 이는 정신

* 원문은 "Tragische Fälle. Extremsituationen und strafrechtlicher Notstand," in: Schriften zum Öffentlichen Recht, Band 1002, 2005, 107-132면.

1 사람들은 이 두 강연을 로마에서의 철학 '귀화'과정의 결정적인 날로 규정지었다. *K.-H. Stanzel*, Artikel "Karneades," in: H. Cancik/H. Schneider (Hrsg.), Der neue Pauly. Enzyklopädie der Antike, Bd. 6, 1999, 287면 이하 (287면).

2 문자 그대로는 "두 가지 측면으로 말하다"(또한: in utramque partem "disserere" ["논하다"]). 이 변증법적 방식은 특히 회의론자들에 의해 사용되었다.

3 이에 대해서는 *B. Russell*, A History of Western Philosophy (1946), Unwin Paperbacks 1979, 245면; 또한 *K. E. Wilkerson*, Carneades at Rome: A Problem of Sceptical Rhetoric, in: Philosophy and Rhetoric 21 (1988),

적으로 둔감했던 대부분의 청중들에게는 유례없는 모욕으로 받아들여졌다. 도대체 이 양쪽입장 모두를 실제로 받아들이면서 동시에 정당화할 수도 있는 것인가? 어떤 주장이 정말 옳은 것인가? (당시에도 이미, 자신이 결정내려야 하는 것을 회피할 수 있게 해 주는 "뻔한 해답"이나 "통설"을 구하려는 강한 욕구가 있었음은 명백하다.)

이틀째 되던 날 충격받은 로마인들에게 카르네아데스가 제시했던 역설 중에는 다음과 같은 내용도 있었다고 한다. 즉, 두 명의 난파자가 판자 하나에 함께 매달린 채 바다에서 표류하게 되었다. 이런 와중에 나무판자는 단지 한 사람의 무게만을 지탱할 수 있다는 사실이 드러나게 되었다. 한 난파자는 다른 난파자를 물속으로 밀쳐내도 되는 것인가? 만일 그렇다면, 누가? 아니면 두 사람 다 익사하는 편이 나은가? 이후 사람들은 이러한 사례를 두고 "카르네아데스의 판자"(Planke des Karneades)라고 일컫게 되었다. 여기에는 이성적으로는 해결할 방도가 없어 보이는 비극적인 상황이 구성되어 있다. 이 사례는, 도덕적으로 옳은 것은 항상 이성적인 통찰을 통해 접근할 수 있고 따라서 가르칠 수도 있다는, 낙관적인 의견을 반박하고 있다.[4] 카르네아데스의 판자는 이후 서양철학과 법이론의

131면 이하 참조.

4 이 사례에 대한 철학적 배경으로 상세하게는 *A. Aichele*, Was ist und wozu taugt das Brett des Karneades? Wesen und Zweck des Paradigmas der europäischen Notrechtslehre, in: Jahrbuch für Recht und Ethik, Bd. 11 (2003), 245면 이하. 오늘날 독일의 긴급피난권의 맥락 속에서 사건의 법철학적 의미를 찾는 시도로는 예를 들어 *J. Renzikowski*, Entschuldigung im Notstand, in: Jahrbuch für Recht und Ethik, Bd. 11 (2003), 269면 이하. 그리고 *M. Pawlik*, Eine Theorie des entschuldigenden Notstandes: Rechtsphilosophische Grundlagen und dogmatische Ausgestaltung, in: Jahrbuch für Recht und Ethik, Bd. 11 (2003), 287면 이하. 또한 *H. Koriath*, Über strafrechtsfreie Räume in der Strafrechtsdogmatik, in: Jahrbuch für Recht und Ethik, Bd. 11 (2003), 317면 이하.

주요문제로 계속 논의되어 왔다. 그 이후로 이 사례는[5] 수 세기 동안 수없이 변형된 모습으로 도덕철학 및 법철학의 문헌에 반복해서 등장하고 있다. 이 사례는 푸펜도르프(Pufendorf)를[6] 거쳐 칸트(Kant)의 저작에서도[7] 나타났고, 칸트에서 독일 형법학에 이르게 되었는데, 독일 형법학에서 이 사례는 수 세대 동안 형법의 긴급피난 사례로 이용되어 왔다.

실제로 형법이론의 특별한 도전과제 중에는, 다른 사람의 중대하고 정당한 이익을 침해해야만 인간의 생명 또는 신체의 불가침성(Unversehrtheit)과 같이 중요한 법익을 보호할 수 있는, 극단적인 상황을 심사숙고하는 것도 포함되어 있다. 상황에 따라서는 생명 대 생명 혹은 심지어 한 개인이나 작은 집단의 생명 대 많은 사람의 생명, 어쩌면 매우 많은 사람의 생명이 대립되게 되는 그러한 사례가 해당하기도 한다. 그러한 상황은 개정 항공안전법(Luftsicherheitsgesetz)에서도[8] 제시되고 있는데, 가령 승객이 만원인 비행기가 테러리스트에게 점령되어 예컨대 고층건물이나 핵발전소로 돌진할 때, 다른 방법으로는 해당 고층건물 거주자나 인근 주민의 생명과 건강을 보호할 수 없을 경우, 이러한 승객만원인 비행기를 안전당국자(Sicherheitskräften)에게 발사할 권한을 주는 내용을 포함하고 있다. 동 법규와 2001년 9월 11일에 있었던 세계무역기구에 대한 테러공격 사이에는 분명히 유

---

5 *H. Koriath*, Das Brett des Karneades, in: JA 1998, 250면 이하.

6 *S. Pufendorf*, De Jure Naturae et Gentium libri octo (1672), II. Buch Kapitel III §11. a, E. 또한 *J. Hruschka*, Rechtfertigungs- und Entschuldigungsgründe: Das Brett des Karneades bei Gentz und bei Kant, in: GA 1991, 1면 이하 (2면).

7 칸트에게서의 사건 수용에 대해서는 *W. Küper*, Immanuel Kant und das Brett des Karneades. Das zweideutige Notrecht in Kants Rechtslehre, 1999를 찾아볼 것.

8 이 조항의 종결시점(2004. 11. 15)에서 법률은 아직 발효되지 않았다.

사정이 있다.[9]

비행기는 격추되어도 되는가? 이는 보수적인 보통의 법률가들을 불안하게 하고 곤란하게 만들 수 있는 질문이다. 대부분의 법적용자, 특히 법대생들은 상당한 결단을 가지고 "표준 사례"(Normalfall), "통설"과 그리고 이미 공인된 사례 해결의 일상을 지향한다. 많은 사람들은 법이, 특히 실존적인 한계물음을 다룰 수 있어야만 하는 형법이 비극적 결정을 필요로 한다는 점을 들으려고 하지 않는 것 같다. 이 같은 방어적인 태도는 이해할 만하다. 비극적 결정은 결정을 내려야 하는 이에게는 책임(Verantwortung), 심지어 죄(Schuld)를 져야 함을 뜻하기도 한다.[10] 그러므로 긴급피난이 형법에서 가장 긴장을 주면서도, 또한 가장 어려운 영역이라는 점은 결코 우연이 아니다.[11]

---

9 항공안전법의 배경과 규정내용에 대해 상세하게는 *P. Dreist*, Einsatz der Bundeswehr im Innern - Das Luftsicherheitsgesetz als Anlass zum verfassungsrechtlichen Nachdenken, 77면 이하.

10 그러나 유럽의 정신사에서 진정책임능력(Eigenverantwortlichkeit)은 또한 자율성 구상에서 중요한 구성요건이며 따라서 존엄성의 전제이다. 범죄와 존엄의 가능성은 상호 의존적인 관계에 있다.

11 긴급피난에 대한 법학문헌은 끝없이 많다. 최근에 가장 중요한 단행논문으로는 (연대순에 따라) *T. Lenckner*, Der rechtfertigende Notstand. Zur Problematik der Notstandsregelung im Entwurf eines Strafgesetzbuches (E 1962), 1965; *H. Otto*, Pflichtenkollision und Rechtswidrigkeitsruteil, 1965, 3. Aufl. 1978; *W. Küper*, Grund- und Grenzfragen der rechtfertigenden Pflichtenkollision im Strafrecht, 1979; *K. Bernsmann*, "Entschuldigung" durch Notstand. Studien zu §35 StGB, 1989; *J. Renzikowski*, Notstand und Notwehr, 1994; *M. Pawlik*, Der rechtfertigende Notstand. Zugleich ein Beitrag zum Problem strafrechtlicher Solidaritätspflichten, 2002. 도덕철학의 문헌으로부터는 *L. Nelson*, Kritik der praktischen Vernunft, 1917, 206면 이하 참조. 최근 문헌으로는 *D. Birnbacher*, Tun und Unterlassen, 1995, 213면 이하; *L. Fritze*, Die Tötung Unschuldiger. Ein Dogma auf dem Prüfstand, 2004. 도덕론에서도 문제점이 논의되고 있다. 예를 들어 *L. Lemme*, Christliche Ethik, 2. Bd., 1905, 845면 이하 참조. 최근 문헌으로는 *W. Korff*, Ethische Entscheidungskonflikte: Zum Problem der Güterabwägung, in: A. Hertz u. a. (Hrsg.),

II. 전형적인 긴급피난 사례들

실용철학과 법학에서는 긴급피난을 논의하기 위해서 카르네아데스의 판자 사례 외에도 또 다른 실례들을 사용한다. 18, 19세기에 일어났던 영국 해상법과 관련된 수많은 긴급피난과 관련된 사건들이 전해져 내려오고 있다.[12]

가장 유명한 사례 중 하나는 "홈즈 사건"(Fall Holmes)이다. 1841년에 범선 윌리엄 브라운호(William Brown)가 리버풀(Liverpool)에서 필라델피아(Philadelphia)로 출항하였다. 갑판에는 65명의 아일랜드 및 스코틀랜드계의 이주자들이 있었다. 그런데 그 배는 캐나다의 뉴펀들랜드(Neufundland)를 앞에 두고 빙산과 충돌했다. 그리고 단지 소수의 장교선원과 일반선원 그리고 승객들만이 두 개의 구명보트로 구출될 수 있었다. 구명보트 중 하나가 과중한 무게로 가라앉을 위험에 처하자, 홈즈(Holmes) 선원은 상관의 허락 아래 많은 남자들을 배에서 밀쳐냈고, 그들은 익사하고 말았다. 이렇게 해서 보트는 침몰되지 않고 보존되게 되었다. 결국 생존자들은 다른 배로 옮겨 타 안전한 곳으로 이동되었다. 홈즈는 필라델피아에서 기소되었고 마침내 고의적 살인죄를 인정받아 6개월 징역형에 벌금 20파운드를 선고받았다. 법원은, 경우에 따라 비극적 결정을 내릴 수밖에 없는 긴급피난사태에 처해 있음을 인정했다. 그러나 법원은 배 밖으로 승객들을 내던지기 전에 먼저 선원들이 생명을 희생했어야만 했다는 판결을 내

Handbuch der christlichen Ethik. Aktualisierte Neuausgabe, Bd. 3, 1993, 78면 이하.

12 *A. W. B. Simpson*, Cannibalism and the Commen Law, 1984.

렸다.[13]

좀 더 유명한 사건은 홈즈 사건 대략 40년 후인 1884년에 발생한 미그노네트호(Mignonette) 사건이다. 미그노네트 요트는 엣섹스(Essex)에서 시드니(Sydney)로 가던 중 폭풍우에 휘말려 침몰하였다. 네 명의 선원들인 토마스 더들리(Thomas Dudley), 에드윈 스테판스(Edwin Stephens), 에드먼드 브룩스(Edmund Brooks) 그리고 리차드 파커(Richard Parker)는 구명보트로 겨우 목숨을 건질 수는 있었으나 비축 양식을 미처 가져오지 못하였다. 얼마 동안 그들은 몇 개의 무우와 빗물을 양식으로 삼으며 버텼고, 나중에는 작은 거북이 한 마리를 잡아 그것으로 일주일을 지탱했다. 결국 더들리는 아사 직전이었던 자신과 동료들을 구하기 위해, 바닷물을 마시고 의식을 잃었던 파커를 살해했다. 그리고 이 시체로 나머지 세 선원은 생명을 이어가다가, 일주일 뒤에 독일국적의 배에 의해 구출되었다. 더들리는 솔직하게 자신의 행위를 인정했으며, 여론의 거센 항의에도 불구하고 스테판스와 함께[14] 영국에서 사형을 선고받았지만, 이후 6개월 구금형으로 사면받았다.

법원은[15] "바다의 관습"(custom of the sea)으로 정당화된 바다 위의 식인주의라는 형태로 영국 선원들 사이에서 공공연하게 인정해왔던, 특별 긴급피난권(Notstandsrecht)을 단호하게 거부하였다.[16] 더

---

13 상세하게는 *L. Katz*, Bad Acts and Guilty Minds. Conundrums of the Criminal Law, 1987, 17면 이하. 또한 *J. Goldstein/A. M. Dershowitz/R. D. Schwartz*, Criminal Law: Theory and Process, 1974, 1019면 이하 참조.

14 세 번째 생존자인 브룩스는 피고에게 불리한 결정적 증언으로 검찰에 이롭게 해서, 그 자신은 피소되지 않았다.

15 매우 인상적인 것은 *H. Hanson*, The Custom of the Sea, 1999. 여기서는 미그노네트호 사건이 방대한 문헌자료가 사용된 역사적 이야기의 형태로 평가되어진다.

16 상세하게는 *Katz*, Bad Acts (주 13), 22면 이하. 판결이유에 관한 발췌록은 *Goldstein/Dershowitz/Schwartz*, Criminal Law (주 13), 1029면 이하에 게재됨.

욱이 미그노네트호 사례에서 영국 사법부가 일차적으로 관심을 가졌던 것은, 선원이 아닌 대부분의 사람들에게 충격적인 이러한 관습을 저지하기 위한 선례를 세우는 것이었음을 알 수 있게 하는 많은 증거들이 있다. 따라서 더들리와 스테판스에 대한 재판을 이에 대한 하나의 본보기로 삼았다는 것을 추측할 수 있다. 물론 이 소송이 어느 정도까지 성공을 거두었는가는 여전히 불확실하다. 1884년 이후로 이러한 "바다의 관습"을 실천한 사례가 알려진 바 없는 것 같지만, 이는 생존자에게 일어나는 이러한 종류의 사건이 더 이상 신고되지 않은 것을 그 이유로 들 수도 있다. 오늘날 독일법에 따르면 더들리와 스테판스는 물론 정당성을 인정받지는 못하겠지만, 형법 제35조(면책적 긴급피난)에 따라 면책될 수는 있을 것이다.

해상법의 세 번째 유명 사례로는, 물론 우선적으로 긴급피난이라는 관점에서 알려졌던 것은 아니지만, 고래잡이배인 "엣섹스호"(Essex)의 침몰사례를 들 수 있다. 엣섹스호는 1819년 8월 미국 메사추세츠(Massachusetts)주의 소도시 낸터킷(Nantucket)을 출항하여, 1820년 11월 20일에 갈라파고스 제도(Galapagos-Inseln)로부터 몇백 마일 떨어진 바다에서 거대한 향유고래 한 마리의 공격을 받아 침몰되었다.[17] 향유고래는 28미터 길이에, 100톤 가량의 무게였다고 한다. 선원들 대부분은 배가 공격받을 당시 고래잡이 보트를 타고 있었는데, 몇 주에 걸친 극적인 항해 끝에 결국 식량이 떨어졌고, 최초의 사망자가 생겨났다. 나머지 생존자들은 사망자의 시체로 생명을 이어갔는데, 그러나 이 또한 난파자들의 목숨을 유지하는 데 더 이상 충분하지 않았다. 1821년 2월 6일, 최후의 생존자인 네 명의 남성들은 제비뽑기를 통해서 그들 가운데 한 명을 죽이고 다른 세 명은 그 시

17 *Hermann Melville*는 이 소재를 "Moby Dick oder der weiße Wal"에서 담고 있다.

체를 섭취하여 생존할 것을 합의하였다. 제비뽑기에서는 견습선원인 오웬 코핀(Owen Coffin)이 걸렸고, 그는 자신의 운명을 받아들이고 저항 없이 죽임을 당했다. 다른 이들은 시체를 통해 연명했고, 이윽고 그들 중에서 두 명은 구조되었다.[18]

이 사건을 면밀하게 조사했던 볼프강 미취(Wolfgang Mitsch)는, 이 사건이 미그노네트호 사건과 비교했을 때 사소하지만 법적으로는 매우 의미 있는 차이를 보인다고 지적했다.[19] 리차드 파커가 자신의 의사에 반해서 또는 어쨌든 자신의 동의를 받지 않고 죽은 것과 달리, 오웬 코핀은 자신의 운명을 자발적으로 받아들였다. 미취는 이러한 관점이 정당화적 긴급피난인 형법 제34조에 나와 있는 이익교량의 맥락에서 파악될 수 있으며, 결과적으로는 견습선원에 대한 살해를 정당화하게 한다고 논증하였다. 알려진 범위 내에서 지금까지 전혀 논의되지 못한 이러한 해결방안은, 내 생각으로는, 충분히 결실 있어 보인다. 즉, 이익교량을 전체의 찬반 관점을 교량하는 것으로 이해한다면,[20] 당사자들의 동의도 고려될 수 있다.[21] 나아가 자신의 생명을 희생할 때에도 당사자가 자율적으로 형성한 의사에 특별한 중요성을 부여해야 한다는 점을 받아들인다면 (물론 형법 제216조 때문에 이러한 입장이 문제 없는 것은 아니지만),[22] 정당화를 지지할 수 있다. 그런데 구체

---

18 또한 상세한 서술로는 *W. Mitsch*, "Nantucket Sleighride"- Der Tod des Matrosen Owen Coffin, in: FS Weber, 2004, 49면 이하 참조.

19 *Mitsch*, Nantucket Sleighride (주 18), 55면.

20 통설에 대해서는 *J. Wessels/W. Beulke*, Strafrecht. Allgemeiner Teil. Die Straftat und ihr Aufbau, 34. Aufl. 2004, Rn. 311면 이하 참조.

21 *H. Hilgendorf*, Forum: Zwischen Humanexperiment und Rettung ungeborenen Lebens - Der Erlanger Schwangerschaftsfall, in: Jura 1993, 97면 이하 (102면).

22 자신의 생명포기에 대한 동의에는 어떤 정당화적 의미도 귀속되지 않는다는 입법적 가치는 형법 제216조에서 추론되어질 수 있다. 어쨌든 행위의 불법성은 줄어든다. 계속되는 증명과 함께 *K. Kühl*, Strafgesetzbuch. Kommentar, 25.

적인 사례에서는 재판절차로[23] 간 적이 없는데, 이는 당시 "바다의 관습"[24]을 전반적으로 여전히 논쟁점으로 삼지 않았기 때문인 것 같다.

알려진 해상법 사례로는 위의 사례들이 전부이다. 19세기 말 이래 독일 교과서에서 다루고 있는 긴급피난 문제를 담고 있는 사례집은 거의 대부분 가상 사례들로 이루어져 있다. "역무원(Weichens-teller) 사례"에서는, 기차가 정차 중인 승객만원인 열차를 향해 질주하고 있었고, 우연히 조차장(操車場)에 있던 역무원이 그 기차의 방향을 돌릴 수 있기는 하였지만, 대신 그 기차가 옆 레일에서 수리작업을 하던 철도노동자들을 치어서 죽이게 되는 내용으로 되어 있다.[25] "등산가(Bergsteiger) 사례"에서는 가파른 절벽에서 밧줄 하나에 매달려 있는 두세 명의 등산가가 등장하며, 밧줄을 고정시키던 고리가 느슨해지기 시작하면서 단 한 명의 등산가만을 지탱할 수 있게 되는 내용이다.[26] "기구(氣球)조종사(Ballonfahrer) 사례"에서는, 기구 안에 탑승한 승객들 중 한 사람을 내던져야만, 기구가 바다로 추락하는 것을 막을 수 있도록 구성되어 있다.[27] 덧붙여 말하자면, 90년대 중반 이후

Aufl. 2004, §216 Rn. 1 참조. 결국 문제가 되는 것은, 개인이 자신의 고유한 생명에 대해 어느 정도의 처분권을 갖는가이다.

23 *Mitsch*, Nantucket Sleighride (주 18), 54면.

24 앞의 116면 이하 참조.

25 *H. Wekzel*, Zum Notstandsproblem, in: ZStW 63 (1951), 47면 이하 (51면).

26 이 사건은 *R. Merkel*, Die Kollision rechtmäßiger Interessen und die Schadensersatzpflicht bei rechtmäßigen Handlungen, 1895, 48면 이하에서 보여진다. 등산가 사건의 (좀 더 복잡한) 경우로는 *C. Th. Welcker*에 의해 만들어진 "기와장이(Dachdecker) 경우"이다. 이 사건에서 기와장이는 잘못하여 발을 헛디뎌서 지붕에서 자신의 아들과 부딪히는데, 이때 도르래는 둘 중 하나만을 감당할 수 있는 상황이다. *C. von Rotteck/C. Th. Welcker*, Staats-Lexikon oder Encyclopädie der Staatswissenschaften, Bd. 11, 1841, Artikel "Nothstand, Nothrecht oder Nothmaßregel," 643면 이하 (645면).

27 이 사건은 최초로 *F. K. Neubecker*의, Zwang und Notstand in re-chtsvergleichender Darstellung, 1910, 62면에서 구성되어졌다. 또한 *W. Küper*, Tötungsverbot und Lebensnotstand. Zur Problematik der

부터는 이미 긴급피난 상황에서 경찰의 고문을 허용할 수 있는가에 대한 새로운 물음(그리고 답변)이 제기되어 왔다.[28]

영미법계에서도 긴급피난("necessity")을 심도 있게 논하고 있다.[29] 물론 독일에 비해 논의의 세분화 정도가 현저히 떨어진다는 점은 주목할 만하다. 가령 영미에서는 정당화적 긴급피난과 면책적 긴급피난의 구분을 이제서야 서서히 구분하기 시작하였다.[30] 이때 다음과 같은 사례들이 논의의 기초로 이용되고 있다. 즉 테러리스트 T는, 만약 F가 그 옆에 서 있는 G를 즉시 죽이지 않으면, 원격조정된 폭탄으로 특정학교에 있는 100명의 아이들을 죽일 것이라고 위협하고 있다. F가 이러한 행위를 한다면 이 행위는 정당화될 수 있는가?[31] 다른 사례를 들면, 의사 A는 생명이 위급한 그의 다섯 명의 환자를 구하기 위해, 건강한 심장 하나와 두 개의 폐, 두 개의 신장을 필요로

Kollision "Leben gegen Leben," in: JuS 1981, 785면 이하 (786면) 참조. 또 다른 경우로는 "사공(Fährmann) 사건"을 들 수 있다. 이 사건에서 짐을 가득 실은 나룻배가 침몰할 위기에 놓였을 때, 사공이 승선한 아이들 중 하나를 강물에 던짐으로써 위기에서 벗어날 수 있는 경우이다.

28 *W. Brugger*, Examensklausur im öffentlichen Recht- Übungsklausur: Würde gegen Würde, in: VBIBW 1995, 414면 이하, 446면 이하; *W. Brugger*, Vom unbedingten Verbot der Folter zum bedingten Recht auf Folter?, in: JZ 2000, 165면 이하. "비극적인 결정" 표현으로 특징지어질 수 있는 계속되는 사례군으로는 "최후의 구조적 발포"와 선별 (즉 중상자의 "선별")이 해당된다. 좀 덜 비극적인 것으로는 "배아보호(Embryonenschutz) 사건"을 들 수 있다. 이 사건에서는 시험관에서 배출된 10개의 배아 아니면 생체실험실에서 새로 태어난 한 아이를 구하는 문제를 다루고 있다. 이에 대해서는 *R. Merkel*, Forschungsobjekt Embryo. Verfassungsrechtliche und ethische Grundlagen der Forschung an menschlichen embryonalen Zellen, 2002, 151면 이하.

29 *J. Dressler*, Understanding Criminal Law, 3. Aufl. 2001, 285면 이하; *P. H. Robinson*, Criminal Law, 1977, 407면 이하; 또한 *J. J. Thomson*, The Trolly Problem, in: Yale Law Review 94 (1985), 1935면 이하 참조.

30 비판적으로는 *C. M. V. Clarkson*, Necessary Action: A New Defense, in: Criminal Law Review 2004, 81면 이하.

31 *Dresseler*, Understanding Criminal Law (주 29), 292면.

한다. 이때 의사 A는 다섯 명의 환자를 구하기 위해서 매우 좋은 상태의 장기를 지니고 있는 환자 E를 죽여도 되는 것인가?[32]

III. (너무나) 단순한 해결책들

이러한 위의 사례들은 전형적으로 다음과 같은 두 가지 반응 중 하나를 불러일으키곤 한다. 하나는 비극적 상황들을 토론을 통하여 해결하거나 아니면 사안을 미묘하게 변화시켜 회피해 가려는 시도이다. "난파자 사례"에서 두 명의 난파자들은 구조해 줄 배가 도달할 때까지 수영하면 되는 것 아닌가! "기차충돌 사례"에서 역무원은 기차가 옆 선로로 빗겨가게 지휘하면서 철도노동자에게 경고할 수도 있지 않은가! 그리고 "등산가 사례"에서 그 밧줄은 대체용 고리를 끼워 넣을 때까지, 좀 더 오래 버티지 않는가! 보통 등산가는 대체용 고리 하나 정도는 갖고 다니지 않는가!

물론 대체용 고리를 이용한 세 번째 술책은 상황서술의 변화가 허용되는 경우에서만 성공한다. 대학 강의에서 나는, 특히 법학지식 없는 청중을 두고 하는 강연에서 불편한 결정을 하지 않을 수 없을 때, 그들 중 일부가 흥분하거나 또는 심지어 공격적인 태도로 반응하는 것을 종종 경험하기도 했다. 이는 특히 고문이나 살인을 다룰 때 그러했다. 물론 새로운 테러 위협에 직면하여 이러한 진부한 교과서적 시나리오는 긴박한 시사성을 띠게 되었는데, 정치적으로 올바른 태도나 도덕적 비겁함을 이유로 명쾌한 대답을 둘러 비켜나가기만 하는 것은 어리석은 일일 것이다.

---

32 *Thomson*, Trolley Problem (주 29), 1396면.

두 번째 회피술책은 도덕적이거나 법적인 중심개념들을 논의로 끌어들여, 이러한 개념들로부터 "강제적인" 결정을 이끌어 내려고 하는 것이다. 또한 자신의 결정을 피하는 데에도 이 개념을 사용한다. 그러한 중심개념의 예로는 "정의," "인간존엄성"[33] 또는 "인권" 등이 있다. 전형적으로 주장되는 것은 당면한 사실문제가 중심개념을 "올바르게" 이해하기만 하면 해결된다는 것이다. 이러한 방법은 비극적인 결정을 회피하려는 시도인데, 하지만 이러한 회피는 단지 피상적인 방책일 뿐이다. 위에서 언급한 것과 같은 중심개념들은 일반적으로 매우 불명료하고 해석상의 여지를 남겨놓는 특징을 갖는데, 이러한 특징들은 자신의 선입견을 쉽게 타당하도록 해 주기도 한다. 그 밖에도 이러한 개념 사용자는 필요에 따라 그 개념들을 새롭게 정의할 수도 있다. 이를 꿰뚫어 보는 사람은 법적으로 극한상황을 해결하기 위해 우리 법문화의 최고가치에 호소하는 것을 회의적으로 보게 될 것이다.

편하게 상황을 거부하거나 아니면 자의적으로 해석가능한 중심개념을 이용해서 그럴듯한 해결책을 내는 것에 대한 대안으로는, 사례들을 상세하게 분석하고 그 사례의 구조를 드러내며, 그리고 처음부터 어떤 해결책을 다른 것보다 선호하지 않으면서 생각할 만한 해결책을 편견 없이 제시하는 것을 들 수 있다. 이러한 분석이 우리 자신의 결정을 회피시켜줄 수는 없겠지만,[34] 그러나 결정을 구조화시키

33 이에 대해 *E. Hilgendorf*, Die missbrauchte Menschenwürde - Probleme des Menschenwürdetopos am Beispiel der bioethischen Diskussion, in: Jahrbuch für Recht und Ethik, Bd. 7 (1999) 137면 이하.

34 여기서 언급된 사고방식은 20세기 초 빈(그리고 베를린) 학파의 분석철학 전통과 결합된 법학자들과 관련이 있다. 이에 대해서는 *E. Hilgendorf*, Zur Philosophie des frühen logischen Empirismus. Ein Problemaufriß, in: ders. (Hrsg.), Wissenschaftlicher Humanismus. Texte zur Moral- und Rechtsphilosophie

고 이성적 기초 위에 세우도록 도울 수는 있다.

Ⅳ. 긴급피난 사례의 구조와 독일법상의 해결방안에 대하여

모든 긴급피난 사례의 공통점은 딜레마적 구조를 갖는다. 즉 행위자는 그가 결정한 바대로, 승인된 이익을 침해해야 하는 상황에 놓이게 된다.[35] 또한 긴급피난은 행위자가 행위를 하지 않더라도 이러한 이익충돌을 해결할 수 없는 상황에 놓여 있다. 여기에 갈등의 불가피성이 내재하고 있으며, 이러한 불가피성이 사건에 비극적 요소를 발생시킨다. 본 논문은 긴급피난 상황을 상세히 논리적으로 분석할 장소는 아니다.[36] 하지만 "카르네아데스의 판자"에서부터 테러공격을 저지하기 위한 민간항공기 격추에 이르기까지 문제되는 사례군의 구조를 어느 정도 이해하기 위해서는, 다음의 몇 가지를 밝힐 필요가 있다.

첫 번째는 작위 또는 부작위의무를 가진 여러 이익들 간의 관계에 대한 것이다. 긴급피난 시 충돌하는 여러 이익들은 해당 이익의 훼손을 금지하거나 보호를 요구하는 규범을 통해 대체적으로 보호받

---

des frühen logischen Empirismus, 1998, 378면 이하 참조.

35 *빈딩(Binding)*의 정의 참조. 즉 "긴급피난은 오직 금지된 행위를 통해서만 또는 법적 의무를 이행해서만 위협받고 있는 법익을 구조할 수 있는 상황을 말한다" (*K. Binding*, Handbuch des Strafrechts, Band 1, 1885, 759면).

36 (의무의 충돌에 대한 분석에서 중요점과 더불어) 이에 대해서는 *U. Neumann*, Der Rechtfertigungsgrund der Kollision von Rettungsinteressen. Rechte, Pflichten und Interessen als Elemente der rechtfertigenden "Pflichtenkollision," in: FS Roxin, 2001, 421면 이하.

는다. 가령 "생명보호"라는 이익은 형법규범에 의해 보호받고 있으며, 훼손 시 형사처벌 받는다. 따라서 이익충돌이라는 용어를 사용하는 대신에 작위 또는 부작위의무의 충돌, 즉 명령 내지는 금지명령의 충돌이라는 용어를 사용할 수 있을 것이다.

두 번째는 충돌하는 여러 이익의 종류에 관한 것이다. 이익들은 법적으로 보호받을 수 있으나 반드시 보호받아야만 하는 것은 아니다. 단순히 도덕적 혹은 종교적으로 인정받는 이익이 법적으로 보호받는 이익과 충돌하거나 서로 갈등에 빠질 수 있다.[37] 아브라함이 신으로부터 이삭을 죽이라는 명령을 받았을 때, 살인해서는 안 된다는 법적 명령과 신에게 복종해야 한다는 종교적 계명이 서로 대립하게 된다. 물론 많은 사회에서는 종교적 계명이 동시에 법적 명령이기도 하다. 그래서 단지 종교적 의무뿐만 아니라, 종교적으로 근거 지어진 법적 명령이 충돌하게 된다. 따라서 아브라함 사례에서는 신의 명령이 개별 사례에서 이삭에 대한 살인금지를 무효화시킬 수 있었다는 부가적인 전제를 받아들인다면, 규범갈등은 엄격히 보면 전혀 없다.

그럼에도 불구하고 아브라함 상황은 긴급상황으로 느껴진다. 세 번째 요점이기도 한 그 이유는, 아브라함이 이삭에 대한 살인을 행할 경우, 단순히 살인금지를 위반한 것일 뿐만 아니라, 아들을 보호하고 고통을 주어서는 안 된다는 아버지의 강한 본성을 어기는 것이 되기 때문이다. 따라서 아브라함의 상황은 "의무 대 성향"이라는 맥락에서도 분석될 수 있다. 긴급피난 상황을 좀 더 자세히 살펴보면, 매우 많은 경우, 어쩌면 대부분의 경우가 이러한 부류의 긴급상황임을 인식

37 엄격하게 보면, 이는 전체규범, 즉 가령 미풍양속이나 유행의 법칙들에 해당한다. 그러나 이와 같은 규범들에 있어서 결정압력이나 또는 (침해의 사례에 있어서) 규범위반의 부당성은 중요한 것으로 거의 인지되지 않는다. 따라서 "긴급"피난에 대해서는 거론되지 않는다.

하게 된다. 의무와 의무가 서로 충돌하는 것이 아니라, 의무와 (자연적인) 성향이 충돌하는 것이다. 가령 "등산가 사례"에서는 가파른 절벽에서 밧줄에만 의지한 채 매달려 있는 동료의 줄을 잘라내어 자신의 확실한 죽음을 모면하거나, 아니면 둘 다 추락하거나 하는 선택의 가능성만이 존재한다면, 살인금지와 자연스러운 자기보존본능이 서로 대립하고 있는 것이다.

여기까지가 긴급피난 사례들의 구조에 대한 설명이다. 독일법에 따른 이러한 사례들의 해결은 정당화적 긴급피난(형법 제34조)과 면책적 긴급피난(형법 제35조)을 구분한다.[38] 정당화적 긴급피난은 법익에 대한 현재의 위험이 존재한다는 것, 위험을 피하기 위한 행위가 적절하고 필요했다는 것(즉 상대적으로 온건한 수단) 그리고 행위자가 위험을 방지하려는 의지를 갖고 있었다는 것을 전제로 한다. 여기에 추가적인 것으로는, 행위자로부터 보호받은 이익이 위험을 피하기 위한 행위로 훼손된 이익보다 본질적으로 우월해야 한다는 점이다. 그러니까 행위자는 비법학적으로 말하자면, "더 작은 악"(geringere Übel)을 선택했어야만 한다.

면책적 긴급피난의 전제들은 좀 더 엄격하다. 긴급피난 상황은 생명, 신체 또는 자유라는 법익이 위험에 처해 있을 때에만 정당화되며, 주관적으로는 행위자가 이러한 위험으로부터 자기 자신이나 친족 또는 기타 이와 밀접한 관계에 있는 자의 위험을 피하기 위한 행위여야만 한다. 법익이나 이익교량은 예측할 수가 없다. 이러한 면책적 긴급피난의 법적 효과는 행위가 정당화되는 것은 아니지만, 책임은 면하게 되는, 다시 말하면 행위는 불법인 채로 남지만 행위자에게 개인

38 소위 말하는 구분론은 오랫동안 조금도 이론의 여지가 없었다. *Lenckner*, Der rechtfertigende Notstand (주 11), 8면 이하 참조.

적인 비난을 할 수 없으므로 처벌되지 않는 것이다.

정당방위는 (방어적 긴급피난의 형태로) 정당화적 긴급피난의 하위개념으로 해석될 수 있는데, 이때 위험은 한 사람의 공격자에게서 비롯된다. 독일법에서 기본적으로 법익이나 이익을 교량하지 않는 정당방위는 타인의 법익에 대한 심각한 침해도 허용한다. 심지어 타인을 살해하는 것도 정당방위를 통해서 정당화될 수 있다. 따라서 이는 타인이 공격자가 되면 정당화될 수 있는 것이다. 긴급피난의 또 다른 하위개념은[39] 의무의 충돌인데, 이는 두 개(또는 그 이상)의 행위의무들이 충돌하면서 서로 일치될 수 없는 특징을 갖는다.

특히 논란이 되는 사례는 초법규적 면책성 긴급피난이다. 이는 지금까지 단지 몇몇 소수의 사례군에서만 인정되어 왔다. 가장 중요한 사례는 "제 3 제국"(나치독일) 당시 있었던 특정 안락사 조치이다. 정신병원 의사와 원장은 나치의 섬멸조치에 그들의 몇몇 환자들을 넘기거나 아니면 어떤 협력도 거부할 선택의 기로에 서 있었는데, 거부하게 되면, 보다 순종적인 나치의사로 교체되어 훨씬 더 많은 희생자들의 살해가 따랐을 것이다.[40] 판례는[41] 이러한 사안에서 정당화적 긴급피난을 거부하고, 대신 초법규적 면책성 긴급피난이나 형면제를 인

39 *J. Baumann/U. Weber/W. Mitsch*, Strafrecht Allgemeiner Teil. Lehrbuch, 11. Aufl. 2003, §17 Rn. 43.

40 상세하게는 *G. Spendel*, Der Conditio-sine-qua-non-Gedanke als Strafmilderungsgrund. Zu den Geisteskrankenmorden unter dem NS-Regime (1968), in: ders., Für Vernunft und Recht. Zwölf Studien, 2004, 171면 이하 (173면 이하).

41 OGHSt 1, 321; 2, 117; SchwG Köln NJW 1952, 358; BGH NJW 1953, 513; 이에 대한 문헌으로는 *H. von Weber*, Die Pflichtenkollision im Strafrecht, in: FS für Wilhelm Kiesselbach zum 80. Geburtstag, 1947, 233면 이하; *W. Gallas*, Pflichtenkollision als Schuldausschließungsgrund (1954), in: ders., Beiträge zur Verbrechenslehre, 1968, 59면 이하; *Lenckner*, Der rechtfertigende Notstand (주 11), 28면 이하. 오늘날의 의견에 대한 개관으로는 *Baumann/Weber/Mitsch*, AT (주 39), §23 Rn. 57 mit Fn. 113.

정하였다.[42] 오늘날은 위의 사례에 형법 제35조를 적용할 수 없을 것인데, 왜냐하면 구조된 사람들이 행위자인 의사의 친족이거나 기타 이와 밀접한 관계에 있는 자들과는 관련성이 없기 때문이다.

V. "생명 대 생명"의 교량

1. 법에서의 "생명 대 생명"

"비극적인 사례들" 맥락에서 긴급피난 도그마틱에 대한 주요문제는 정당화적 긴급피난에서 규정된 법익 및 이익교량의 문제이다. 긴급피난 상황에 처한 행위자는 자신의 행위를 정당화하기 위해서는 "더 작은 악"을 선택해야만 한다. 긴급피난을 독일법과 유사하게 이해하는 영미법계의 형법이론과 판례에서도 서슴없이 "Lesser-Evils Defense"(더 작은 악의 방어)를 사용하고 있다.[43] 특히 법익 및 이익교량이 문제되는 경우에는[44] 바로 생명 대 생명이 대치될 때이다. 독일형법에서는 생명이라는 지위를 수량화하고, 이어서 "계산"하는 것을 허용하지 않는 것을 지금까지 원칙으로 하고 있다.[45] 형법 제34조의 맥락에서 볼 때, 많은 사람들의 생명조차도 단 한 사람의 생명보다 더 많은 비중을 두어서는 안 된다. 지금까지 논란의 대상조차 되지 않았던 이러한 입장은 앞서 언급한 "제 3 제국"(나치독일)에서의 안

---

42 *G. Spendel*, Geisteskrankenmorde (주 40), 184면 이하, 여기서는 양형에 있어서 의사들의 긴급상황에 대해 변론하고 있다.

43 *Robinson*, Criminal Law (주 29), 407면.

44 포괄적으로는 *A. Meißner*, Die Interessenabwägungsformel in der Vorschrift über den rechtfertigenden Notstand (§34 StGB), 1990.

45 따라서 지금까지 통설이다. 양쪽의 계속되는 증명과 함께 *H. Tröndle/T. Fischer*, Strafgesetzbuch und Nebengesetze, 52. Aufl. 2004, §34 Rn. 7.

락사 조치에 대한 판결에서 비롯되었다.

벨첼(Welzel)은 1949년에 "인간생명이 다른 인간생명과 함께 위험에 빠진 곳에서, 인간생명을 단순히 계산항목으로 취급하여 전체 계산에 포함시키는 것은 도덕감정에" 반한다[46]라고 공식화하였다. 이와 유사하게 갈라스(Gallas)도 "우리 문화권의 도덕적인 기본적 신념"을 근거에 두었다.[47] 마지막으로 연방최고법원도 "인간생명이 걸린 문제에서는, 물질적 가치를 보존하는 데 적합한 더 작은 악이라는 원칙을 적용하고, 행위의 법적 반가치를 사회의 전체적 결과에 따라 평가하는 것은, 기독교적 도덕론에서 규정된 문화적 직관에" 위배된다고 판시하였다.[48] 이러한 발췌문에 포함되어 있는 "단순한 유용성 사고"에 대한 비판에 대해서는 물론 반대입장[49]을 오도하고 있다는 이의제기가 있을 수 있다. 공공기관에서 발생하는 살인사건의 경우, 더 많은 사람의 생명을 구하기 위해 다른 사람의 생명을 희생시켰던 사람은, "순수한 유용성에 의거했던 것이 아니라, 생명보호의 윤리적 가치"에 의거한 것이다.[50]

---

46 OGH, Strafsenat, Urteil vom 5. 3. 1949, StS 19/49에 대한 평석으로는 MDR 1949, 373 (375).

47 *Gallas*, Beiträge zur Verbrechenslehre (주 41), 71면.

48 BGH NJW 1953, 514.

49 (개별적인 경우와 구분하여) 극단적 상황에서 사람에 대한 살인의 정당화 가능성에 대해서는: *H. Henkel*, Der Notstand nach gegenwärtigem und künftigem Recht, 1932, 92면 이하; *R. Maurach*, Kritik der Notstandslehre, 1935, 95면; *H. v. Weber*, Das Notstandsproblem und seine Lösung in den deutschen Strafgesetzentwürfen 1919 und 1925, 30면 이하; 같은 의미에서 *E. Mezger*, in: Strafgesetzbuch. Leipziger Kommentar, Bd. 1, 8. Aufl. 1957, 353면 이하: "이러한 희생의 가치절하에 대한 법적 포기는 카르네아데스의 판자에서부터 홈즈 사건 또는 미그노네트호 사건에 이르기까지 [···] 이미 인간생명에 대한 갈등을 상호적으로 말소시키는 동일한 법적사고에 상응하고 있다." 마지막으로 또한 *Binding*, Handbuch (주 35), 765면 이하도 참조.

50 적절하게는 *Küper*, Grenzfragen (주 11), 54면 이하; *Küper*, Tötungsverbot (주 27), 791면 이하를 인용하고 있는 *C. Roxin*, Strafrecht Allgemeiner Teil.

최근에는 어느 한 개인이나 소수 사람들이 희생되지 않으면 모두가 죽게 되는 위험공동체의 사안에 있어서, 생명의 계산금지에 대한 예외가 주장되고 있다. 여기서 대칭적 위험분배와 비대칭적 위험분배가 구분되고 있다. 대칭적 위험분배 상황이란 모두가 똑같이 위험에 처해 있는 경우를 말한다. 그러니까 위험에 처해 있는 사람들 모두는, 다른 한 명 (또는 많은 사람들)의 희생으로 구조될 수 있지만, 모두 함께 구조될 수는 없는 상황이다. 반면 비대칭적 위험분배 상황이란 위험에 처한 두 사람 가운데 단 한 사람만이 구조될 수 있는 경우를 말한다. 즉 다른 당사자는 어떻게 되든 죽을 수밖에 없다(이는 집단의 경우에도 적용할 수 있다). 따라서 이러한 경우 구조될 수 있는 기회는 비대칭적으로 분배되어 있다.[51] 이에 대한 예로는 "등산가 사례"를 들 수 있다.[52]

법학에서는 비대칭적인 위험분배 상황에 대해 부분적으로 정당

Band I: Grundlagen. Aufbau der Verbrechenslehre, 3. Aufl. 1997, §16 Rn. 33. 특히 벨첼은 20세기의 20년대와 30년대 초반에 일어난 "공리적 사고"(Nützlichkeitsdenken)와 공리주의(Utilitarismus)에 대한 비판적 입장에 있다. *요하임 뤼커르트*(*Joachim Rückert*)가 주목하였던 점은, 서유럽적 사고(유사하게는 *칼 라렌쯔*[*Karl Larenz*]나 *프란쯔 빽커*[*Franz Wieacker*]와 같은 저자에게서 보여지는)에 대한, 매우 문제가 많은 이러한 적대적 입장이 오늘날까지 독일연방공화국의 논의를 어렵게 하고 있다는 사실이다(*J. Rückert*, Zu Kontinuitäten und Diskontinuitäten in der juristischen Methodendiskussion nach 1945, in: K. Acham/K. W. Nörr/B. Schefold [Hrsg.], Erkenntnisge winne, Erkenntnisverluste. Kontinuitäten und Diskontinuitäten in den Wirtschafts-, Rechts- und Sozialwissenschaften zwischen den 20er und 50er Jahren, 1998, 113면 이하[152면 이하 및 여기저기에]). 이는 공리주의가 비판에 대해 그 어떤 약점도 보이고 있지 않다는 것을 의미한다. *E. Hilgendorf*, Der ethische Utilitarismus und das Grundgesetz, in: W. Brugger (Hrsg.), Legitimation des Grundsetzes aus Sicht von Rechtsphilosophie und Gesellschaftstheorie, 1996, 249면 이하 참조.

51 *U. Neumann*, in: U. Neumann/I. Puppe/W. Schild (Hrsg.), Nomos Kommentar zum Strafgesetzbuch (NK), Bd. 2, §34 (1997), Rn. 76.

52 앞의 119면 참조.

화를 인정하고 있다. 즉 이는, 다른 사람이 어차피 죽어야만 한다면, 긴급피난 상황에 처한 행위자는 "다른 사람이 구조될 기회를 부당하게 차지한 것"은 아니라는 점을 근거로 하고 있다.[53] 다른 견해는, 자신의 생명을 아주 조금 연장시키고자 다른 사람을 같이 죽음으로 몰아넣기를 주장하는 것은 인간 사이의 연대의무를 지나치게 요구하는 것이라고 주장한다.[54] 이러한 견해들이 적어도 일상의 중요한 가치들을[55] 포착하여, 정당화적 긴급피난의 도그마틱에 통합하려고 시도하고 있다는 점은 인정될 수 있다. 형법 제34조에 규정된 이익교량조항의 문언은 이러한 가치전이를 허용하는 데에는 상당히 불명확하다.

그러나 위험공동체 사례에서 제시된 인간생명의 계산금지라는 일부 과제가 형법에서의 생명보호라는 전승된 주요 원칙들과 합치될 수 있는지는 의심스러워 보인다. 이에 대해 록신(Roxin)은 두 가지 설득력 있는 논거를 제시하면서 비판하였다. 즉 하나는, 어차피 죽게 되어 있는 사람에 대한 살인 역시도 독단적으로 생명을 단축시킨 것이며, 죽음에 직면한 생명도 또한 법질서의 보호를 받는다는 원칙에 위배된다는 것이다. 위험공동체의 사례에서 그러한 살인을 허용한다면, 어째서 다른 사람을 구하기 위하여, 죽어가는 사람에 대하여 위험공동체를 벗어나서도 살인을 허용해서는 안 되는가 하는 점을 더 이상 설득력 있게 근거 지울 수 없다고 한다.[56] 두 번째로, 록신은 좀 더 실용적인 논거를 제시하였는데, 즉 누군가가 확실히 죽을 것이라는 생각은 하나의 상상에 불과하다는 것이다. 실제로 무슨 일이 일어나

---

53 예를 들어 *Otto*, Pflichtenkollision (주 11), 83면.

54 *Neumann* (주 51), §34 Rz. 77; 유사하게는 *V. Erb*, (2001. 11. 11과 같은 사건과 관련하여) in: W. Joecks/K. Miebach (Hrsg.), Münchener Kommentar zum Strafgesetzbuch (MK), Bd. 1, 2003, §34 Rn. 118 이하.

55 이에 대해 상세하게는 아래 134면 이하 참조.

56 *Roxin*, AT I (주 50), §16 Rn. 34.

게 될지는 결코 확실히 알 수가 없다. 따라서 마지막 순간에 무고한 사람에 대해 불필요하게 살인을 하게 되는 일은 언제나 가능한 일이 된다고 한다.[57]

인간생명에 대한 계산금지원칙은 연방헌법재판소의 판례에서도 찾아볼 수 있다. 즉 "이른바 더 많은 수로 추정된 사람들을 보호한다는 이익 아래, 적은 수로 추정된 사람들에 대한 살해를 방임하게 하는, 생명 대 생명의 포괄적인 교량은 모든 개인의 구체적인 생명을 개별적으로 보호해야 하는 의무에 부합될 수 없다. […] 모든 인간의 생명은 […] 그 자체로서 동등한 가치가 있는 것이며, 따라서 어떤 종류이건 차별적인 평가를 내려서는 안 되고 또한 숫자적으로 교량되어서도 안 된다."[58]

인간의 생명은 기본법의 가치질서 내에서 최고의 가치 가운데 하나로 표현된다. 이는 생명이 인간존엄성과 그리고 다른 모든 기본권의 생명적 토대라는 점을 통해 근거 지을 수 있다.[59] 따라서 국가가 사람을 의도적으로 살인하는 것은 매우 예외적인 경우에서만 정당화될 수 있을 뿐이다. 국가에 의한 의도된 살인행위는 원칙적으로 오직 높은 가치의 법익에 대한 위법적 공격을 방어함으로써만 정당화될 수 있다.[60] 이러한 경우 특히 생명에 대한 공격이나 또는 다른 사람의 신체적 완전성에 대한 심각한 공격을 방어하는 것을 생각할

---

57 *Roxin*, AT I (주 50), §16 Rn. 35.

58 BVerfGE 39, 1 (58 이하).

59 BVerfGE 39, 1 (42). 이에 대해 상세하게는 *H. Schulze-Fielitz*, in: H. Dreier (Hrsg.), Grundgesetz Kommentar, Bd. 1, 2. Aufl. 2004, Art. 2 II Rn. 20 이하.

60 여기에서는 국가질서 전체에 대한 공격 또한 거론될 수 있다, 총체적으로는 *D. Lorenz*, Recht auf Leben und körperliche Unversehrtheit, in: J. Isensee/P. Kirchhof (Hrsg.), Handbuch des Staatsrechts der Bundesrepublik Deutschland, Bd. VI: Freiheitsrechte, 2. Aufl. 2001, §128 Rz. 38 이하 참조.

수 있다. 국가가 무고한 사람을 죽이는 일은 정당화될 수 없다. 무고한 사람의 생명을 산정하는 것은 개인을 단순한 계산항목으로, 대체 가능한 부속품으로[61] 취급하는 것이며, 따라서 인간의 존엄성에 반하게 된다.[62]

마지막으로 인간생명에 대한 총체적 정산을 헌법적으로 허용하는 데 대한 반대입장은, 유럽의 법률 전통에서는 기본권과 인권을 집단의 권리가 아닌 개인의 권리로 본다는 사실에 기인하고 있다.[63] 따라서 개인의 생명권을 "계산"하는 생각은 이러한 전통에 결코 부합할 수 없다. 이에 따라 인간생명에 대한 계산금지는 독일에서 헌법적인 지위를 갖는다. 평범한 입법자는 기본법 제2조 제2항 3문에 규정되어 있는 법률유보 때문에 생명권에 개입할 수는 있으나, 인간생명의 계산금지를 제거할 수는 없다.

여기서 주목할 만한 점은, 영미법계에서도 생명 대 생명의 계산을 회의적으로 보는 것이 지배적이라는 사실이다. 예컨대 벤자민 카르도조(Benjamin Cardozo)는 다음과 같이 말했다.

---

61 연방헌법재판소(BVerfG)의 (물론 거의 신빙성이 없는) "객체공식"(Objektformel)에 따라, 인간은 "대체할 수 있는 부속품"(vertretbaren Größe)으로 다루어져서는 안 된다는 점이 고려될 수 있다. BVerfGE 9, 89 (95); 27, 1 (6); 28, 386 (391); 45, 187 (228); 50, 166 (175); 87, 209 (228) 참조. 객체공식에 대한 비판으로는 *H. Dreier*, in: H. Dreier, Grundgesetz (주 59), Art. 1 I Rn. 53; *M. Herdegen*, in: Th. Maunz/G. Düring (Hrsg.), GG, Art. 1 Abs. 1 (2003), Rn. 33 이하. 인간존엄성의 앙상블이론을 따른다면, 6번째와 7번째 사례군(권리주체로서의 지위상실과 극단적 경멸)이 해당된다(*Hilgendorf*, Die missbrauchte Menschenwürde [주 33], 148면 참조).

62 마찬가지로 *K. Baumann*, Das Grundrecht auf Leben unter Quantifizierungsvorbehalt? Zur Terroismusbekämpfung durch "finalen Rettungsschuss," in: DÖV 2004, 853면 이하 (858면); *G. Jerouschek*, Nach dem 11. September 2001: Strafrechtliche Überlegungen zum Abschuss eines von Terroristen entführten Flugzeugs, in: FS Schreiber, 2003, 185면 이하 (188면).

63 *Tröndle/Fischer*, StGB (주 45), §34 Rz 10.

"두 사람 이상이 공동의 재해에 위협받는 상황에 있으면, 한 사람이 살아남기 위해 다른 사람을 살해할 권리란 존재하지 않는다. 사람을 내던져 버리라는 규범은 존재하지 않는다. 이런 상황에 놓인 사람들 중에는 나머지 사람들을 구조하기 위해서 물속으로 뛰어드는 고귀한 선택을 하는 사람도 있을 것이다. 이러한 최고의 순간에 그 사람이 대면하는 어둠에서는, 나머지 사람들이 안전하게 돌아갈 것이라는 생각이 빛날 것이다. 배에서 탈출한 후 판자를 찾지 못하거나 모두를 살릴 만큼의 충분한 판자를 찾지 못한다면, 바다에서 살아남을 확률을 높이기 위해서는 인간화물이 떨어져야 한다. 그러한 순간에 누가 희생자와 구원받는 자를 선택할 것인가? 또한 누가 이 순간에 구원의 돛대와 돛이 언제 나타날지를 알 수 있을까?"[64]

하지만 영미법계에서는 대체적으로 인간생명의 계산을 정언적으로 거부하지는 않는다.[65] 급박한 긴급피난의 경우, 많은 영미법계 저자들은 정당성을 받아들이고자 한다. 이러한 저자들에게는 댐이 붕괴되어 아랫마을을 물바다로 만들어 버릴 위험에 처한 경우, 물길을 다른 방향으로 우회시키는 것은, 설령 그로 인해 그곳에 거주하는 한 가족이 죽게 되더라도, 정당하다고 한다.[66] 최근에는 세계무역기구(World Trade Center)에 대한 테러공격과 관련해서, 만약 이러한 공격에 대해 다른 어떤 방지책도 없었다면, 무고한 승객들과 함께 강탈

64 *B. Cardozo*, Law and Literature, 1931, 113면. 독일어 번역으로는 *Benjamin Nathan Cardozo*, Ausgewählte Schriften, hrsg. von M. E. Hall, 1957, 353면 이하.

65 가령 상술하는 문헌으로는, 교량문제를 작위과 부작위의 가치차이와 연결시키고 있는 *Katz*, Bad Acts (주 13), 32면 이하; *Robinson*, Criminal Law (주 29), 414면 참조.

66 *J. Q. La Fond*, Criminal Law Principles, in: K. L. Hall (Hrsg.), The Oxford Companion to American Law, 2002, 190면 이하 (193면 이하).

당한 비행기를 추락시키는 것은 정당했을 것이라는 주장도 있었다.[67]

2. 사회도덕에서 "생명 대 생명"

도덕적으로는, "생명 대 생명"의 상황에서조차도 살인금지의 완화를 배제하는 상대적으로 엄격한 독일법학보다는, 긴급피난 상황에서 살인금지를 유연하게 하는 영국적 태도가 더 주목할 만한 가치가 있는 것으로 보인다. 물론 기본적으로 대부분의 사람들은 다른 사람의 생명을 구하기 위해 한 사람을 죽이는 것을 비도덕적이라고 하는 데 대해 동의할 것이다. 하지만 예컨대 이 사건에 희생당할 사람이 이미 심각한 병에 걸려 있어서 단지 몇 시간밖에 살 수 없다거나, 자신의 죽음에 동의하고 있다거나, 아니면 자신의 죽음을 통해 몇몇 사람들의 생명뿐만 아니라 무고한 수십만 명 내지 수백만 명의 사람의 생명을 구할 수 있는 등의 추가적 조건을 도입한다면, 이러한 입장은 쉽게 상대화되어 버린다. 위에 언급된 요인들이 결합하게 되면, 분명 그 사람을 살해하는 쪽으로 판단하게 될 것이다.[68]

도덕적 판단을 변화시키는 데 적합한 또 다른 추가조건은, 가령 희생될 개인이 그의 희생 없이는 모두가 죽어야 하기 때문에(위험공동체) 어쨌든 죽어야 한다는 점이다. 이러한 상황에서 살인금지를 엄격하게 준수하면, 예외를 두었을 때보다 더 많은 사람의 생명을 잃는 결과를 초래하게 된다.[69] 나아가 가령 승객과의 관계에서 드러나는 선장

---

67 *J. C. Smith/B. Hogan*, Criminal Law, 10. Aufl. 2002, 273면 이하 ("defence of necessity").

68 물론 이 사례를 두고 내 판단과는 상반되었던 비법률가들은 다른 사람을 통한 살인보다는 개인의 자발적인 자살을 더 선호하였다.

69 *Binding*, Handbuch (주 35), 765면 참조. "생명과 생명이 충돌할 때, 다른 생명의 희생이 금지되어 있다면, 법률의 의지에 따라 두 생명 모두는 죽게 된다. 그러나 이러한 의지는 어리석음 그 자체가 될 것이다."

의 위치와 같은 특별한 책임을 져야 할 상황을 언급할 수 있다. 또한 무고한 사람을 구하기 위해 폭군을 살해하는 행위를 대부분의 사람들은 도덕적으로 좋게 받아들일 것이다. 생명 대 생명이 대치하는 정당방위 상황에서 도덕적 판단은 분명하다. 다른 사람의 생명을 위협하는 공격자는, 만일 다른 방법으로는 그 공격을 막을 수 없다면, 살해되어도 된다. 전쟁에서 적군을 죽이는 것은 도덕적으로 정당화되는 것으로 보이는 반면에, 무고한 시민을 죽였을 때 내리게 되는 판단은, 설령 어느 정도의 "부수적 피해"가 불가피할지라도, 흔들리게 된다.

이러한 사례들에 적합한 일반적인 규칙을 찾기란 쉽지 않다. 이러한 규칙에 접근하는 첫 번째 시도는 다음과 같이 표현될 수 있을 것이다. 즉 사회윤리적 척도에 따르면 다른 한 사람이나 또는 다수의 생명을 보호하기 위해 A라는 한 사람의 생명이 희생되어서는 안 된다. 그러나 예외적으로 다음의 사례집단은 논의될 수 있다.

(1) A는 공격자이며, 다른 사람의 생명을 위협한다(정당방위의 경우, 전쟁 중의 공격자).
(2) A는 독재자이며, 만일 그의 목숨을 사전에 제거하지 않는다면, 그는 아마도 매우 많은 사람을 죽음으로 내몰게 될 것이다(예: 히틀러암살).
(3) A는 분명한 이해력을 가지고 자기 자신의 생명을 희생하는 데 동의했다.
(4) A와 행위자는 위험공동체 속에 있다.
(5) A는 특별한 희생의무를 가진다(예컨대 선장, 군인).
(6) A는 어떻게든 곧 생명을 잃게 된다.
(7) A의 생명 제거는 매우 많은 무고한 사람들을 구조하는 데에 기여한다.

첫 번째 사례군에서는 예외규정을 인정할 수 있는 가능성이 확실히 가장 크겠지만, 반면에 세 번째 사례군부터는 이미 현저한 견해 차이가 있다. 여기에서는 "사회윤리"가 그 배후에 매우 많은 괴리된 집단도덕과 개인도덕들이 숨겨져 있는, 그런 구조라는 것이 다시 한 번 분명해진다. 따라서 가령 허용되는 사안에서 살인금지를 해제하는 것은, 기독교적 관점에서는 자신의 생명조차도 마음대로 처리해서는 안 되기 때문에 문제가 되는 반면에, 계몽된 개인의 자기책임성이 핵심이 되는 자유주의적 세계관에서는 전혀 문제되지 않을 것이다. 예를 들어 유교에 강한 영향을 받고 있는 동아시아 관점이나 또는 이슬람교의 영향을 받은 아랍문화권 관점과 같은 다른 문화권을 고려한다면, 가치평가의 차이는 더욱 커질 것이다.

이와 관련해서 특히 흥미로운 점은, 극단적인 수적 불균형이 보일 경우, 가령 한 사람을 살해함으로써 대략 100,000명의 사람을 확실한 죽음에서 구할 수 있는 경우에는 살인금지를 제한하는 일이다. 독일법에서 수적인 요소들은 중요치 않다는 글을 종종 읽게 된다. 모든 생명은 "최고의 가치"(Höchstwert)를 가지며, 따라서 한 사람의 생명은 다른 100,000명의 생명만큼이나 가치가 있다.[70] 하지만 좀 더 정확히 살펴보면, 법에서도 숫자적인 요소가 중요한 역할을 하고 있음을 확인할 수 있다. 예를 들어 다수에게 위험한 수단을 사용한 자에 대해서 특별한 불법내용(형법 제211조 제2항 3호)이 존재하는 이유는, 한 사람만이 아닌 수많은 사람의 생명을 위협하였다는 사실에 근거하고 있다. 한 사람이 아닌, 다수의 사람들에 대한 살인의 형량은 양형 시 형량을 높이는 데 영향을 미친다. 결과적으로 긴급피난에서는, 예컨대 행위자가 다른 한 사람의 신체를 훼손함으로써 더 많은 사람의 생명을 구할 수

70 위의 주 45 참조.

있다고 생각하여, 한 사람의 생명을 구하기 위하여, 다른 한 사람의 신체를 훼손하는 경우에는 정당화효과가 발생하지 않는다(예를 들면 A가 살해의 의도로 어느 한 사람에게 총을 겨누고 있고, 그 사람 옆에 서 있는 B도 똑같이 살해할 의도로 다섯 명의 사람에게 기관총을 겨누고 있는데, 둘 다 막 방아쇠를 당기려 한다. 이 상황을 지켜보던 C는 A나 B 중 한 사람만을 저지할 수 있는데, 그가 A로 결정하는 상황을 들 수 있다). 여기서는 법적으로는 다섯 명에 대한 살인이 단 한 사람을 죽이는 것보다 "더 무겁다"는 것, 즉 더 큰 불법내용을 보이고 있음은 분명해진다.[71]

그러나 지금까지 통설에 따르면, 숫자적인 요소들은 정당화적 긴급피난의 법익 및 이익을 교량하는 데 중요한 역할을 해서는 안 된다. 위에서 언급한 논거들에서[72] 나는 이 견해가 설득력이 있다고 본다. 정당화적 긴급피난에서 근본적으로 개인의 생명은 임의적으로 처분되어서는 안 된다는 원칙은 변함없이 타당하다. 유일하게 널리 인정받는 예외들은 정당방위적인 살인과 전쟁에서의 살인이다.[73] 한 개인의 생명은 수많은 사람의 생명과 동등하게 고려된다. 게다가 모든 개인의 생명은, 앞으로 남은 수명이나 질병 또는 기타 다른 차별적인 요소를 고려함이 없이 똑같은 가치를 가진다. 당사자의 동의가 살인금지의 예외를 근거 지울 수 있는가에 대해서는 논란이 있지만, 내 견해로는 (형법 제216조에도 불구하고) 이를 긍정할 수 있다.[74] 분석해

---

71 다른 예에 대해서는 *Mitsch*, Nantucket Sleighride (주 18), 63면 이하.

72 앞의 130면 이하 참조.

73 태어나지 않은 인간의 생명에 대한 살인은, 가치 그리고 보호존엄성과 관련하여 태어나지 않은 생명을 태어난 인간의 생명과 동일시할 때에 한해서만 위의 목록에 수용될 수 있다. 이는 종종 주장되고 있기는 하나, 이러한 경우 유효한 임신중절 규정은 불법적일 수 있기 때문에, 끝까지 시종일관 주장되지는 않는다. 상세하게는 *Merkel*, Forschungsobjekt Embryo (주 28), 110면 이하, 184면 이하.

74 앞의 118면 참조.

보면 이러한 원칙은 두 가지 방향에서 의문시될 수 있다는 점이 드러났다. 하나는 그 자체적으로 아주 이질적이긴 하지만 살인금지에 대해 폭넓은 예외를 허용하는 일상도덕으로의 방향이다. 그러나 다른 하나는 열정적으로 제기된 수많은 확언에도 불구하고, 생명을 보호하는 경우에는 숫자에 의거한 편차가 어느 정도의 역할을 담당하게 되는 법 자체로의 방향이다.

Ⅵ. 계획된 항공안전법: 인간생명을 계산할 수 없다는 원칙과의 고별인가?

항공안전법 제14조 제3항에서는 "경우에 따라 항공기는 사람의 생명을 해친다는 점에서 출발하게 되는 상황이고," 무력은 "이 같은 현존하는 위험을 피하는 유일한 수단"이라면, 그 항공기에 대해 "직접적인 무력을 사용"해도 좋다는 내용이 확정되었다. 어떤 무기를 투입해도 좋은지는 아직 자세히 규정되어 있지 않아서, 극단적인 경우 2001년 9월 11일에 발생한 것과 같은 테러행위를 저지하기 위해서라면 항공기를 격파하여 승객이 살해되는 것도 허용될 수 있다.[75]

이러한 규정은 형법에[76] 비상한 문제를 제기한다. 입법절차에서

---

75 이러한 점은 물론 법제정절차에서 논란이 되었으며, 항공안전법 제14조 제3항이 순수한 관할규정을 포함하고 있다고 상술되었다. Deutscher Bundestag, Stenografischer Bericht, Plenarprotokoll 15/98, Sitzung vom 30. 1. 2004, 7881면 이하 (7893면, 7895면) 참조. 이러한 견해는 법문언과 그리고 입법제정절차에 관여하는 다른 의원들의 입장표명과 일치될 수 없다. 입법부는 실제로 단순한 관할규정을 위해 노력했었더라면, 이는 법규에서 매우 분명하게 명시되어졌을 것이다.

76 *Jerouschek* (주 62)에서는, 승객기에 대한 격추는 실정법에 규정되기에 훨씬 앞서, 형법적 관점에서 숙고되어야 한다는 특별한 장점을 가지고 있다. 항공안전법의 형법문제를 최초로 논쟁으로 특별히 부각시킨 글으로는 *M. Pawlik*, §14 Abs. 3

는 초법규적 면책성 긴급피난의 한 사례를 다룰 것이 논의되었다.[77] 초법규적 면책성 긴급피난은 비행기에 대한 격추를 면책할 수는 있겠지만, 그러나 정당화시킬 수는 없다. 면책은 단지 개별 사례에서만 유효할 뿐이며, 행위자에 대한 개인적인 비난의 질책을 제거한다. 하지만 이러한 면책은 행위의 일반적인 위법성에 대해서는 아무런 변화를 가져오지 않는다. 법률은 이미 개념적인 이유에서도 일반규정을 포함하고 있으므로, (항상 개별적으로만 영향을 끼치는) "면책"에 의거할 수 없다. 납치된 비행기에 대한 격추에서 격추에 참여한 자들은 개인적으로 면책을 받을지라도 그 행위는 여전히 위법하다. 이러한 법적 결과를 모면하기 위해서는 계획된 항공안전법의 격추허용이 정당화될 수 있는 관점이 필요하다.

1. 승객들의 추정적 동의?

비행기를 격추하여 무고한 승객들을 죽이는 것을 정당화하는 첫 번째 가능성은 희생자의 추정적 동의에 근거하고 있다. 빌딩이나 원자력 발전소를 향해 돌진하는 납치된 비행기에 탑승한 승객들은 어차피 자신들의 생명을 버린 것이나 다름없다는 논거를 세울 수도 있다. 비행기에 대한 격추는 승객들의 죽음을 조금 앞당겼을 뿐인 것으로 해석될 수도 있다. 따라서 승객들은 수많은 무고한 사람들을 구할 수 있도록 비행기를 격추하는 데에 동의할 것이라고 추정해 볼 수도 있다. 하지만 이러한 논증은 세상사에서 동떨어진 완전한 허구에 근거하고 있다. 납치된 비행기의 승객들은 실제로 비행기 격추에 결코 동의하지

des Luftsicherheitsgesetzes - ein Tabubruch?, in: JZ 2004, 1045면 이하.

77 연방의회 의사록(Plenarprotokoll) 15/89 (주 75), 7888면, 7893면 그리고 곳곳을 참조.

않을 것이며, 반대로 마지막 순간까지 테러리스트들을 다른 방향으로 유도하여 성공적으로 구조함으로써 결과적으로는 기적을 바랄 것이다. 따라서 추정적 동의에 대한 가정은 설득력이 떨어진다.

2. 정당방위?

마찬가지로 정당방위(형법 제32조) 또는 긴급구조도 정당화 근거가 될 수 없다. 왜냐하면 정당방위권은 공격자를 겨냥하고 있는 것이지, 무고한 제 3 자를 겨냥하여 행사하는 것이 아니기 때문이다. 따라서 납치의 희생자인 무고한 승객들의 살인을 정당방위에 의거해서 정당화할 수는 없다.

3. 정당화적 긴급피난?

그러나 정당화의 근거로 정당화적 긴급피난(형법 제34조)을 생각해 볼 수 있다. 만약 납치된 비행기가 원자력 발전소를 향해 날아간다면, 비행기를 격추하지 않으면 저지할 수 없는 현재의 위험은 상상할 수 없는 어마어마한 사람의 목숨을 위협하게 된다. 정당화적 긴급피난은 행위를 통해 보호되는 이익이 침해될 이익보다 현저히 우월하다는 것을 전제로 한다. 얼핏 보기에 이 경우는, 예를 들어 비행기 승객 300명의 생명이 원자력 발전소를 파괴함으로써 죽음이 거의 확실한 대략 3,000명, 30,000명, 심지어 300,000명의 생명과 대치하는 경우이므로, 보호되는 이익이 침해될 이익을 상당히 능가한다고 볼 수도 있다. 물론 오늘날까지의(?) 통설에 따르면 인간생명을 "계산한다"는 것은 허용되지 않는다. 모든 생명은 나이나 질병에 상관없이 동등한 가치를 인정받아야 할 뿐만 아니라, 단 한 사람의 생명 역시도 "최고의 가치"로서 많은 사람들, 어쩌면 매우 많은 사람들의 생명과 똑같은 가치를 인정받아야 한다.[78] 이로써 우리의 사례의 경우, 정당화적 긴급피난은 적용될 수 없다.

4. 법에서 자유로운 영역?

긴급피난 상황에서 내려지는 비극적 결정은 법이 어떠한 가치평가도 내릴 수 없다는 법에서의 자유로운 영역에 속한다고 가끔 논의된다.[79] 그러나 이러한 입장은 설득력이 없다. 국가에게는 시민의 자유영역에 대한 침해가 위임권에 의해 근거 지워져 있어야만, 그 침해가 허용될 뿐이다. 금지되어 있지 않는 것은 시민에게 허용되어 있다. 법은 국가와 사회를 빈틈없이 포함하고 있다. "법에서 자유로운 영역"이란 없다. 비행기의 격추와 같이 (그 행위가 정당화되거나 면책된다

---

78 위의 V. 1 그리고 주 45에서의 언급 참조. 상세하게는 *G. Stratenwerth/L. Kuhlen*, Strafrecht. Allgemeiner Teil I. Die Straftat, 5. Aufl. 2004, §9 Rn. 113, 여기서는 인간최고의 모든 법익들의 가치가 숫자적인 증가를 통해 향상되는 것은 아니라는 점을 인정하고 있다. 이는 역무원 사례에서, 만일 모든 당사자에게 생명이 아닌, 단지 신체적 불가침성만이 위협을 받는다면, 정당화는 또한 포기되어짐을 의미하게 된다.
도덕철학자인 *디터 비른바허*(*Dieter Birnbacher*)는 계산할 수 없는 "최고가치"(Höchstwert)인 생명의 공리에 반하여 다음과 같은 논거를 제시하였다. 즉 "1. 생명이 법규에서 *절대적인* 최고가치라고 한다면, 고통경감을 위한 어느 정도의 생명단축을 받아들이는 간접적 안락사(indirekte Sterbehilfe)는 허용될 수 없을 것이다. 실제로 법규는 생명을 *최고*의 가치가 아니라, 최고가치 중의 *하나*로 간주한다. 2. 개인의 생명이 최고가치라면, 구조되어지지 않은 사람들의 생명도 최고의 가치를 가진다. 이익교량은 계속해서 미해결적일 것이다. 3. 생명에 대한 최고가치를 인정하는 견해가 왜 양적인 이익교량을 배제하는지는 확인될 수 없다"(*D. Birnbacher*, Tun und Unterlassen [주 11], 221면 주 38).

79 *A. Kaufmann*, Strafloser Schwangerschaftsabbruch: rechtswidrig, rechtmäßig oder was?, in: JZ 1992, 981면 이하 (984면 이하). 상세한 분석으로는 *K. Engisch*, Der rechtsfreie Raum, in: K. Engisch, Beiträge zur Rechtstheorie, hrsg. von P. Bockelmann, A. Kaufmann und U. Klug, 1984, 9면 이하 (특히 44면 이하).

하더라도) 형벌규범의 구성요건을 채우는 행위방식은 행위 그 자체로 인해 법에서 자유로운 영역이 아닌, 법에 의해 규제된 영역에 속한다. 실제로 "법에서 자유로운 영역"이라는 이론은 종종 "생명 대 생명"의 이익교량금지에 대한 위반을 미화시키고, 위법성의 오명에서 자유롭게 하는 데 기여하고 있다.

5. 방어적 긴급피난?

계획된 항공안전법의 살인권한을 정당화하는 또 다른 입장은 방어적 긴급피난이다. 적절한 견해에 의하면 방어적 긴급피난을 통한 정당화는 정당화적 긴급피난을 통한 정당화처럼 침해희생자와 침해이득자 사이의 연대성 사고에 근거하는 것이 아니라, 당사자는 다른 사람이 야기한 위험을 감수할 필요가 없다는 사고에 근거하고 있다.[80] 그러므로 방어적 긴급피난의 상황은 정당화적 긴급피난보다는 정당방위의 상황에 가깝다.[81] 따라서 일각에서는 사람에 의해 유발된 방어적 긴급피난의 사건을 형법 제34조가 아닌, 방어적 긴급피난에 대한 민법규정(민법 제228조)을 형법사건에 유추적용함으로써 해결할 것을 제안하고 있다.[82] 이는 이익교량에서 의미 있는 변화를 가져온다. 즉 방어행위는, 방어적 긴급피난에 책임 있는 사람의 이익이 위험에 처해 있는 사람의 이익을 현저히 능가하는 경우에서만 허용되지 않는다. 이러한 방식으로 인간생명의 희생 또한 근본적으로 정당화될 수 있다고 한다.[83] 따라서 승객에 대한 살인은 어쩌면 방어적 긴급피난의 법

---

80 *Neumann* (주 51), §34 Rn. 86.
81 계속되는 증명과 함께 *Pawlik*, Tabubruch (주 76), 1048면 참조.
82 가령 *Neumann* (주 51), §34 Rn 86; *Roxin*, AT I (주 50), §16 Rn. 65 이하.
83 *Roxin*, AT I (주 50), §16 Rn. 69.

적 사고에 근거를 둘 수 있을지도 모른다.

그러나 이러한 견해와는 달리, 납치된 비행기의 무고한 승객들을 어떠한 방식으로든 방어적 긴급피난 상황에서 "책임 있는 자"로 만드는 것은 결코 가능해 보이지 않는다고도 언급된다. 무고한 승객들은 그들도 희생자이지, 비행기납치의 원인제공자가 아니다. 위험은 승객들이 아니라 테러리스트들과 비행기가 유발한 것이다. 이는 독일 영토 위에서 비행기가 격추됨으로써 함께 피해를 입을 가능성이 높은 지상의 사람들에게 바로 적절히 적용된다. 비행기를 격추하는 그 자체는 방어적 긴급피난에서 (그리고 납치자들을 살인하는 것은 형법 제32조의 정당방위나 긴급구조에서) 정당화되는 반면에, 방어적 긴급피난이 지니는 정당화 효력의 범위가 무고한 비행기 승객들에게 확대되는 것은 제외된다.

6. 저항권(기본법 제20조 제4항)에 의한 국가적 침해권한의 확장?

최근 일각에서는 승객기에 대한 격추가 기본법 제20조 제4항을 통해 정당화될 수 있다고 한다. "모든 독일인은 다른 대안이 가능하지 않다면, 현 질서(즉 자유민주주의적 기본질서)를 제거하려고 시도하는 사람에 대항할 저항권을 가진다." 이 규정은 "실정법화된 저항권"(positivierten Widersandsrecht)이라고 할 수 있다. 이 규정으로부터, 긴급상황에서 무고한 시민들이 위협받는 정치공동체를 위해 자신들의 생명을 희생해야 하는 의무를 끄집어낸다. 이러한 경우 국가기관에게도 행위권한이, 그것도 기본법과 그 외 실정법에 명시된 국가의 침해권한을 넘어서 주어진다고 한다. 이러한 주장의 밑바탕에는 평소에 자유주의적 정치질서로 혜택을 입는 사람은 극단적인 경우 그 질서를 위해 자신의 생명을 바칠 의무 또한 가진다는 생각이 깔려 있다.[84]

그러나 이처럼 저항권에 호소하는 것은 설득력을 갖지 못한다. 물론 기본법 제20조 제 4 항에 명시된 저항권은 위로부터의 쿠데타뿐만 아니라, 예외적으로 아래로부터의, 즉 난봉꾼이나 테러리스트들에 의한 쿠데타도 포함하고 있음을 인정할 수 있다. 하지만 오직 시민들만이 저항권을 가진다. 국가기관의 침해권한은 기본법 제20조 제 4 항을 통해 확대될 수 없다.[85] 국가 내부의 긴급피난은 소위 "긴급조치"(Notstandverfassung)를 통해 최종적으로 규제된다. 그러나 (동시에 침해를 제한하는 것이기도 한) 긴급조치에 명시된 국가의 특별침해권한은,[86] 만약 기본법 제20조 제 4 항이 마치 침해라는 일반조항으로 해석되는 경우에는 불합리하게 된다. 저항권은 국가적 권한을 확대시키는 규정이 아니라, 오히려 반대로 국가권한의 확장을 저지하는 규정이다. 저항권은 일차적으로 강탈하는 국가의 침해권한에 대항하고 있는 것이며, 국가의 침해권을 증대시킬 수는 없다. 따라서 새로운 항공안전법에서 계획되어 있는 격추허용규정을 저항권을 근거로 제정하는 것은 있을 수 없는 일이다.

84 *M. Pawlik*, Zum Abschuß frei. Das Bürgeropfer im Luftsicherheitsgesetz, in: FAZ vom 19. Juni 2004, 29면; 세분해서는 *M. Pawlik*, Tabubruch (주 76), 1052면 이하.

85 마찬가지로 *R. Herzog*, in: Maunz/Dürig (Hrsg.) (주 61), Art. 20 Abs. 4 (1980), Rn. 49.

86 이에 대해 명확하게는 *E. Stein/G. Frank*, Staatsrecht, 18. Aufl. 2002, §24 III.

7. 무고한 사람에 대한 헌법질서 배제?

라인하르트 메르켈(Reinhard Merkel)은, 새로운 항공법에는 "무고한 사람을 법에서 배제하는 것"을 다루게 될 것이라고 주장하였다.[87] 그 법은 승객들의 생명과 신체불가침을 위한 기본권을 제한하는 것이 아니라, 오히려 아예 박탈한다. 메르켈은, 이러한 권리박탈은 "국가의 특별한 사명인 공공평화 보장"이 위험에 놓인 그러한 극단적인 경우들에 한해서 허용될 수 있다고 보았다. "만일 전체 규범질서의 존립을 위한 국가의 보장기능이 위협을 받는다면, 국가의 의무는 극단적인 경우, 이 질서의 내부준칙에 근거하여 그 의미를 상실할 수도 있다. 이는 기본권에서 배제된다는 개념으로 특징지을 수 있으며, 법률의 귀결을 다르게 표현하기는 어려울 것이다."[88]

그러나 이와 같은 기본권 박탈은, 메르켈이 가정한 듯한 것과는 달리, 허용될 수 없다. 기본권보호의 완전한 상실은 승객들의 법적 주체로서의 지위를 완전히 빼앗는 것이며, 이러한 지위박탈은 평등원칙(기본법 제3조 제1항) 때문에 문제가 될 뿐만 아니라, 비행기에 납치된 승객들의 존엄성을 위반하는 것으로서 위헌의 소지가 있다. 내가 다른 논문에서[89] 근거 지으려고 시도했듯이, 인간의 존엄성은 주관적 권리들의 앙상블로 이해될 수 있다. 개인에게는 다음과 같은 권리들,

---

87 *R. Merkel*, in: Die Zeit 29/2004 vom 8. 7. 2004. 33면; 유사한 결과로는 *A. Sinn*, Tötung Unschuldiger auf Grund von §14 III Luftsicherheitsgesetz-rechtmäßig?, in: NStZ 2004, 585면 이하 (592면): "입법부는 항공안전법 제14조 제3항으로 무고한 사람들에 대한 살인허용을 […] 결정하였다." *Sinn*은 이러한 결정이, 국가에 의해 납치된 비행기 안의 사람들을 더 이상 보호할 수 없다는 점을 통해서 근거 지워질 수 있다는 데에 동의하고 있다.

88 *Merkel*, in: Die Zeit 29/2004 vom 8. 7. 2004, 33면.

89 *Hilgendorf*, Die missbrauchte Menschenwürde (주 33), 148면 이하.

즉 물질적 최저 생활에 대한 권리, 자율적 자아발현에 대한 권리, 정신적-영적 불가침에 대한 권리, 고통에서 자유로울 권리, 정보의 자기결정에 대한 권리, 법적 평등의 권리 그리고 최소한의 존중을 받을 권리들을 가진다. 이러한 견해는 객체공식이나 도구화금지 사상과 같은 내용이 빈약한 표현에 의거할 필요가 없다는 장점을 갖고 있다.[90]

헌법질서에서 "배제"하는 경우에는 기본적인 법적 평등의 권리와 관련되어 있다. 이러한 권리는, 그 누구도 법적 주체로서의 지위를 박탈당해서는 안 된다는 것을 내용으로 하고 있다. 이를 통해 특히 노예제도, 즉 인간을 물건으로 법적 환원하는 제도를 인간존엄성에 위배하는 것으로 평가한다. 만일 강탈당한 비행기의 승객들이 항공안전법 제14조 제3항에 근거하여 실제로 그들의 기본권 보호가 완전히 박탈당하여, 법질서 외부에 놓여서, 비행기 "격추가 허용"된다면, 이 규범은 인간존엄성에 위배되므로 위헌이 될 것이다. 따라서 "헌법질서에서 배제"라는 개념을 수단으로 해서도 계획된 항공안전법이 정당화될 수는 없다.[91]

8. 중간결과와 가능한 해결방법

항공법의 정당화를 위해 지금까지 제안된 방안들은 적절하지 않은 것으로 드러났다. 그나마 가장 고려할 만한 정당화 방법인, 정당화적 긴급피난도 제외되는데, 이유는 지금까지의 통설에 따라 인간생명을 숫자적으로 계산하는 것과 그리고 많은 사람들의 생명이 더 적은

90 상세한 비판에 대해서는 *Hilgendorf*, Die missbrauchte Menschenwürde (주 33), 141면 이하.

91 배제해결에 대한 국가철학적 배경에 대한 조명으로는 *Pawlik*, Tabubruch (주 76), 1051면 이하.

사람들의 생명을 "현저하게 능가"할 수 있다는 가정은 형법 제34조의 맥락에서 허용될 수 없기 때문이다. 물론 입법자는 새로운 정당화의 근거를 마련하는 일을 뜻대로 할 수 있다. 따라서 가령 인간생명에 대한 숫자적인 계산금지가 적용되지 않는 "극단적 긴급피난"이라는 새로운 정당화 근거를 공식화하는 것을 생각해 볼 수도 있을 것이다.

하지만 이것이 무엇을 의미하는지에 대해서는 모두가 명확히 생각해 봐야 할 것이다. 극단적인 경우, 인간의 생명은 숫자적으로 고려될 수도 있을 것이다. 그래서 50명의 생명은 500명 또는 5,000명의 생명보다 가치가 낮은 것으로 평가될 수도 있을 것이다. 또한 인간생명의 계산금지를 포기함으로써, 개인의 법적 지위는 국가와 사회에 대해 현저히 약화될지도 모른다. 국가가 "임의적으로 할 수 없는" 영역은 여전히 인간존엄성을 통해서만 신중하게 고려될 것이다. 오늘날에는 인간존엄성을 근거로 한 보호조차도, 우려할 만한 제한과 상대화에 방치되어 있다는 사실을[92] 고려해 볼 때, 인간생명의 교량불가원칙을 가능하면 고수하는 것이 유용해 보인다. 댐이 붕괴될 위험은 분명하다. 새로운 정당화의 근거로서 인간생명에 대한 "계산"을 허용한다면, 형법 제34조 맥락에서 "인간생명의 계산금지"를 고수하는 것은 거의 불가능하게 된다. 인간생명에 대한 계산금지가 헌법적 지위를 갖는다는,[93] 앞에서 전개한 견해에 따르면, 이와 같은 새로운 정당화 근거는 어쨌든 물러나게 된다.

차라리 더 나은 해결책은 무고한 승객들로 가득 찬 비행기에 대한 격추를 법적으로 규제하지 않는 것이다. 그러면 격추는 구체적인

---

92 예를 들면 인간존엄성은 단계지어질 수 있다는 주제형태로는, 따라서 *Herdegen*, (주 61), Art. 1 Abs. 1 Rn. 65 이하.

93 앞의 130면 이하 참조.

경우 위법하게 될 것이다. 물론 초법규적 면책성 긴급피난은 책임자의 편을 들어서, 책임자에 대한 형사처벌은 고려되지 않는다. 이러한 해결방법에는 인간생명의 계산금지원칙을 흔들지 않아도 된다는 장점이 있다. 모든 개인의 생명에 대한 존중은 깨지지 않은 채 남게 된다. 극단적 긴급피난의 경우, 자신의 양심을 법 위에 세운 안티고네(Antigone)의 방법이 남게 된다. 이로부터 강탈된 비행기를 격추시키라는 명령도 위법하게 남게 된다. 행위자는 단지 면책만 될 뿐이고, 따라서 처벌받지는 않겠지만, 그의 행위에서 초래된 다른 모든 결과들에 대해서는 스스로 떠맡아야 한다. 나에게는 비극적 결정에 대처하는 이러한 방법이 더 납득할 만한 것으로 보인다.

법은 항상 사회의 일반적인 상황만을 규정하고 있다.[94] 즉 법은 극단적인 예외 경우를 규제할 수 없고 규제해서도 안 된다. 극단적인 경우에서는 일반적 상황에 대한 규정과 일치하지 않는 결정이 필요할 수도 있다. 극단적인 경우를 실정법화하게 되면 전체 법질서에 해를 입히게 될 수도 있는데, 이유는 일반적 상황에서는 임의적으로 다룰 수 없다고 간주되는 기본가치와 기본원칙들을 어쩌면 건드려야 할지도 모르기 때문이다. 일반적인 상황에 대한 법규와 그리고 극단적인 경우에 따라 임의적 처분가능한 영역을 나누는 것은 위험한 일이다. 따라서 국가공무원이 돌아가는 카메라 앞에서 무고한 사람을 참수하지 않는다면, 테러리스트가 한 도시 전체를 파괴하겠다고 위협하는 상황을 다분히 생각해 볼 수 있다. 하지만 그렇다고 우리가 이러한 경우를 법적으로 규정해야 하는가? 극단적인 요구를 관철하기 위해

---

94 이에 대해 또한 — 물론 국가 긴급피난과 관련한 — 상술로는 *E.-W. Böckenförde*, Der verdrängte Ausnahmezustand - Zum Handeln der Staatsgewalt in außergewöhnlichen Lagen, in: NJW 1978, 1881면 이하 참조.

인류 전체를 절멸할 수도 있는 핵무기 투입이나 생물학적인 전쟁원료의 방출로 협박하는 것을 생각할 수 있으며 심지어 그럴 가능성도 있다. 하지만 그렇다고 이에 대한 새로운 법률이 필요한가? 나는 그렇지 않다고 본다. 그러한 경우가 발생할 때에는 결의에 찬 남녀들이 이러한 위험을 저지하는 데 필요한 모든 조치를 동원할 것이라고 희망한다. 따라서 법적인 규정은 여기서 그리고 오늘날 당장 필요한 것이 아니다. 이는 테러리스트가 승객들로 가득찬 비행기를 폭탄으로 위협하여 경로를 변경시키는 극단적인 경우에서도 마찬가지이다. 그러므로 나의 최종결론은 비행기납치와 경로변경을 어렵게 하고 나아가 거의 불가능하게 만드는[95] 충분한 다른 조치들이 마련되어 있는 한, 격추에 대한 정당화 근거의 형태로 극단적 경우를 명시적으로 규정하는 것을 포기해야 한다는 것이다.

Ⅶ. 결 론

문제가 되는 사례군인 "수감된 테러리스트에 대한 고문"과 "위험을 피하기 위한 무고한 사람에 대한 살인"을 연관지어 살펴보면, 법적인 한계사례에서 볼 수 있는 전형적인 몇 가지 공통점을 확인할 수 있다.

가장 먼저 주목할 만한 것은, 법적 규정을 통해서 이러한 사례들을 만족스럽게 해결하는 것이 불가능하게 보인다는 점이다. 이러한 상당히 부정확한 표현은 다음으로 명확하게 할 수 있는데, 즉 — 고문

95 연방내무부장관인 실리(Schily)는 입법절차에서 이와 같은 처분의 충분함을 밝혔다. 연방의회 의사록 15/98 (주 75), 7882면 이하 참조.

금지, 무고한 자에 대한 살인금지와 같은 — 그 자체 의미 있는 일반규범은 도덕적 또는 법정치적으로 고려해 볼 때, 다행스럽게도 매우 드물게 일어나는 특정한 사례에는 부적합한 것으로 보인다. 모든 법질서에 존재하는 (정당화나 면책과 같은) 예외규정을 통해서 이러한 갈등을 해소하는 것은 불가능해 보인다. 법은 이러한 경우 그 어떤 만족스러운 해결방안도 제시하지 못한다.

이러한 교착상태의 원인을 파악하기 위해서는, 법규정을 작성할 때 향후 이 법규정의 적용 대상이 될 모든 개별 사례가 근접하게라도 고려될 수 없다는 점을 생각해야만 한다. 잘 만들어진 법의 특징은 그 법의 거의 모든 적용사례를 적어도 어느 정도는 만족스럽게 규제한다는 데 있다. 물론 모든 법규정에서는, 법규정을 적용해서 제대로 된 결과가 더 이상 나오지 않는 그러한 예외적 상황들을 생각해 볼 수 있다. 살인한 자는 자유형으로 벌을 받아야 한다. 하지만 죽은 자가 행위자를 공격해서 행위자는 단지 그 공격을 방어했을 뿐인 그런 경우에도 이러한 원칙이 그대로 적용되어야 하는가?

이제는 "전형적인" 특정 예외상황을 고유한 법규정으로 작성하여, 말하자면 "지배적인 일반규정으로" 만들 수도 있다. 이런 종류로는 정당방위, 정당화적 긴급피난, 면책적 긴급피난 그리고 그 외 정당화 근거 및 면책 근거들에 대한 규정들이 있다. 하지만 그 밖의 다른 예외상황들은 너무 드물거나 아니면 너무 논쟁의 여지가 많아서 (혹은 드물면서도 논쟁의 여지가 많아서) 그에 대한 법규정이 작성되지 않았으며, 그러한 규정은 상위법규에서 도출함으로써 의심 없이 마련될 수도 없다. 이러한 유형으로는 "시한폭탄 사례"(ticking-time-bomb-cases)에서 감금된 테러리스트들을 고문하고 그리고 대량살상을 막기 위해 무고한 자를 살인하는 것과 같은, 여기서 논의된 사례들이 그러하다.

이러한 예외적인 사례들이 발생하는 경우, 이러한 예외사례들을 법적으로 명확하게 새로 규정해야만 하는지, 아니면 예외사례를 고려해 볼 때 지금까지의 규정이 너무나 불충분하게 보일지라도 이러한 지금까지의 규정을 계속 지속해야만 하는지에 대한 근본적인 물음이 항상 제기된다. 고문의 경우, 저명한 법학자들은 "시한폭탄 사례"에 대해서 고문을 허용하는 특별규정을 만들 것을 제안하였다.[96] 독일연방정부는 강탈된 비행기로부터 야기된 극단적인 위험을 방어하기 위해, 새로운 항공안전법에 이와 비슷한 특별규정을 작성하기도 하였다.

나의 견해로는 이러한 극단적 긴급피난 상황은 법률로 규정하지 않는 것이 더 낫다. 법은 모든 비극적인 결정상황을 해결할 수 없으며, 또 그렇게 해서도 안 된다. 인간생명에 대한 계산금지는 인간존엄성의 침해될 수 없는 보호영역에 속하기 때문에[97] 항공안전법은 위헌이다.[98] 그리고 카르네아데스가 옳았다. 즉, "매끄러운" 도덕적 또는 법적 해결방법이 없는 결정상황은 존재한다. 극단적인 사례를 법적으로 규정하기 위해 우리 법질서를 떠받치고 있는 원칙들을 상대화해야 한다면, 규정을 포기하는 것과 그리고 극단적인 사례가 발생한 경우 개인의 도덕적 용기를 믿는 것이 더 낫다. 비극적인 극단상황을 법률로 숙고하는 것은 영리한 일이기는 하지만, 이를 법적으로 규제하려는 유혹에 저항하는 것은 현명한 일이다.

---

96 특히 *A. Dershowitz*, Why terrorism works, 2002, 131면 이하, 특히 158면 이하 참조. 이와 반대로는 *E. Hilgendorf*, Folter im Rechtsstaat?, in: JZ 2004, 331면 이하 (336면 이하).

97 앞의 131면 참조.

98 특히 계산금지와 관련해서 다른 관점으로는, *S. Huster*, Zählen Zahlen? Zur Kontroverse um das Luftsicherheitsgesetz, in: Merkur 58 (2004), 1047면 이하 (1050면).

Abschied vom deutschen Professor?

05

독일 교수와의 결별?*

시대의 변화 속에 있는 교수의 직책과 품위**

I. 독일 교수는 위험에 닥친 종(種)인가?

이제 "독일 교수"라는 말은 사람들 입에 오르내리게 되었다.[1] 많은 사람들은 "독일 교수"에게 작별을 고하고 싶어 한다. 대학을 개혁하려는 다수 정치인들의 광범위한 계획들을 고려해 보면, 이러한 사실은 그리 놀랄 만한 일은 아닌데, 특히 교수직에 대한 최근의 직무법 개정을 보건데 더더욱 그러하다. 개혁가들은, 추정적인 고루한 관습을 철저히 제거하고 독일 교수직을 근본적으로 "현대화"하려는 요구를 공개적으로 드러내고 있다. 이러한 목적은, 독일 교수들이 — 아마도 — 역사적 무대에서 완전히 사라져, 멸종생물의 긴 목차에 등장하기에 앞서, 독일 교수라는 직책과 품위를 역사적인 발전에서 다시

---

* 원문은 Abschied vom deutschen Profeoor? Amt und Würden des Professors im Wandel der Zeiten, in: Universitas. Zeitschrift für interdisziplinäre Wissenschaft 2003, 495-506면, 583-594면.

** 이 글은 2002년 6월 26일 뷔르츠부르크의 노이바우교회(Neubaukirche)에서 뷔르츠부르크 대학 설립 600주년을 기념하여 발표한 강의논문을 약간 수정한 것임.

1 예를 들어 J. Enders/U. Teichler (Hrsg.), Der Hochschullehrerberuf. Aktuelle Studien und ihre hochschulpolitische Diskussion, 1995에의 기고문 참조.

한 번 숙고하게 된다는 점에서, 유익해 보일 수 있다.

대학이라는 것을 그저 소문으로만 접한 — 여기에는 또한 대부분의 대학 첫 학기생들도 포함되는데 — 사람들은, 독일 교수의 의미와 사회적 지위를 너무 과대평가하는 경향이 있다. 즉 대학교수는 학문의 대가로서, 천재적 연구가이자 백과사전적인 지식의 통달자로 간주되고 있다. 평범한 일상생활은 그들의 순수한 정신적 실존을 훼방할 뿐이며, 때때로 방해가 된다.[2] 덧붙이면, 법률가들은 국가의 주요한 성향과 시대를 초월한 윤리를 행하는 것으로 추정될 수 있다. 그러나 교수의 실수가 공론화되면, 이에 따른 반향도 크다. 누구나 "게으른 교수"에 대해서 들어본 적이 있을텐데, 그들은 일주일에 8시간 강의하면서, 국가로부터 엄청난 봉급을 받으며, 일년에 5개월이라는 휴가가 있으며, 그 밖에도 유익한 취미생활을 즐기고 있다. 특히 선호되고 있는 "교수의 휴일"(Professor Holiday)이라는 교수상(像)이 있는데, 휴일에 카라비아(Karibik) 해안에서 자신의 요트를 타면서 매력적인 여학생들에 둘러싸여, 따뜻한 물에서 서식하는 달팽이들의 군집행태를 연구하는 것이다.

그러나 가령 교수의 조교로서 교수를 가까이서 겪어 본 사람들은 다음과 같은 세 번째 교수상을 알게 된다. 즉 교수는 거대한 종합대학에서 고군분투하는 행정인이며, 이 회의, 저 회의로 바삐 움직이고, 또한 결단력 있게 사무서류, 인적서류들을 작성하고 서명하며, 그 사이에 산더미같은 시험들, 학사논문, 석사논문, 박사논문, 추천장들을 챙겨줘야 하며, 심지어 이따금 학문적 작업들도 출판해야 하는 사람들이다. 남자교수들이나 여자교수들에게도 학생에게 투자할 시간

2 *W. D. Rehder*, Der Deutsche Professor. Handbuch für Studierende, Lehrer, Professoren [⋯] und solche, die es werden wollen, 2. Aufl. 1998.

이 남지 않는다. 온전히 경제적인 관점에서 보면, 이러한 교수상은 군더더기 없는 "에코노미쿠스적" 교수상이다. 교수의 모든 활동은 순전히 양(量)적인 척도에 의해서 평가되어진다. 이는 이따금 간행되는 전공분야의 인용도표에서 톱 10 안에 들지 못하면 무능력자로, 운이 좋으면 생산성의 이유로 가능한 한 일찍 해직당하는, 상아탑 속의 무해한 몽상가로 간주된다.

그러나 현실은 이러한 극단적인 교수상 사이에 있다. 독일 교수의 업무는 상당히 많기는 하지만, 이러한 업무는 물론 모든 정해진 규정 안에서 다 해결할 만하다. 그리고 교수의 재정적인 상황은 풍족하게 넘치지는 않지만, 안정적이기는 하다. 과연 어느 누가 많은 돈을 벌려고 대학에서 직업을 잡으려고 하겠는가? 지난 몇 년 간 대학의 주요보직자들에게 많은 권한이 주어졌음에도 불구하고, 대학 내에서 교수들은 예나 지금이나 매우 강한 지위를 점령하고 있다.[3] 대학의 첨탑에는 일반적으로 교수들이 앉아 있다. 대학교수들에 대한 유일한 천적은, 조금 우습게 말하자면, 다른 대학교수들뿐이다. 또한 대학교수들에게는, 교수들이 원한다면 장중한 학문적 연구와 정규적인 강의에 유익할 수 있는 자유공간이 학문과 연구의 보호를 하고 있는 기본법에 의해서 보장받고 있다. 실제로 독일 교수들은, 학생들이 넘쳐나고, 과도하게 관료화되어 있는 대학의 종종 열악하고 매우 분주하게 돌아가는 작업조건 속에서도 불구하고, 국제적으로 비교해 볼 때 훌륭한 성과를 보이고 있다. 따라서 독일 교수가 사라져가는 유물로 간주되는 것은 어불성설(語不成說)일 수 있다.

---

3 물론 독일 대학은 국가의 영향에서 자유로웠던 것은 아니다. 개관에 대해서는 *W. Hofacker*, Die Universität des 21. Jahrhunders. Dienstleistungsunternehmen oder öffentliche Einrichtung?, 2000, 1-37면 참조.

그럼에도 불구하고 독일 교수들은 비판을 받고 있는 것 같다. 즉 사람들은 오늘날의 교수 형태를, 우리시대에서 자리잡을 수 없는 하나의 화석이라고 비난한다. 많은 전공학술지를 비롯한 일간지에 이르기까지 독일 교수의 미래가 대체적으로 상당히 암울하다고 점쳐지고 있다. 많은 대학의 개혁에서는 독일 교수직을 아예 없애버리고자 하는 움직임도 보이고 있다. 따라서 지금이 바로 당사자의 관점에서 교수들이 위의 주제를 한번 다루어 볼 최적의 시기라 할 수 있다. 나는 이 문제를 세 단계로 나누어 다루고자 한다. 우선 나는 독일 교수직이 부여된 긴 역사를 조망하고자 한다.[4] 교수라는 직업상은 꾸준히 변화해 왔는데, 이러한 발전이 2002년의 교수 모습에서 그 절정에 이르러 끝을 맺고 있다는 사실을 받아들이는 사람이 거의 없다. 하지만 이 때문에 이러한 변화가 그 자체로 나쁜 것이라고 평가될 수는 없다. 두 번째 단계에서는 이러한 문제가 되는 교수직을 안정화하기 위해 고안된, 대학교수의 지위를 행동규범을 통해서 확고히 하려는, 요즘 만연하는 여러 시도에 초점을 맞추게 될 것이다. 그리고 이러한 시도가 특별한 성과가 없다는 것이 밝혀지게 될 것이다. 물론 정책가들에게는 오로지 이러한 행동규범으로는 별 만족이 되지 않는다. 연방정부는 대학교수에 대한 직무법 개정안을 이미 도마 위에 올려놓았는데, 이 개정안은 많은 평론가들에 따르면 교수직을 근본적으로 바꾸어 놓게 될 것이라고 한다. 세 번째 단계에서 나는 이러한 개혁 시도를 중점적으로 다뤄보고자 한다.

---

4 또한 *P. Moraw*, Der deutsche Professor vom 14. bis zum 20. Jahrhundert, in: Alexander von Humboldt-Stiftung. Mitteulungen, Dezember 1998 (AvH-Magazin Nr. 72), 15면, 26면 참조.

II. 독일 교수직의 역사

먼저 독일에서 교수직의 역사를 살펴보면, 독일어권 내에서 최초의 대학은 중세시대가 끝나갈 무렵에 설립되었다. 프라하에서는 1348년, 비엔나에서는 1365년, 하이델베르크(Heidelberg)에서는 1385년, 그리고 쾰른(Köln)에서는 1388년에 각각 최초로 대학이 설립되었다. 또한 뷔르츠부르크(Würzburg)시(市) 대학인 알마 율리아(Alma Julia)도 1402년에 설립되어 독일의 가장 오래된 대학 중 하나로 손꼽힌다.[5] 그 당시로부터 전해 내려오는 것들 대부분은 오늘날의 대학과 놀랄 만큼 유사하다는 점이 전해진다.[6] 예를 들면 1480년의 하이델베르크에서는 당시 젊은 학자인 요도쿠스 갈루스(Joducus Gallus)가 아리스토텔레스의 논리학과 물리학을 강독했는데, 오래된 한 기록에서는 그의 강의스타일이 다음과 같이 묘사되었다.

> "강의에 앞서 그는, 수업시간에 하고자 하는 내용을 모두 적어두었다. 매 시간마다 그는 그 메모를 잘 보지도 않고 강의를 진행하며, 강의가 끝나면 그 메모를 마치 보물처럼 조심스럽게 집어들고 나가는데, 이는 1-2년 후에도 그가 동일한 저자를 다시 다뤄야 하는 경우에, 잘 정돈된 노트를 손에 쥐고 있으려고 하기 때문이다. 만일 그가 한 시인에 대해 강의하는 경우, 잘 이해됐던 부분을 짧은 시간에 슬쩍 보더라도 명료하게 보이도록 하기 위해, 요점을 메모

---

5 *P. A. Süß*, Kleine Geschichte der Würzburger Julius-Maximilians-Universität, 2002.

6 *J. Verger*, Die Universitätslehrer, in: Geschichte der Universität in Europa, hrsg. von W. Rüegg, Bd. I: Mittelalter, 1993, 139면 이하 참조.

가장자리에 적어둔다. 강의가 시작되면 그는 먼저 지난 시간에 강의하고 설명했던 내용들에 대해 항상 질문을 했다. 그러나 누구에게로 답변이 요청될지 아무도 모르기 때문에, 모든 학생들은 긴장된 채로 주목하였다. 불쌍한 학생들로 거명되는, 게으른 학생들 중 하나가 그에게 걸려들면, 그는 가차없이 혼을 냈다. 건방지거나 산만한 학생에게는 심지어 이따금 손찌검을 하기도 하였다. 이러한 식으로 그는 그의 학생들과 거리를 멀리 두었으며, 게으르고 태만한 학생들은 그 앞에서 몸을 떨었다."[7]

분명한 점은, 15세기가 끝나갈 무렵 대학교수들은 또한 몇 가지의 육체노동도 요구받았다는 사실이다. 재정적인 면에서 많은 교수들은 썩 좋지 못했으며, 17세기만 하더라도 많은 교수들은 경제적 난국을 어느 정도 타개하기 위해서, 강의 외에도 학생들에게 숙식을 제공하는 일을 해야만 했다. 또한 많은 교수들은 학생들에게 와인이나 맥주를 팔기도 하였는데, 이는 강의분위기를 번번이 망쳤을 것으로 보인다. 따라서 당시 교수들이 특별하게 대접받지 못했으리라는 추측은 그리 놀랄 만한 일도 아니다. 또한 교수들은 사회의 상류층과도 동떨어졌으며, 많은 교수들은 논쟁을 벌이길 좋아하는 별난 사람으로 여겨지기도 했다.[8]

---

7 인용한 글로는 *F. Paulsen,* Geschichte des gelehrten Unterrichts an den deutschen Schulen und Universitäten vom Ausgang des Mittelalters bis zur Gegenwert, Bd. 1, 1919, 39면. 특히 법학의 상황에 대해서는 *D. Willoweit,* Das juristische Studium in Heidelberg und die Lizentiaten der Juristenfakultät von 1386-1436, in: Semper apertus. Sechshundert Jahre Ruprecht-Karls-Universität Heidelberg 1386-1986, Bd. 1, hrsg. von W. Dörr, 1985, 85-135면.

8 근대 초기 대학교수의 지위에 대해 상세하게는 *P. A. Vandermeersch,* in: Geschichte der Universität in Europa, hrsg. von W. Rüegg, Bd. II: Von der Reformation bis zur Französischen Revolution 1500-1800, 1996, 181면 이하.

17세기가 끝나고 18세기가 시작될 무렵, 대략 1694년 할레(Halle)에 그리고 1737년 괴팅겐(Göttingen)에 최초의 근대적 대학들이 설립되기 시작하였다. 이 대학에서 교수들은 학생들을 가르치는 선생님에서 연구자와 학자로 변모하였다. 교수들은 전통적인 지식을 단순히 관리만 하여 다른 사람에게 전달하는 데 더 이상 만족하지 않고, 지식의 범주를 독자적으로 확장하여, 학문적 작업을 하기 시작하였다. 이제 주요학문은 더 이상 신학이 아닌 법학이 되었다.[9] 이 시기 이후로 교수들은 명성을 얻고 중요하게 여겨지게 되었는데, 크리스티안 토마시우스(Christian Thomasius), 아우구스트 헤르만 프랑케(August Hermann Francke) 그리고 크리스티안 볼프(Christian Wolff) 등의 학자들이 독일 전체에서 유명하게 되었다. 그중에서도 물리학자인 리히텐베르크(Lichtenberg)가 교수로 있었던 괴팅겐 대학에는 먼 곳에서도 학생들이 모여들기 시작했는데, 괴팅겐 대학은 법학이 특히 중요한 위치를 점유하고 있었다. 당시 뷔르츠부르크는 혁신적인 대학으로 평가될 수는 없었지만, 그러나 뷔르츠부르크 대학도 또한 이미 18세기 후반에 뛰어난 명성을 날리고 있었다.[10] 또한 학생들이 특히 유명하고 인기 있는 교수들을 불꽃놀이나 이와 유사한 행사를 통해서 경의를 표하는 것은 당시 일반적인 일이었고, 유명한 교수 밑에서 공부했다는 것은 좋은 평판을 가져다주고 또한 출세를 보장하기도 하였다.

학생들이 유명한 교수에게 존경을 보였던 가장 아름다운 예는 스위스 법학자인 요한 카스퍼 브룬칠리(Johann Kaspar Bluntschli)의 자서

---

9 *Süß* (주 5), 55면.

10 예를 들면 거의 18세기 후반까지도 법과대학의 강의는 여전히 라틴어로 진행되고 필기되었다. 이에 대해서는 주 1과 함께 *C. Risch*, Zur Geschichte der Juristen-Fakultät an der Universität Würzburg, 1873, 13면 이하, 29면.

전에서 찾아볼 수 있다. 그는 젊은 법학도로서 1820년대 당시 독일어권에서 가장 영향력 있는 법학자인 프리드리히 칼 폰 사비니(Friedrich Carl von Savigny)의 강의를 듣고 다음과 같이 인용하고 있다.

> "사비니는 당시 독일에서, 아니 전세계에서 으뜸가는 확실한 로마법학자였다. 그의 강의는 경탄할 정도로 표현이 명료하고 확실했으며, 또한 완성도가 높아서 학생들은 그의 설명을 의심 없이 문자 그대로 필기할 수 있었다. 또한 분위기도 매우 자유로워서 그의 강의는 거침없고 신선한 정신적 작업이라는 인상을 주었다. [⋯] 청중들은 그에게서 법학사상가의 완벽한 본보기를 보았으며, 강의의 요지를 재빨리 종이에 요약하는 중에서도 그의 강의에 부분적으로 참여하였다. 강단에 선 사비니의 모습은 장엄하고 위엄 있는 그 무엇이었다. 그의 밝은 이마를 보면, 자기의 주제를 완전히 마스터하여 지배하고 있는 사람의 확신이 비추어졌으며, 그가 법학의 개념들을 그 기원에서부터 조명하고 개념의 구성들을 해체하여 분석할 때에는 그의 크고 투명한 눈이 빛을 발하였다."[11]

이러한 인용문에서 사비니는 위대하고 경이로운 학자의 본보기로 그려져 있다. 그가 200년 전에나 있었을 법한, 몇 푼 안되는 돈에 학생들을 숙박시키고, 잠자리를 마련해 주며, 남학생들에게 와인과 맥주를 팔았을 것 같은 모습은 상상할 수 없다. 당시 사비니는 빌헬름 폰 훔볼트(Wilhelm von Humboldt)의 이상적인 계획에 따라 이미 몇 해 전에 설립되었던 베를린 대학에서 강의를 하였다. 베를린 대학은 곧 독일의 일류 대학으로 평가되어, 많은 나라에서 모방하기 시작하였다. 오늘날에도 훔볼트의 이념은 "고독과 자유를 통한 학문,"

11 *J.-C. Bluntschli*, Denkwürdiges aus meinem Leben, 1. Teil 1884, 62면 이하.

"연구와 강의를 하나로" 또는 "전인교육을 통한 인도주의"와 같은 형태로 널리 영향을 주고 있다. 물론 이러한 슬로건은 지나치게 남발되어 그 언명의 효력이 현저히 떨어졌다는 사실은 부인될 수 없다.

대학개혁은 19세기 초 프로이센에서의 대대적인 개혁운동의 한 부분이었다. 새로운 대학은 학문 그 자체적인 목적에 봉사하였는데, 따라서 학문의 목적은 더 이상 지식의 직접적이고 실리적인 유용성이 아닌, 다른 목적에서 벗어나 오로지 진리를 추구하는 데 있다. 대학의 이러한 이상적인 상은 교수에게는 새로운 역할에 대한 이해를 가져다주었는데, 즉 "미지의 분야에 대한 연구, 새로운 것의 발견, 진리에 늘 더 가깝게 다가가기, 지식의 증대 등의 목적은 최고의 도덕적 의무이자, 최상의 인간 실존형태인 그 어떤 성스러운, 불멸적인 형태로 옮겨 가고, 또한 여타 삶의 부분들을 금욕적으로 훈육하는 지배적인 열정으로 옮겨 가게 되었다."[12] 학문적인 것은 이제 "평범한" 삶과 거리를 두며, 교수들에게 중요한 것은 같은 분야의 동료에게서 오로지 존경을 받거나, (매우 드물기는 하지만) 더 바람직하게는 박수갈채를 받는 것이다. 이러한 교수의 역할상은 독일 교수의 자기이해에 그리고 또한 대학 밖에서 보여지는 교수상에 오늘까지도 지속적인 인상을 남기고 있다.[13]

19세기 초 이래로 교수들은 정치적으로 강한 모습을 드러냈다.

---

12 *Th. Nipperdey*, Deutsche Geschichte 1800-1860. Bürgerwelt und starker Staat, 1983, Sonderausgabe 1998, 471면 이하.

13 *G. von Graevenitz*, Beruf zur Wissenschaft, 2000 (Konstanzer Universitätsreden, Heft 206) 참조. 대학과 교수가 간혹 이따금씩 성공적으로 다다르는 그러한 이상(Ideal)만을 여기서 말하고 있는데, 그렇다고 훔볼트의 구상에 대립하는 것은 아니다. 대학에 대한 당대의 그러나 여전히 현재에도 계속되는 비판의 선례에 대해서는 *F. A. W. Diensterweg*, Die Lebensfrage der Civilisation (Fortsetzung). Oder. Über das Verderben auf den deutschen Universitäten, 1836.

칼 폰 로텍(Karl von Rotteck)과 칼 테오도르 벨커(Karl Theodor Welcker)와 같은 법학자들은 초기 자유주의 운동의 대변인이었는데, 이 운동은 헌법 제정과 시민의 의회참여권 도입을 지지하는 운동이었다. 이에 상응하여 많은 교수들은 정부로부터 사랑받지 못하였는데, 정부는 교수들을 정치적 급진주의자이자 혁명가로 간주하였기 때문이다. 1836년 뷔르츠부르크 대학의 자유주의적 헌법교수이자 장기간 동안 뷔르츠부르크의 시장(市長)이었던 빌헬름 요셉 베어(Wilhelm Josef Behr)는, 반역죄와 왕권모독이라는 죄목으로 바이에른 영주의 초상화 앞에서 사죄하고 무기징역에 처해졌다. 베어는 비로소 1848년에서야 신체적 · 정신적으로 황폐화된 채 다시 자유의 몸이 되었다. 가혹한 선고 때문에 뷔르츠부르크 사람인 베어의 이야기는 독일 전체에서 주목을 끌었다.[14]

같은 시기에 독일 북부에서 이어 발생한 다른 하나의 사건도 광범위하게 세간의 주목을 끌었다. 1837년 7인의 괴팅겐 대학교수들은 하노버(Hannover)의 새로운 지배자인 에른스트 아우구스트(Ernst August)의 영향을 받아 거행된 주헌법의 불법적 폐지에 대해 항변하였다. 이들은, 구 헌법을 바탕으로 하여 이뤄졌던 그들의 직무선서 맹세를 철회하라는 명령을 거부했다. 이를 통해 "괴팅겐 7인"(Göttinger Sieben)이라는 용어가 순식간에 독일 전역에서 유명하게 되었다.

---

14 베어 사례에 대한 상세한 글로는 *M. Domarus*, Bürgermeister Behr. Ein Kämpfer für den Rechtsstaat, 1971; U. Wagner (Hrsg.), Wilhelm Josef Behr. Dokumentation zu Leben und Werk eines Würzburger Demokraten, 1985. 베어의 이상적인 국가론에 대해서는 *M. Stolleis*, Geschichte des öffentlichen Rechts in Deutschland. Zweiter Band: Staatsrechtslehre und Verwaltungswissenschaft 1800-1914, 1992, 67면 이하, 164면 이하를 볼 것. 보다 상세하게는 *F. Träger*, Der freie und gleiche Mensch. Zu den Grundlagen von W. J. Behrs Staatstheorie, in: Wagner (Hrsg.), Wilhelm Josef Behr (s. o.), 113면 이하.

이들 7인에는 역사학자인 달만(Dahlmann), 법학자인 알브레히트(Albrecht) 그리고 오늘날에도 여전히 일반인에게 유명한 동화집의 편찬인이자, 언어학자인 야콥(Jacob)과 빌헬름 그림(Wilhelm Grimm)이 속하였다. 대학교수와 강사로 구성된 "괴팅겐 7인"의 드높은 기상은 다음에서 잘 드러나고 있다.

> "우리 활동의 온전한 성공은 우리가 가르치는 학문적 가치보다는 우리의 인격적 무결점에 좌우한다. 젊은 학생들이 학생들 앞에서 우리의 맹세를 가볍게 조롱하더라도 우리가 맹세를 지키는 사람으로 비추어지는 즉시, 우리의 활동은 바로 거기서 축복이 된다."[15]

물론 하노버의 에른스트 아우구스트는 이러한 괴팅겐 7인의 활동에 별로 영향을 받지는 않았다. 그는 이 당당한 7인의 교수들을 곧바로 해임시키고는 "교수, 창녀 그리고 무용수들은" 돈만 주면 도처에서 구할 수 있다고 하였다.[16] 분명한 것은 독일 교수는 아직까지도 진정한 존경을 받는 것 같지는 않다는 점이다.

1848년 혁명 당시 교수들은 중요한 기여를 했다. 기본법에까지 많은 영향을 미친 헌법초안을 작성했던, 프랑크푸르트의 성 바오로 교회모임은 바로 "교수들의 국회"로 묘사되었다. 1848-1849년의 혁명이 실패로 끝난 후, 테오도르 몸젠(Theodor Mommsen)이나 루돌프 비르코프(Rudolf Virchow)와 같은 몇몇 소수의, 물론 저명한 교수들을 제외한 교수들 대부분은 점점 더 이러한 적극적인 정치활동에

15 *G. A. Craig*, Über die Deutschen, 1982, 197면에서 인용됨. 또한 *E. A. von Schaden*, Über akademisches Leben und Studium, 1845, 89면 참조. 여기서는 대학교수들에 대해, 학생들에게 진보의 길을 비춰야 하는 "표준상"으로 간주되고 있다.

16 *Craig*, Über die Deutschen (주 15), 197면.

서 내려왔다. 1848-1849년에 베를린에서 격렬하게 활동하던 비르코프는, 자신의 혁명활동으로 인한 조치들을 피하기 위해서 1849년 뷔르츠부르크 대학의 교수직을 수락하였다. 여기서 그는 "세포병리학"(Cellularpathologie)에 대한 획기적인 연구를 준비했으나, 이후 1856년에 다시 베를린으로 돌아가 자유당의 당수(黨首)가 되었다.[17] 물론 비르코프는 드문 예외적인 경우였다. 19세기 후반에 교수는— 어쨌든 교수들이 자신을 평가하기에도— 그저 "정당정치가"보다 우월한 지위에 있었으며, 결코 상스러운 정치적 일상사에 발을 들여놓지 않으려고 하였다.

물론 학문적으로는 얘기가 달라진다. 19세기 후반부터 1920년대까지 독일 교수들은 학문적으로 큰 업적을 이루게 된다. 당시 독일 대학과 독일 교수들은 세계 최고라는 평가를 받았다. 물리학자인 헬름홀츠(von Helmholtz), 의학자인 비르코프, 역사학자인 몸젠, 고문헌학자인 빌라모비츠-묄렌도르프(von Wilamowitz-Möllendorf), 사회학자인 막스 베버(Max Weber)와 같은 학자들은 세계적 명성을 획득한다. 빈트샤이트(Windscheid)나 리스트(von Liszt) 같은 법학자들의 업적은 멀리 일본에서도 연구되고 번역되었으며, 일본은 이에 감명받아 19세기 후반에 독일의 법질서를 전적으로 계수했다. 1888년에 베를린으로 교수직을 받아 떠난 뷔르츠부르크 대학의 보편법학자인 코흘러(Kohler)는 인류학적 법연구와 비교법을 포함한 거의 모든 법영역에서 두드러진 학자였다.[18] 오늘날까지 지속되는 독일 법학에 대한 세계적 명성은 대부분 이러한 학자들의 업적에서 비롯된 것이다.

17 *H. Schipperges*, Rudolf Virchow, 1994, 20면 이하(뷔르츠부르크에서의), 25면 이하(정치적 활동).

18 *G. Spendel*, Josef Kohler-Bild eines Universaljuristen, 1983.

물론 이러한 독일 교수의 세계적 명성에는 부정적 측면도 있었다.[19] 19세기 후반은 "독일 교수 그 자체에 대한 찬미"가 절정에 달한 시기였다.[20] 유명한 학자들은 오늘날에도 참 난감한 컬트적 숭배의 대상이었다. 당시 유행하던 소설인 "예나 대학의 학생"(In Jena ein Student)을 보면, 주인공 헬무트(Helmut)는 교수들의 강의를 일종의 종교적 예배로 체득하고 있다. 우리는 유명한 사비니의 강의를 브룬칠리가 얼마나 경외심 가득하게 묘사하였는지를 기억할 것이다. 그러나 헬무트의 묘사와 비교하면, 이러한 브룬칠리의 묘사는 싸구려틱한 드라마가 되고 만다.

> "노 교수가 빛나는 눈동자로 온화하고 영감에 차서 말을 하고 있을 때면, 그의 경외스러운 머리는, 창문에서 따뜻하게 내리쬐는 햇빛으로 마치 후광 같은 것으로 환하게 빛나고 있었다. 헬무트는 성스럽고 순수한 감정에 북받쳤다. 이 순간 그는 자신이 가장 신성한 학문의 한가운데에 있다고 느꼈으며, 그 자신도 언젠가는 성스러운 곳의 성직자가 되기 위한 부름을 받을 것이라는 생각에 고무된 자신감을 불어넣었다."[21]

이런 식으로 추앙받은 교수들이 거만해져서 현실감을 점점 상실하게 되었다는 사실은 그리 놀랄 만한 일도 아니다. 그 밖에도 1848-1849년 이래로 비스마르크 정권에서의 교수들은 정치권에서 멀어져, 친국가적이며 엄격한 보수-민족적 태도로 전향한 경향을 인

---

19 *F. K. Ringer*, Die Gelehrten. Der Niedergang der deutschen Mandarine 1890-1933, 1983.

20 *Craig*, Über die Deutschen (주 15), 198면.

21 *P. Grabein*, In Jena ein Student, 13. Aufl. (o. J.), 62면.

식할 수 있다. 적지 않은 교수들은 강단을 정치적 복음을 전하는 기회로 이용하였으며, 동시에 정치적 권고와 경고를 뒤섞어서 학문적 논의를 전개하였다. 이러한 "강단의 사회주의자들"(Kathedersozialisten)은 독일 민족주의적인 대학교수들에 결코 뒤쳐지지 않았다. 이러한 "고백자 사명"은 심지어 교수라는 직업과 종종 직접적인 관련을 짓기도 하는데, 고백은 교수의 직업적 소명으로 간주되기도 한다.[22] 이러한 배경에서 막스 베버는 가치중립이라는 자신의 유명한 명제를 세웠는데, 이 명제가 의미하는 바는, 대학교수들은 한편으로는 자신의 학문분야에 대한 사실을 말하는 것과, 다른 한편으로는 사적인 평가 및 정치적 표명을 하는 것 사이를 엄격히 구분해야 한다는 것이다. 따라서 베버는 정치란 강의실이 아닌, 공론의 장에서 다루어야 한다고 하였다. 여기서 그는 다음과 같이 서슴없이 말하고 있다.

베버가 말하길 "다양한 형태의 모든 예언가" 중에서, "'사적인' 색깔이 짙은 교수라는 예언가는 정말 도저히 참을 수 없는 유일한 예언가이다. […] 또한 국가가 공인한 이 수많은 예언가들은 길거리, 교회 또는 공공장소가 아닌, 이른바 객관적이고 통제되기 어려우며 다툴 여지가 없는, 특히 모순적인 내용에 대해서도 세심하게 보호를 받는, 국가에 의해 공인된 강의실의 고요함 속에서 설교하는 상황은 유례가 없는 일이다." 교수들은, 학생들에게 사유를 교육시키고, 지식을 전달하는 것 외에도 자신의 독자적인 개인적 세계관을 강제로 부어 넣으려는 시도를 통해서, 출세를 위해 강의를 들어야만 하는 학생들의 강제적 상황을 착취하고 있다.[23]

---

22 예를 들면 *J. E. Erdmann*, Vorlesungen über akademisches Leben und Studium, 1858, 189면.

23 *M. Weber*, Der Sinn der Wertfreiheit der soziologischen und ökonomischen Wissenschaften (1917), in: *M. Weber*, Gesammelte Aufsätze zur

어찌 됐든 학문적 연구와 교육에서의 가치중립이라는 명제는 정신과학과 사회과학에서는 압도적으로 거의 지켜지지 않았다.[24] 바이마르 공화국 시절 교수들은 새로운 국가질서에 대부분 적대적이었고, 기껏해봐야 방관적인 중립적인 태도를 보였는데, 강의실에서는 이러한 태도를 또한 분명하게 알리기도 하였다. 단호한 공화주의자와 민주주의자들은 단지 매우 소수에 불과하였는데, 이들 중에서는 사회민주주의적 성향인 법학자 구스타프 라드부르흐(Gustav Radbruch)와 한스 켈젠(Hans Kelsen)이 있었다. 이들 둘 모두는, 당시 "아리안"의 자연법에 대한 추정된 우월성에 큰 회의를 품고 경고소리를 내며 대항하던 법실증주의자들이었다.[25] 공화주의적 국가체제에 가장 큰 반항을 일으킨 적대자 중의 한 사람인 칼 슈미트(Carl Schmitt)는 마찬가지로 법학자이긴 하였으나, 법실증주의자는 아니었으며, 오히려 새롭게 등장한 "초실증주의" 법학의 추종자였다.[26] 슈미트는 당시 민족주의를 열광적으로 환영한 첫 세대에 속한다. 그는 "지도자가 곧 법"이라는 모토 아래, 이른바 "룀 쿠데타"(Röhm-Putsch)에 대한 살인을 "우월한 법"을 근거로 하여 정당화하려고 하였다. 법학 외의 다른 전공에서도 또한 이러한 시대정신을 보여주고 있다. 철학과 교수인 마르틴 하이데거(Martin Heidegger)는 프라이부르크 대학 총장취임식 강연에서 강당에 모인 교수들에게, 아돌프 히틀러(Adolf Hitler)를 우

Wissenschaftslehre, hrsg. von J. Winckelmann, 7. Aufl. 1988, 492면 이하.

24 이는 또한 가치중립(Werturteilsfreiheit)이라는 명제가 매우 자주 (인식되든 그렇지 않든) 잘못 이해되었다는 점도 함께 기인하고 있다. 가치중립 명제를 분명히 하려는 시도로는 *E. Hilgendorf* (zusammen mit *L. Kuhlen*), Die Wertfreiheit in der Jurisprudenz, 2000 (Juristische Studiengesellschaft Karlsruhe, Heft 242) 참조.

25 "제 3 제국"에서 법실증주의의 위상에 대해서는 *E. Hilgendorf*, Recht und Moral, in: Aufklärung und Kritik 2001, 72면 이하.

26 *B. Rüthers*, Carl Schmitt im Dritten Reich, 2. Aufl. 1990.

리의 지도자로 받아들일 것을 촉구하였다. 또한 교수와 학생들 모두 단합하여, 투쟁공동체를 만들고 새로운 조국에서 선구적 역할을 담당하자고 주장하였다.[27]

그 당시 많은 교수들뿐만 아니라, 대부분의 학생들도 이러한 새로운 사상에 흠뻑 빠져 있었다는 것은 정말 개탄할 일이다. 많은 도시에서 대학들은 국가사회주의 이데올로기의 아성(牙城)이 되었으며, 많은 교수들은 새로운 권력자에게 잘 보이려고 경쟁하였다. 1933년에 제정된 "직업공무원 원상회복법"에서는 유대인 혹은 반정부적 경향을 가진 대학교수들의 추방을 정당화하였다. 이에 많은 학과들, 특히 자연과학 전공에서의 최고 지성들이 외국으로 이주를 해야만 했으며, 이로부터 세계적 수준의 독일학문이라는 위상은 단숨에 막을 내리게 되었다.

1945년 이후의 대학발전은 새로운 출발이 아닌, 그저 복구의 역사였다. 독재정치에 기여했던 많은 교수들은 그들의 직책을 그대로 유지했다. 가령 법학에서는, 당시 다른 전공에 비해 국가에 밀착하여 민족주의에 대해 거의 저항하지 못했었는데,[28] 저명한 대학교수들 중에서 오직 칼 슈미트만이 교수직에서 결국 해임되었다. 다른 대부분의 교수들은 불명예 해임기간이 끝나자 그들의 옛 교수직으로 다시 복직되었는데, 이러한 상황들은 바로 60년대 학생운동의 본질적인

---

27 *H. Ott*, Martin Heidegger-Unterwegs zu seiner Biographie, 1988, 225면 이하; *V. Farias*, Heidegger und der Nationalsozialismus, 1989.

28 오해에서 생긴 의무감이나 사려 깊지 못한 태도 등도 여기에 한몫했다. 이에 가장 전형적인 예는 형법학자 리차드 랑에(Richard Lange)가 있는데, 그는 대략 1933년 이후에 아무런 비판도 없이 나치 국가사회주의의 "혈통보존"법을 언급했다. 이에 관하여 *G. Spendel*, Strafrechtsgelehrter in Zeiten des Umbruchs. Richard Lange zum Gedächtnis, in: Akademische Gedenkfeier für Prof. Dr. Richard Lange, hrsg. vom Verein zur Förderung der Rechtswissenschaft, 1996, 17면 이하.

계기가 되었다. 당시에는 대학을 급진적으로 개방하고 민주화하자는 요청들이 높았으며, 이로부터 특히 전통적인 대학교수의 강력한 지위를 약화하자고 요구하였다. 그 당시 유명했던 현수막에는 "천 년이나 된 곰팡이 가운 속에서!"(Unter den Tararen der Muff von tausend Jahren!)라는 표제어가 붙었었는데, 이러한 표제어는 물론 시대적 관점에서 보면 다소 지나친 감이 없지는 않지만, 당시 많은 심각했던 비판가들이 또한 표명했던 개혁의 필요성을 단적으로 아주 적절히 보여주고 있다. 60년대의 개혁운동은 학생운동이 과격화되고 운동주도자들 개개인이 광대적 행동과 과도한 행동을 함으로써 곧 어려움을 겪게 되었다. 그러나 당시 대학이 정말로 개혁을 필요로 했다는 사실에는 변함이 없다. 대학들은 다양한 계층들에게 문호를 개방했으며, 이에 따라 학생수가 대폭으로 늘어나자 옛날 수도원식의 대학은 모두에게 종말을 고하게 되었다.

1973년 연방헌법재판소에서는 소위 말하는 연합대학(Gruppen-universität)의 발전을 지지하는 결정을 내렸다.[29] 즉, 교수 외에 조교와 학생들도 대학의 결정과정에 편입되어야 한다는 것이다. 이는 실제로, 위에서 언급한 집단인 교수, 조교, 학생들이 대학의 정책결정위원회에서 투표권을 갖고 영향력이 행사될 수 있어야 한다는 것을 말한다. 그러나 연방헌법재판소는, 연구와 교육의 업무에 있어서는 교수가 더 많은 의결권을 가져야 한다는 결정을 내렸다. 다수의 대학들에서는 심지어 삼분할 평등권까지 시행되었는데, 즉 교수, 조교, 학생은 통상적인 회의에서 동등한 결정권을 가진다는 것이다. 하지만 이는 제대로 지켜지지 않았다.

90년대에 비평가들은, 이러한 연합대학의 실패가 이미 확인되고

29 BVerfGE 35, 79 이하.

있다며 항상 큰 목소리를 내었다. 이에 대한 몇 가지 이유를 여기서 언급해 보면 다음과 같다.

별다른 성과가 없으면서도 수차례 열어야 하고, 시간손실이 엄청나게 크면서도 신경을 쓰게 하는 회의들, 자신들의 참여권에 대해 완전히 무관심한 대부분의 학생들, 더구나 감소하는 학생들 수에도 불구하고 모든 학생들을 대변한다고 사칭하는 급진적인 학생회의 출현. 이러한 것들에다가, 연합대학의 이념에 신뢰를 잃게 하는 다른 여러 이유들도 겹치게 되었다. 독일대학의 거대화와 관료화 그리고 부족한 국제적 감각도 개혁에 대한 토론을 뜨겁게 달구는 나머지 요소들이었다. 많은 비평가들은 또한, 독일 대학들을 그 근본부터 완전히 부패한 것으로까지 말하기도 하였다.[30] 이는 다소 과장된 것 같기도 하다. 하지만 분명한 것은, 대학이 거대화되고 지나치게 관료화되어 학문적 연구와 교육이 방해를 받고 있으며, 또한 여타 다른 곳에서는 풍성한 결실을 맺으며 쓰이게 될지도 모르는 에너지가 속박되고 있었다는 사실이다.

III. 교수의 행동준칙?

오늘날에는 특정한 행동준칙을 통해서 "훌륭하고 모범적인 교수"의 표준을 규정하려는 시도가 있다. 대학교수들은 다른 직업에 종사하는 사람들과 비교해 볼 때, 엄청난 독립성과 자유를 누리고 있다. 하지만 이러한 지위 또한 남용될 수 있다는 사실은 명백하다. 이

---

30 *P. Glotz*, Im Kern verrottet? Fünf vor Zwölf an Deutschlands Universitäten, 1996.

러한 남용을 극복할 수도 있는 학문적인 에토스는 때로는 깨지기 쉽고 불완전해 보인다. 그러므로 특정한 행동준칙을 교수들에게 인식시키는 일에 적극적으로 반대할 필요는 없으나, 교수의 행동준칙을 명확하게 공식화하려는 시도는 엄청난 어려움에 부딪히게 된다. 트리어대학(Universität Trier)의 지난 학장이었던 안트 모르켈(Arnd Morkel)은 다음과 같은 교수의 10계명이란 것을 내놓았다.[31]

1. 교수직 외의 다른 직업을 가지지 말 것!
2. 자신이 속한 대학이 있는 도시에 거주할 의무를 성실히 받아들일 것!
3. 강의준비를 게을리하지 말 것!
4. 한 학기에 적어도 한 번은 다른 지역에서 외부강연을 할 것!
5. 새로운 연구 프로젝트를 신청하기 전에, 이전 프로젝트를 마무리할 것!
6. 강단을 정치무대와 혼동하지 말 것!
7. 자기보다 훨씬 능력 있는 동료를 초빙하는 것을 기피하지 말 것!
8. 제자들이 자기를 뛰어넘을 수 있도록 만들 것!
9. 글을 쓸 땐 간단하고 알기 쉽게 쓸 것. 이것이 바로 "네 이웃을 사랑하라!"는 또 하나의 형태.
10. 무엇인가 출판하기 전에는, 9개월의 시간을 둘 것. 아마도 출판할 만한 가치가 있는가에 대한 의심이 들 것임!

이러한 준칙은 의미심장하긴 하지만, 이것으로 문제를 완전히 해결할 수는 없다. 첫째로 이 계명 중 하나 또는 그 이상의 계명에

---

31 *A. Morkel*, Die Universität muss sich wehren. Ein Plädoyer für ihre Erneuerung, 2000, 55면.

이미 여러 번 부딪쳐보지 않은 대학교수는 거의 없을 것이다. 둘째로 이러한 준칙은 완전한 것이 아니다. 특히 교수라는 직무에서 가장 중요한 목표집단인 학생들의 관점에서 보면 더욱 그렇다. 교수는 학생들의 입장에서는 매우 강력한 지위를 갖는다. 특히 박사논문, 교수자격취득논문에 이르기까지의 많은 시험들에는 인생의 운명이 걸려 있다. 따라서 교수들의 11번째 계명으로 다음을 들 수 있다.

> 11. 자신을 신뢰하고 있는 학생들에게 정의롭고, 항상 열려 있으며, 조력하는 자세로 대할 것!

그러나 모르켈의 목록을 이렇게 확장한다 해도, 여전히 부족하다. 11계명은, 교수들의 언행을 통해 똑같이 큰 영향을 받게 될, 또 하나의 집단을 고려하지 않고 있는데, 다름 아닌 바로 다른 교수들이다. 따라서 나의 12번째 계명은 다음과 같다.

> 12. 동료 교수들과의 관계에서 친절하고 호의적일 것! 회의 시에는 말을 너무 많이 하지 말고, 불필요한 불평을 하지 말며, 험담은 최소한으로 할 것!

조금 더 상상력을 동원해 보면, 교수의 행동준칙은 거의 끝없이 열거될 수 있을 것이다. 요약하자면, 교수라는 특별한 지위에는 또한 특별한 책임감이 따른다고 대략 말할 수 있다. 마지막으로, 훌륭한 대학교수에게 요구되는 보수적인 덕목으로서는 학문적 공명심과 열정, 직무수행에 있어서의 양심, 그리고 조교와 동료들에게 배려를 베푸는 것을 들 수 있을 것이다.

Ⅳ. 교수직무법 개정

물론 현재 독일 정부는 대학교수의 행동준칙을 단지 작성하는 것으로만 끝내지 않기로 결심하였다. 오히려 교육부를 선두로 하여 교수직무법은 대폭 개정되었다. 2001년 말경 법률에 도입된 새로운 구상은 다음과 같은 본질적인 변화를 예정하였다.

학문적인 후속세대를 좀 더 일찍 독립시키기 위해, 후진(後進)교수제(Juniorprofessuren)가 도입되었다. 후진교수들은 연구와 교육에서 독립적으로 일할 수 있으며, 이를 위해 별도로 연구비가 지급된다. 이들의 지위는 3년이 만기이며, 내적인 교육평가와 외적인 연구평가가 성공적으로 이행되고 나면 3년 더 연장할 수 있다. 후진교수라는 지위는 미래에 정식교수로 채용되기 위한 절차적 선행조건이다. 교육부에 따르면 교수자격취득논문은 교수직 채용에 있어서, 더 이상 필수조건이 아니라고 한다. 이에 대한 이유로 교육부는 무엇보다도 교수자격취득논문이 연구실적을 너무나 편협하게 강조하고 있다는 점과, 그러함에도 학문적 발전에는 별로 기여하지 못했다는 점을 밝히고 있다. 또한 교수자격취득논문은 학문적 후세대의 종속성을 고착화하며, 인생에서 가장 풍부한 창조력을 발휘할 바로 그 시기에 독자적인 학문능력을 펼치는 것을 방해한다고 한다. 계속해서, 이러한 논문은 어떤 중간단계 없이 "전부 아니면 전무"(Alles oder Nichts)식으로 흐르게 한다고 한다. 교수자격취득논문이 실패로 돌아가면, 학문적 경력을 계속해서 쌓아갈 수 있는 전망은 단번에 제로가 되며, 새로운 직종으로 전향하는 것은 이 시기가 되면 정말 매우 어렵게 되는데, 이유는 교수자격을 취득한 사람은 독일에서는 평균적으로 40

세가 되기 때문이다. 교수자격을 취득하기 위한 이러한 오랜 기간은 대학교수직의 매력을 떨어뜨리고 여성의 경우 이러한 상황은 더 나쁘다고 한다.

교수의 급여 또한 지금까지와는 달리 능력에 따라 차별지급된다. 이에 대해 급여규정(Besoldungsordnung)인 W가 제정되었는데— "W"는 "학문"(Wissenschaft)에서 나왔다—이는 W1, W2, W3이라는 삼 단계의 급여등급으로 이루어졌다. 급여개혁은 비용이 편파적이지 않게 중립적으로 시행되기 때문에, 지금까지 최고 급여를 받던 집단에 지급되던 급여는 적잖이 축소될 것으로 예견되었다. 급여등급 W1은 후진교수에게, 그리고 전문대학 및 4년제 대학교수에게는 W2와 W3이 적용된다. 급여는 고정적인 최소한의 기본급과 가변적인 성과급으로 나누어 이 둘이 합쳐져서 지급된다. 가변적인 지급액은 특히 교수초빙 시에 제시된 바에 의해, 대학기관 및 대학행정의 기능을 수락하거나, 특수연구분야를 설립하여 관장하거나, 초과된 강의를 넘겨받는 등으로 구성되어 지급된다. 또한 학문적 후속세대에 대한 연구, 교육, 진학이라는 영역에서 보여지는 특별한 개인적 능력에도 추가적인 보수가 지급되게 된다.

교수들의 특별한 능력을 확인하기 위해 미래에는 교육평가 및 연구평가에 따른 급여지급이 지금보다 더 강화될 것이다. 또한 특허, 대학 밖에서의 제3의 활동, 진학상담, 석박사과정지도도 추가적 보수지급기준으로 고려된다. 교육부는 지급기준이 도식적인 평가가 아니라, 다양하게 여러 요소를 유연하게 고려할 수 있어야 하며, 양적일 뿐만 아니라 질적인 관점도 고려되어야 한다고 강조하고 있다. 이에 따라 대학들은 각자의 경력에 적합한 평가기준목록을 작성하여야 한다.

바로 위에서 설명한 직무법 개정은 독일 교수의 지위에 중기적으로나 장기적으로 적잖은 변화를 가져올 수도 있다. 여하튼 공무원 신분은 기본적으로 그대로 유지된다. 가장 중요한 개혁의 변화는 첫째, 학문적 후속세대, 즉 더 이상 교수자격취득논문을 준비 중인 연구조교나 연구원들에 대한 자격이 아닌, 바로 후진교수들에게로 겨냥하고 있다. 두 번째로 중요한 개혁의 관점은, 평생 동안 정교수로 채용된 사람들의 지위를 탄력적으로 운영하는 데 있다. 이들의 지위는 지금보다 훨씬 더, 개인의 특정능력 결과에 좌우하게 될 것이다.

V. 직무법 개정에 대한 평가

교수의 수입에 대해서는 언급하고 싶지 않다. 능력에 따라 교수에게 지급하라는 요청에는 적극적으로 찬성하지만, 그러나 이러한 제도가 곧 현실화될 것이라고는 생각되지 않는다. 왜냐하면 대부분의 교수들은 지금보다 훨씬 더 급여를 받아야 하는 상황이 전개될 것이기 때문이다. 물론 교수들에게는 돈이 그리 많이 필요하지 않다. 그들에게는 책, 커피 그리고 이따금 빵 하나 정도가 전부이다. 그러나 급여문제는 개혁논의에서 매우 중요한 비중을 차지한다. 여하튼 그릇된 판단으로 분노를 자아내는 일은, 많은 정치가들에 의해 공식적으로 원조받아 맡게 된 교수들의 작업이 애당초 계획된 재정지급의 성과보다 더 많은 결과를 가져오게 될 것이라고 생각하는 점이다. 예를 들어 대학교수가 한 달에 200유로라는 추가 급여를 받고 자발적으로 학장직을 맡게 되리라는 생각은 정말 옆길로 빠지는 소리다. 그 대신 자치행정이나 교육활동에서의 이러한 별도의 특별한 용무에 조교들을 추가적으로 투입함으로써 사례하는 것을 생각할 수 있다. 또한 교수의 담당시간을 대폭 축소하는, 즉 강의의무를 낮추거나, 휴강학기를 추가하는 것은 이러한 특별업무의 수행에 대한 매력적인 자극이 될 것이다.

후진교수제를 도입하는 것은 기본적으로 흥미로운 착상이라고 생각되는데, 학문적 후속세대는 실제로 너무 많은 기간을 각자의 교수자격취득논문의 "지도교수"에게 묶여 있다. 물론 문제는, 새롭게 계획된 이러한 후진교수제를 장기간 어떻게 재정지원할 수 있느냐인데, 정부의 모델은 대학교수직무법을 편파적이지 않게 비용을 지급하도록 개혁하려는 것이 엿보인다. 또한 새로운 후진교수들과 연구조교들과의 관계도 문제가 된다. 분명한 점은 이들 연구조교의 숫자를 현저히 축소시켜야 한다는 점이다. 그러나 이러한 전망은 사안을 풀어주고 시험을 채점해야 하는 일에 비정상적인 소모를 해야 하는 법과대학에서는 매우 위험한 일이다. 마지막으로 고려해야 할 점은 이러한 후진교수제가 여성들에게 있어서는 연구조교직 및 연구직보다도 훨씬 더 무거운 부담이 될 수 있다는 것이다. 따라서 이러한 개혁은 여성들이 연구직 직장을 갖는 기회를 늘리기는 커녕 오히려 방해할 수 있다.

교수자격취득논문제를 폐지하는 것도 여하튼 정신과학 및 사회과학분야에서는 문제가 있는 것으로 보여진다. 이 분야 대부분에서 교수자격취득논문은 실제로 정식교수로 초빙되기 위한 전제조건이었다. 물론 이 논문이 최근에서야 사람들 입에 거론되었던 것은 아니다. 이미 오래전부터 교수자격취득논문은 시간만 잡아먹는 제자리걸음, 즉 진정한 학문적 성과는 없으면서, 연구를 수행하기보다는 오히려 입문식으로 분류될 수 있는 과정이라고 비판받아 왔다.[32] 그러나

32 *P. J. Brenner*, Habilitation als Sozialisation, in: P. J. Brenner (Hrsg.), Geist,

이러한 입문식이 가져오는 효과가 없다고는 할 수 없다. 교수자격취득논문은 전공사람들에게 자신도 그 전공의 전문가임을 대외적으로 알리는 작업이다. 이러한 논문은 여하튼 법학에서보다는 저명한 정기간행물에서 완성되는 학문적 발전에만 쓰이는 것은 아니다. 수년 간의 강도 높고 집중적인 논문작업은 학자들에게 평생 동안 각인되는데, 여기에 바로 교수자격취득논문의 의의가 있다. 따라서 강조할 점은, 교수자격취득논문 준비생에게는 그가 무엇을 쓰고, 어떻게 썼는지, 이로써 그가 전문가의 연장을 다룬다는 것을 보여줄 수 있는지의 여부가 중요한 게 아니라, 중요하든 중요하지 않든 교수자격취득논문을 썼다는 바로 그 자체가 중요하다는 인식이다. 어쨌든 글로 쓰는 두 번째 학문적 작업에서는, 특별한 개인적 능력을 입증하도록 시도해야 할 것이다.

마지막으로 강조하고 싶은 점은 교수와 학생들의 관계에 관한 것이다. 여기서도 직무법 개정은 몇 가지 변화를 가져오는데, 예를 들면 학생들이 교수들에 대해 정규적으로 하는 일종의 교수평가제를 들 수 있다. 물론 추구해야 하는 이상은, 위압감에서 벗어난, 개방적인 관계, 즉 교수와 학생이 기본적으로 평등하다는 관계이다. 대학은 바로 이런 곳이다. 교수와 학생들의 공동체 아닌가. 그러나 그러한 평등과 상호존중에 기인한 관계는 결코 당연한 일이 아닌데, 그 책임은 먼저 교수에게 있다. 교수들은, 연예계에서 보여지는 배우들과 마찬가지로, 청중들 갈채에 강하게 중독되는데, 유감스럽게도 교수들은 가끔씩 그러한 갈채를 마음속 매우 깊이 내면화하고, 여기에 습관화되어 갈채를 당연한 것으로 여기는 경향이 있다. 교수들은 좋은 말이

Geld und Wissenschaft. Arbeits- und Darstellungsformen von Literaturwissenschaft, 1993, 318면 이하.

사용되도록 하기 위해 조금은 “돋보이려는” 행세를 한다. 이러한 교수의 직업병에 완전히 면역되어 있는 교수란 사실은 별로 없다. 바로 여기에 교수 아닌 사람들이 ― 물론 이러한 사람들이 다수를 이루는데 ― 교수들을 현실의 바닥으로 다시 데리고 올 임무가 있다. 아직도 많은 대학에서는 교수의 위상에 대한 질문을 제기하고 있는데, 이는 점차 사라져가는 19세기의 유물이다. 이는 말도 많고 비판도 많은, 생활세계가 “미국화”(Amerikanisierung)되어 가는 긍정적 효과 중의 하나이다.

교수와 학생의 긴장관계를 계속 지속시키는 두 번째 요인이 있다. 독일 대학이 증가함에 따라 오늘날 강의실에는 오로지 좋은 직업을 얻어 출세하려는 학생들만 찾아온다. 많은 사람들에게 대학시기는 학교와 직업 사이에 있는 좀 불편하고 시간을 낭비하는 기간이다. 따라서 학생들은 좀 “단단한 것,” 즉 직접적으로 적용가능한 실질적인 지식을 원한다. 내 전공분야인 법학에서 이러한 경향은, 절대다수의 학생들은 시험에서 가능한 효율적으로 “베껴쓰기”(herunterschreiben)를 할 수 있도록, 소위 “다수견해”를 집중해서 공부하는 것으로 만족해 한다는 것을 의미한다. 강의에서는 대학강사들이 특히 인기가 많은데, 이들은 시험에서 중요한 지식들을 가능한 한 요점으로 간추려서 명료하고, 또한 추정되는 불필요한 문제점들을 제시함이 없이 이해시키기 때문이다. 연습문제시간에 이러한 강의방식은 체계화되어 멋지게 상품화되기도 한다. 최소한 법과대학 학생들 중 3분의 2는 시험 전에 이러한 연습문제시간에 참여한다. 사회적 및 정치적 차원에서 비롯되는 법률 활동에 대한 질문이나 아니면 역사적 또는 철학적 근거에서 비롯되는 법학에 대한 질문들은 이제 이러한 체계에서는 제기되지 않는다. 예를 들면 형법에서는, 형벌의 의미와 목적이라든가, 형벌로 계획된 효과와 실제적 결과라든가 하는 문제를 다루지 않고서도 시험에서 "매우 잘함"이라는 평가를 받을 수 있다.

결과적으로 보면 이러한 모습은, 학생들이 일반대학의 교육을 전문대학의 양성으로 전환하자는 듯한 강한 인상이 풍겨나는 것으로 보인다. 이는 폭넓은 관심으로 연구하고 교육하는 대학교수의 표준상을 위태롭게 하고, 옛 학교의 교수상인 학자를, 유물로 만들어 버린다. 물론 학생들의 행동을 비난할 수만은 없다. 학생들이 시험에서 무엇이 출제되는지에 대해 관심의 방향이 쏠려 있는 한, 이들의 행동은 당연한 일이다. 가령 법과대학 시험이 주로 5시간짜리 시험을 7개 치러야 하고, 고도의 병적인 문제 있는 사례를 극도로 짧은 시간에 풀어야만 한다면, 학생들이 학창시절에 기타 다른 교육의 기회를 포기하면서 전공만을 배우고자 하는 것은 그리 놀랄 만한 일이 아니다. 문제는 학생이 아니라, 국가가 지정한 시험요건에 있다. 또한 계속 거론되는 대학학기의 축소도, 예비 변호사들을 단순히 시험치는 기술자로 전락시킬 위험이 있다. 이러한 경향에 반대하여 어느 정도의 학문적 수준을 유지시키는 것이 바로 교수의 가장 중요한 임무에 해당할 것이다.

오늘날 우리는, 법률이 점점 증가하여 삶의 점점 작은 부분까지 규정하고 있는 시대에 살고 있다. 가령 세법, 사회보장법 등의 수많은 법영역은 조망할 수 없을 정도로 많아서, 전문가들도 고개를 내저을 정도가 되었다. 동시에 국내의 법질서는 유럽법률 조항들이 증가함에 따라 간섭되고 있으며, 이로써 법적 상황은 더욱더 복잡하게 되었다. 이러한 상황에서 법질서의 기초가 되는 구조, 법질서의 주요원칙들 그리고 법질서의 역사적 및 철학적 토대를 다루는 것은 중요한 의미를 갖는다. 몇 년이 지나면 곧 시대에 뒤떨어지게 될 세부사항을 파고드는 것보다는, 구체적인 법적 상황을 논증적으로 추론하고 문제화할 수 있는 기본원칙을 습득하는 것이 더 가치가 있다. 지난번 설교에서 언급했던 것과 놀라울 정도로 차이가 나는 실제적인 대학개혁안들과는 달리, 나는 법학에서 기초적인 분야를 장래에 더욱 강화해야만 한다는 의견이다. 이를 받아들이고 싶어하지 않는다면, 법학을 이제 전문대학으로 옮기는 것을 숙고해야 할 준비를 해야만 한다.

최종적으로 다음과 같은 결론을 내릴 수 있다. 즉, 독일 교수는 유물이 결코 아니며, 오늘날 교수라는 직업상은 오랜 역사적 발전의 결과로서, 이러한 발전이 계속된다고 해도 놀랄 사람은 아무도 없다. 교수직무법(Dienstrecht für Professoren) 개정은 이를 역사적인 관점에서 고려해 보면 몇 가지 중요한 것을 잃게 될 것이다. 물론 이것은, 오늘날 대학에 요구되는 개혁 모두를 전부 수긍하고 받아들여야 한다는 것을 의미하는 것은 아니다. 정말 문제가 되는 것은, 가령 교수자격취득논문의 폐지에서 보여지는 것처럼 전통적인 능력평가기준을 마모시키고 순전히 양적인 경제적 관점으로만 능력을 평가하려는 경향이다. 이러한 흐름 속에 교수는 다시, 18세기 이전까지 그러했던 단순한 양성자로 변모하게 될 것이고, 그렇게 되면 연구자와 학자는 뒷전으로 밀려나게 될 것이다. 이러한 발전과정에 오늘날 대학교수라는 직업상은 큰 위기를 맞고 있다. 이제 교수는 지금까지보다 더 용감하게 그리고 또한 더 자각심을 가짐으로써 대처해야만 할 것이다.

Teil 2
전문화와 형법

Biostrafrecht als neue Disziplin?

06

생명형법은 새로운 학문분과인가?*

인공수정배양을 예로 한 인간생명공학과 그 형법적 한계에 대한 성찰

I. 도 입

지금까지 진행된 복제의학의 발전추세가 앞으로도 계속 지속된다면, 연구자가 진행할 다음 단계는 인공수정배양, 즉 자궁 밖에서 체외수정한 난자의 배양을 기술적으로 가능하게 하는 것이라는 점은 주지의 사실이다.[1] 인간의 인공수정배양을 이행하는 것은 배아보호법(ESchG) 제 1 조 제 2 항 2호, 제 2 조 제 2 항에 의거하여 금지되어 왔는데, 이러한 금지는 앞으로도 계속될 것임을 예상할 수 있다. 그러나 기술적 실현가능성과 법적인 허용과는 무관하게 인공수정배양은 이미 오늘날 형법도그마틱에서 상당히 매력적인 사고를 전개할 가능성을 열어 놓았다. 인공수정배양은, 생명의학(Biomedizin)과 인간

---

* 원문은 Biostrafrecht als neue Disziplin? Reflextion zur Humanbiotechnik und ihrer strafrechtlichen Begrenzung am Beispiel der Ektogenese, in: Carl-Eugen Eberle/Martin Ibler/Dieter Lorenz (Hrsg.), Der Wandel des Staates vor den Herausforderungen der Gegenwart. FS für Winfried Brohm zum 70. Geburtstag. München 2002, 387-404면.

1 이어지는 다음 내용은 MedR, 1994, 429면 이하에서 내가 처음 발표했던 연구의 후속이다.

생명공학(Humanbiotechnik)이 기술적으로 진보함으로써 법이 어떻게 새로운 과제를 감당해야 하는지를 극적으로 보여주고 있으며, 전통적 형법은 이러한 요청들에 적절히 대응하기 위해서 계속 발전을 거듭해야만 한다. 여기서 제기된 문제들은, 형법의 새로운 하부분과로 일컬어지는 생명형법(Biostrafrecht)을 정당화하는 것들과 많은 부분 중복되거나 유사한 것으로 보여질 수 있다. 이러한 논제는 인공수정배양을 예로 하여 다음에서 더욱 자세하게 근거 짓게 될 것이다.

인공수정배양에서 다루는 것은 결코 공상과학이 아니며, 오히려 원칙적으로는 이미 오랫동안 생각해 왔고 또 심지어는 이미 부분적으로 시도되었던 방법들이다. 그리고 인공수정을 배양하는 완벽한 기술 이식의 다음 단계로는 인간을 번식하는 것이 급부상하고 있는데, 말하자면 인큐베이터기술과 결합한 체외수정(In-vitro Befruchtung)을 들 수 있다. 이에 많은 사람들은 인공수정배양이 향후 20년 안에 실현될 수 있으리라는 점에 동의하고 있다. 물론 이에 대한 법윤리적 및 법적인 평가는 여전히 해결되지 못한 상태이다. 이는 다시 인간생명을 그 초기부터 보호하는 논란에 있어서 총체적으로 매우 중요한 문제로 제기되고 있으며, 나아가 이미 많은 사람들이 선호하는 수많은 신조와 그리고 익숙한 사고방식들을 새롭게 조명하지 않을 수 없게 하고 있다.

인간을 인위적으로 창조한다는 사고는 이미 오래되었다. 이러한 사고를 앞서 전개한 것으로는 플라톤(Platon)이나 캄파넬라(Campanella)의 우생학적 유토피아(die eugenischen Utopien)를 들 수 있다. 두 번째 근원은 문학적 전통에서 찾을 수 있는데, 즉 생명을 불어넣어 만든 전신상(全身像)인 호뭉쿨루스(Homunkulus, 역주- 연금술에 의해 밀봉된 유리 속에 생기는 엄지손가락 크기의 인조인간. 괴테 '파우스트' 제2부에 등장함), 골렘(Golems, 역주- 유대교 전설에 나오는 점토로 만들어진 벙어리 인형으로 강력한 힘을 보유하여 박해받는 유대인을 구제한다 함), 안드로이다(Androiden, 역주- 19세기 프랑스 소설 '미래의 이브'에 등장하는 여성 로봇)가 그것이다. 특히 계몽시대에서 이러한 사고들은 지식인들 사이에서 인기가 높았다. "달랑베르의 꿈"(d'Alemberts Traum)에서 드니 디드로(Denis Diderot)는 특정한 인간유형을 생산하려는 목적에서 심은 일종의 인간종자의 발육을 묘사하였다. 즉 "인간은 전지(全紙) 사이에서 보존될 수도 있는 수없이 많은 원자인간(Atommenschen) — 누에쳐서 얼마 동안 번데기 상태로 있은 후, 외피를 뚫고 나비로 부화하는 곤충의 알과 흡사한 — 으로 소멸되어, 여기서 유일하게 살아남은 잔존물로부터 전체 인간사회가 형성되며, 인간전체 국가에 사람이 살게 된다. 이것은 정말 즐거운 상상이다. [···] 따뜻한 방이 있고, 방은 작은 봉지들로 가득 차 있으며, 이들 봉지에는 각각 전사(戰士), 공무원, 철학자, 시인 그리고 궁정신하, 자유분방한 소녀, 국왕 등과 같은 라벨이 붙어 있다."[2] 20세기 전반기 공상과학소설에서는, 예컨대 홀데인(J. B. S. Haldane)[3]과 헉슬리(Aldous Huxley)가 이미 인공수정배양(Ektogenese)을 상세하게 기술하였으며,[4] 1920년대부터는 인공수정배양의 이식이 집중적으로 논의되었는데, 이에 상응하는 연구들은 특히 이탈리아, 미국 그리고 일본 등에서 실행되었다.[5] 물론 신중한 평가에 따르면

2 D'Alemberts Traum, in: Denis Diderot, Philosophische Schriften. Hrsg. von Lücke, Bd. 1, 1961, 531면 이하.

3 Daedalus, or Science and the Future, 1923.

4 Brave New World, 1932.

5 실증으로는 *Corea*, Muttermaschine. Reproduktionstechnologien- von der künstlichen Befruchtung zur künstlichen Gebärmutter, 1988, 227면 이하; 최근의 문헌으로는 *Cannold*, Journal of Applied Philosophy 1995, 55면 이하 참조.

이러한 상응하는 기술은 대략 2020년 정도가 되어야 투입될 수 있을 것이라고 한다.[6] 그때까지 법률가들은 다음과 같은 가공의 사례들로 만족해야 할 것이다.

> 가정해 보면, 어느 날 우리는 생명공학 실험실에서 7개월된 태아가 들어 있는 유리로 된 입방체와 맞닥뜨리게 될 것이다. 그리고 근처에 놓여 있는 서류로부터, 이 태아는 체외수정(in vitro)되어 유리로 된 입방체에서 배양되었다는 사실을 알게 된다. 즉 태아(Foetus)가 모체에 있었던 시점은 전혀 없게 된다. 그리고 이제 무슨 일이 발생해야 할지를 상의해야 한다. 즉 실험을 중단해서 태아를 죽게 할 것인가? 아니면 어느 날 유리로 된 입방체를 버리고 계속되는 기술적 도움 없이도 정상적인 사람으로 성장할 수 있을 때까지, 이 유리 속에 있는 태아를 양육할 것인가? 이러한 문제는 이 태아를 들어 올리다가 실수로 조금 손상시켰을 때, 더욱 심각해지는데, 이는 신체상해인가? 아니면 재물손괴인가? 그것도 아니면 부주의한 사람은 전혀 처벌될 수 없는 것인가? 우연히 배석하게 된 형사법관은 상해죄와 살인죄의 구성요건을 통한 형법적 보호는 출생, 보다 정확히 말하면 분만이 개시되는 시점에서야 비로소 시작된다는 점을 지적하게 될 것이다. 이로부터 태아는 아직 형법 제223조 이하의(역주- 상해에 관한 죄) 신체로 침해될 수 없다는 결론이 나온다. 물론 이러한 — 적절한 — 지적은 매우 문제 많은 결과를 가져온다. 즉 태아는 한 번도 자궁(Mutterleib)에 닿았던 적이 없으며, 따라서 통상적인 의미에서 보면 결코 출생한 것이 아니기 때문에, 태아는 상해죄를 통한 형법상의 보호를 절대 받지 못하는데, 이는 또한 태아가 인큐베이터에서 벗어나 어린아이로 성장하는 경우에도 마찬가지로 보호받지 못하게 된다는 모순된 결과를 가져온다.

6 *Fischer*, Die Medizin von Morgen, 1993, 40면 이하.

이와 같은 의문과 문제들은 국가적 생명보호를 토대로 새롭게 숙고되어야 하는데, 여기서는 지적인 정직과 법률적 논거를 정치, 신학 또는 일반적인 도덕적 입장과 개념적으로 엄격히 구분할 것이 요구된다. 법률가는 현행법을 토대로 해서 논증하여야 하는데, 즉 법률규정을 따라야 하며 자신의 개인적인 선호와 반감은 민주적으로 정당화된 입법자의 의지 뒤로 물러두어야 한다. 만일 명확한 법률규정이 결여된 경우, 법률가는 법적용을 구실로 법을 창조하려는 시도를 해서는 안 된다. 덧붙여 두 번째 관점을 살펴보면, 자유주의 국가에서 형법은 법적 평화와 법적 안정성을 보장하는 목적에 기여한다. 즉 일반적인 도덕적 문제를 형법이라는 수단으로 최종적으로 해결하려는 것은 국가의 과제가 아니다. 따라서 형법적 보호는 질서 지워진 공동생활에서 필요한 사회윤리의 최소한으로만 이해되며, 각 사회집단들은 생명보호와 생명존중이라는 광범위한 요청을 실현하는 데 있어서 자유롭다. 모든 집단과 개인들의 도덕적 신념과 일치하도록 형법규정을 만드는 것은 결코 성공하지 못할 것이다.

II. 생명윤리 및 생명법에 대한 독일에서의 논의

생명의학과 복제기술의 새로운 가능성은 최근 많은 사람들의 입에서 회자되고 있다.[7] 물론 이러한 논의는 이러한 발전으로부터 펼쳐지게 될 기회라는 긍정적인 측면보다는, 이로부터 — 실제로 또는 추정되는 — 발생될 위험에 대해 더 많이 거론되고 있다. 이러한 우려의 핵심은 바로 인간 및 인간조직의 복제에 있으며, 또한 이와 비슷

7 세부적인 조망으로는 *Brohm*, JuS 1998, 197면 이하.

하게 문제가 되는 영역으로는 줄기세포치료(Keimbahntherapie)에까지 이르는 다양한 부류의 유전자조작(Genmanipulation) 및 착상전진단요법(Präimplantationsdiagnostik; PID)도 있다. 이러한 새로운 기술에 대한 논의는 다음과 같은 여러 요소들로 인해 부담받고 있는 상황이다.

눈여겨볼 점으로는 먼저 *법적 논거와 도덕적 논거가 혼동*(*Vermischung von rechtlichen und moralischen Argumenten*)되고 있다는 점이다. 그러나 객관적인 법적 상황은 그때그때의 도덕적 평가와 부합할 수 없고, 부합해서도 안 된다. 법과 도덕이 서로 분리될 수 있다는 관점은, 독일연방공화국에서는 오로지 하나의 법질서만이 효력을 가지며, 존재하는 도덕적 표상은 수없이 많고 또한 종종 서로 명백히 다르다는 사실로부터 이미 도출되고 있다.[8] 이러한 사실은 바로 생명보호의 영역에서 아주 명백하게 보여지는데 여기서 사람들은 이미 수십 년간 지속된 단지 낙태에 관한 논의만을 생각한다고 한다.

새로운 생명공학(Biotechniken)에 관한 공공연한 논의의 두 번째 특징은 *인간존엄성의 지나친 원용*(*inflationäre Berufung auf die Menschenwürde*)에 있다. 특정 기술, 가령 줄기세포치료나 치료적 복제(das therapeutischen Klonen)에 대해 반대하는 사람도 찬성하는 사람도 모두 인간존엄성을 논거로 삼고 있다는 사실을 숙고해야 한다. 이는 기본법에서 보장하고 있는 인간의 존엄성(기본법 제 1 조 제 1 항)이 매우 불명확하여, 이에 따라 해석의 여지가 있다는 점에서 가능하다. 인간의 존엄성은 새로운 기술에 반대하는 사람, 찬성하는 사람, 모두에게 폭넓은 해석의 장을 열어 놓고 있다. 인간존엄성을 구실삼아 그럴듯한 구속력 있는 헌법명령으로 가장한 각자 자신의 법정책적 입

---

8 법과 도덕의 구분에 대해 보다 상세하게는 *Hilgendorf*, Aufklärung und Kritik 2001, 72면 이하.

장을 논쟁에 끌어들일 수 있다. 이와 관련해서 종종 "인간존엄"과 "생명"법익은 불분명하게 서로 혼동되기도 하는데, 가령 배아(Embryonen)를 죽이는 것이 마땅히(eo ipso) 배아의 인간존엄성을 침해하는 것이라고 논증되기도 한다. 그러나 이는 전혀 설득력이 없다. 죽이는 행위 모두가 인간존엄성에 반하는 것은 아니며, 마찬가지로 인간존엄성을 침해하는 것이 항시 살인으로 종결되는 것도 아니다.[9]

나아가 최근 생명윤리 논의에서 주목할 만한 점은, *상대방의 논거에 대한 진지한 논쟁을 거부하는 것*(*Weigerung, sich mit den Argumenten der Gegenseite ernsthaft auseinanderzusetzen*)이 만연되어 있다는 점이다. 이는 예컨대, 단계를 구분하지 않고 배아를 총체적으로 보호하는 것은 현행 낙태규정에 부합하지 않다는 지적에서 잘 나타나고 있다. 즉 체외에서 만들어진 배아는, 배아가 모체에 이식된 후 처벌 없이 죽게 될 때까지는 엄격하게 보호받는다. 새로운 생명의학의 가능성을, 예컨대 난치병치료에 열려 있는 전망을 제시하는 자는 도덕적으로 혹평받을 위험을 감수해야 한다. 그러나 독일에서 복제기술(Reprotechnik)과 현대 생명의학에 찬성하는 사람들이 객관적인 논증을 통해 논쟁하는 경우는 매우 드물었다. 이러한 논쟁은 대부분 이데올로기적 성격을 가진다. 이러한 논쟁에 법학은 단지 매우 신중하게만 참여하고, 대신 법적 실무에서 유지하고 있는 기준들을 고수할 것을 권고받을 뿐이다. 이에는 특히 전문적인 견해를 법정책적 입장과 명확히 구분하라는 원칙이 해당한다.

마지막으로 주목할 것으로는 연방헌법재판소의 *권위에 대한 맹*

9 *Dreier*, Art. 1 Abs. 1 Rz 48, in: Dreier (Hrsg.), GG-Komm., Bd. 1 (1996); *Dreier*, DÖV 1995, 1036면 (1037면); *Hoffmann*, AöR 118 (1993), 353면 (376면); *Schulze-Fielitz*, Art. 2 Abs. 2 Rz. 10, in: Dreier (Hrsg.), GG-Komm., Bd. 1 (1996); 또한 *Denninger*, KritJ 25 (1992), 282면 (285면) 참조.

신(*Autoritätsgläubigkeit*)이다. 즉 연방헌법재판소는 권위에 대한 맹신으로 종종 맥락에서 벗어나는 교활한 의견표명을 반복해서 하기도 하고, 또한 법원이 판결하고자 하지 않았고, 할 수도 없었던 문제제기의 논거로 이용되기도 한다. 이에 대한 예로서 잠재성논거(Potentialitätsargument)를 들 수 있는데, 이 논거에 따르면, 존재는 존재발생 후 어느 시점이 되면 논란의 여지없이 권리를 소유하게 되므로, (인간의 존엄성이나 생명권 같은) 권리는 이미 존재 그 자체에 귀속되어 있게 된다. 이로써 존재는 완전한 권리주체로 나아가는 잠재적인 권리주체로 추론되게 된다. 이러한 의미에서 연방헌법재판소는 "인간의 생명이 존재하는 곳에 인간존엄성이 수반되며, 존엄성 주체가 이러한 존엄성을 인식하는지 그리고 존엄성이 스스로 유지할 수 있는지 여부는 중요한 것이 되지 않는다. 인간존엄성을 근거 짓는 데에는, 인간이 존재하는 그 처음부터 부여되는 인간존엄성의 잠재적 능력만으로도 충분하다"[10]고 서술하고 있다.

법원은 일반적인 임신을 관점으로 하여 잠재성 논거를 제시하였다. 치료적 복제와 같은 기술은 1975년에는 아직은 공상과학과 같은 영역에 속했다. 따라서 법원의 판결요지를 인간생명공학이라는 오늘날의 문제점에 그렇게 곧바로 적용할 수는 없다. 법학에 만연되어 있는, 경솔한 판례실증주의(Rechtsprechungspositivsmus)는 생명윤리 논쟁에 상당한 부담을 주고 있다. 이러한 논쟁에 참여하는 많은 사람들에게 있어서, 연방헌법재판소는 보충적인 입법기관이 아니라, 사법부의 일부분이라는 사실이 충분히 인식되지 못하는 듯하다. 독일연방공화국과 같은 의회민주주의에서 근본적인 법정책적 물음에 대한 규정은 민주적 절차로 보장된 의회에 속한 것이지, 법원 구성원들이 그러

10 BVerfGE 39, 1 (41).

한 자격을 갖추었다고 할지라도 법원에 속한 것은 아니다.

빈프리드 브로옴(*Winfried Brohm*)[11]은 비로소 최근에서야 민주주의 원칙들과 더 이상 일치할 수 없는 "법관-과두정치"(Richter-Oligarchie, 역주- 몇몇 소수가 지배하는 정치체제로서, 법률을 잘 지키지 않는 귀족제의 타락한 정치체제)의 위험을 설득력 있게 지적하였다. 이러한 과두정치의 위험은 한편으로는 기본권이 갖는 포괄적이고 직접적인 구속으로부터, 그리고 다른 한편으로는 기본권에 대한 객관적인 법적 해석[12]으로부터 싹트기 시작한다. 여기서 객관적인 법해석이란, 기본권은 단지 국가의 개입에 대항하는 방어권일 뿐만 아니라, 동시에 국가질서에 있어서 객관적인 중심가치를 의미한다. 이때 헌법재판소는 이러한 중심가치를 당면한 사안에 대한 해석으로 인식하여, 구체적인 절박한 문제에 적용해야 한다.[13] 지난 수십 년간의 판례는 이러한 객관적인 법률해석방법의 문제들을 명확히 보여주고 있다. 물론 기본법이 특정한 가치를 제시한다거나, 아니면 더 정확히 표현하면, 유럽법 및 도덕적 전통에서 발전한 특정한 가치를 독일국가제도에서 법적으로 구속력 있는 것으로 규정하고 있다는 점은 매우 적절하다. 그러나 이러한 규정은 너무 추상적이고 일반적 수준 정도로 기술되어 있기 때문에, 구체적인 개별사안에 있어서는 이를 통해서 결코 명확한 판결을 내릴 수가 없다.

그 밖의 문제는, 객관적인 최소기준으로 규정된 기준들이 서로 충돌할 수 있다는 점에 있다. 가령 A라는 사람의 생명이 B라는 사람의 생명을 희생해야만 구조될 수 있다면, 이들 양쪽의 생명권이 "객

11 NJW 2001, 1면 이하.
12 이에 대한 주요사건으로는 뤼쓰(Lüth)판결, BVerfGE 7, 198 (203면 이하).
13 *Brohm*, NJW 2001, 1 (5면 이하); 또한 *Dreier* (주 9), Vorb. vor Art. 1 GG, Rz. 55면 이하 참조.

관적으로 주어진" 것이라는 지적은 별로 의미가 없다. 더욱 복잡한 상황을 들자면, A의 생명권이 아니라, 그의 신체불가침권이 침해당하는 상황을 들 수 있다. 이러한 상황들에서는 더 이상 단순히 법률을 적용해서 개별사례에 주어진 가치와 척도들을 적용하는 것으로는 문제를 해결할 수 없고, 충돌하는 가치들을 *이익교량*(*Abwägung*)하는 것이 필요한데, 이러한 이익교량의 결과는 아주 전적으로 각 법률적용자에게 달려 있다.[14] 마지막으로 여전히 해결되지 않고 있으며, 또한 명확하게 거의 다루지도 않았던[15] 문제는 바로, 기본권에 대한 객관적인 법적 해석이 기본권의 중요한 내용을 바꾸는 것은 아닌지, 또는 주어진 내용이 단지 개인적인 권리자와 분리된("객관적인") 것처럼 간주되는 것은 아닌지 하는 여부이다. 여하튼 의미를 확장하는 것은 분리해서 해석되고 근거 지어져야 할 것이다.

결과적으로 기본권에 대한 객관적인 법해석은 해석자, 자세히 말하면 특히 연방헌법재판소의 결정권한을 본질적으로 강화하는 것이며, 나아가 민주적으로 정당화된 의회를 희생시켜서, 의회에서 만든 법률들이 기본권에 대한 각자의 해석에 내맡겨지게 되는 것을 의미한다. 따라서 기본권에 대한 객관적인 법해석은 너무나 쉽게, 특수한 가치 및 도덕관념이 침입하는 관문이 되며, 이러한 가치 및 도덕관념들은 소위 그럴듯한 객관적인 가치기준으로서 민주적으로 정당화된 입법자의 결정을 변경하거나 또는 완전히 폐지한다.[16]

---

14 이에 대한 예나 지금이나 줄곧 읽어 볼 만한 문헌으로는 *Forsthoff*, Rechtsstaat im Wandel, 2. Aufl. 1961, 130면 이하.

15 예외로는 *Dreier* (주 9), Vorb. vor Art. 1 GG, Rz 55에 서술되어 있다. 그는 전술한 의미로 의견을 표명하고 있으며, 객관적인 해석거점의 "확장된 의미"에 대해 언급하고 있다.

16 이에 대해서는 두 번째의 낙태판결(Abtreibungsentscheidung)인 BVerfGE 88, 203면 이하에서 서술되고 있다. 여기서 연방헌법재판소는 낙태권의 개혁에 대한

III. 표준적인 논거: 수정란의 인간존엄성

독일 생명윤리 논쟁에서 인간의 존엄성은 거의 항상 원용되어 왔으며, 심지어 문제가 되었던 기술에 대해 찬성하는 사람들뿐만 아니라 비판하는 사람들 모두, 인간존엄성을 원용해 왔다. 분명한 것은, 이러한 과잉적 언어사용이 상당한 문제를 제기한다는 점이다. 여기서 이미 문제되었던 것은, 수정란, 배아, 태아들을 완전히 인간존엄성의 주체로서 간주할 수 있겠느냐의 여부인데, 이들 수정란, 배아 그리고 심지어 태아에게도 통상적으로 인간존엄성을 구성하는 데에서 간주되는 조건들, 예컨대 자의식(Ich-Bewußtsein), 이성 그리고 자기결정능력이 결여되어 있다.[17]

여기에 다음과 같은 법도그마틱상의 고려가 덧붙여진다. 즉 기본법 제 1 조 제 1 항(역주- 인간의 존엄은 불가침이다. 이를 존중하고 보호하는 것은 모든 국가권력의 의무이다)에는 법률유보조항이 없다는 사실이다. 따라서 인간존엄성을 국가의 작위나 부작위로 제한하는 것은 허용될 수 없다. 만일 수정란, 배아, 태아를 인간존엄성의 주체로 간주하고자 한다면, 인간의 존엄성과 관련해서는 태어난 사람과 동일한 지위를 부여해야 할 것이다. 따라서 인간존엄성을 각각 단계화해서 보호하는 것은 허용되지 않아야 할 것이다. 이에 따라 한편으로는 배아보호법(Embryonenschutzgesetz)과 그리고 다른 한편으로는 독일형법 제218조 이하(역주- 낙태에 관한 죄)를 근거로 출생한 사람에 비하여 분명히

의회 다수가 작성한 타협안을 거부하고 있다. 판례는 본문에서 드러난 수많은 불명확성과 모순 때문에 절대 다수의 반대에 부딪혔다. 이에 대해 실증적으로는 *Sch-Sch-Eser*, StGB-Komm., 26. Aufl. 2001, Vorbem. §§218 이하. Rz. 7 참조.

17 *Dreier* (주 9), Art. 1 Abs. 1 Rz 50.

완화된 보호를 하는 것은 기본법 제1조 제1항에 부합하지 않는 것일 수 있다. 이러한 이유로부터 기본법 제1조 제1항을 근거로 하는 보호는 출생 시부터 시작된다는 관점이 선호되어야 한다.[18]

그러나 최근에는, 배아의 성장단계에 따라 *단계화된 인간존엄성의 보호*(*abgestuften Menschenwürdeschutz*)를 옹호하는 입장이 증가하고 있다. 즉 출생 전 자궁에서 성장하는 인간생명은 인간존엄성의 독립된 주체는 아니지만, 독일 법질서의 객관적 입헌원칙인 인간의 존엄성을 근거로 보호될 수 있다고 한다.[19] 일반적인 임신의 경우, 인간존엄성의 보호는 수정란이 자궁에 착상하는 시점부터 시작된다고 하는데, 비로소 이 시점부터 "정체성(Identität)과 유일성(Einmaligkeit)이 확립되는 개인의 생명체, 즉 지속적인 성장과정에 있어서 제3자의 적극적인 조력 없이도 성장할 수 있는, 바꿔 말하면 인간이 되는 과정에 있는 생명체로 다뤄지기 시작하기 때문이다"고 한다.[20] 그럼에도 불구하고 "실존적 인간고유가치의 가장 최소한의 영역에서조차 존엄성 인정을" 거부하는 한, 임신 3개월에서의 낙태는 허용될 수 있다고 한다.[21] 또한 마찬가지로 시험관수정(IVF)과 착상전진단요법을 이용한 인공적인 생식도 곧바로 인간존엄성을 침해하는 것으로 평가될 수는 없지만, 복제(Klonen)는 생식의 목적이든, 치료의 목적이든 그렇게 인간존엄성을 침해하는 것으로 평가될 수 있다고 한다.[22]

전술한 단락에서 개략적으로 서술된 구상은 의심할 여지없이 올바른 방향으로 한 걸음 나아갔음을 의미한다. 배아를 인간존엄성의

18 *Dreier* (주 9), Art. 1 Abs. 1 Rz. 51; *Hoffmann*, AöR 118 (1993), 353면 (361면, 376면); *Zippelius*, BK-GG, Art. 1 Abs. 1 und 2, Rz. 76.

19 예컨대 *Lorenz*, Zfl. 2001, 38면 (44면 이하).

20 *Lorenz*, Zfl, 2001, 38면 (45면).

21 *Lorenz*, Zfl, 2001, 38면 (46면).

22 *Lorenz*, Zfl, 2001, 38면 (47면 이하).

주체로 간주하는 신념은 단계에 따른 보호모델에 동의하는데, 이러한 보호모델은 듣기엔 좋지만 실제로는 비실용적인, 성장하는 인간생명체에 대해 무제한적인 인간존엄성을 인정하는 이론보다 법적용이 보다 쉬운 상황에 오히려 적합한 모델이다. 그러나 문제는 독일 법질서의 객관적 입헌원칙인 인간존엄성의 내용을 채우는 것이다. 만일 생성 중인 생명에 대한 보호가, 생성 중인 생명 자체의 관점에서가 아니라, 우리 "자신의 […] 정체성과 자긍심"을 위하여 결정되는 것이라면,[23] 도대체 우리는 이러한 "정체성과 자긍심"에 무엇을 지불해야만 하는가 하는 물음이 제기된다. 이에 대해 아직까지 어떤 기준도 마련된 적이 없다. 가령 우리는 자신의 "정체성과 자긍심"에 부합하는 것이 무엇인지, 스스로 결정할 수 있을까? 이로써 인간존엄성은 거의 임의적인 법정책적 구상의 만능열쇠(Passepartout)가 되는지도 모른다. 무엇보다도 그렇게 결정된 인간존엄성은 새로운 생명공학에 대한 반대논거로는 더 이상 사용될 수 없다. 예를 들어 오늘날 니체주의자(Nietzscheaner)는, 자신의 "정체성과 자긍심"이야말로 드디어 "낡은 인간"(alten Menschen)을 극복하기 위해 새로운 방법을 가능한 한 광범위하게 연구하고 적용할 것을 요구한다고 말할 수 있을 것이다. 즉 "너는 자신의 번식뿐만 아니라, 상승을 도모해야만 한다!"[24]

이와 같은 부류의 문제들은, 생명윤리에 대한 논쟁에 있어서 인간존엄성 논거가 갖는 의미와 적용범위에 대한 신중한 고려의 필요성을 자동적으로 떠올리게 한다. 이에 대해서는 이미 앞에서, 일반적으로는 기본권의 "객관적 기준"과 특별하게는 인간존엄성의 "객관적

---

23 *Hoffmann*, AöR 118(1993), 375면을 원용한 *Lorenz*, Zfl. 2001, 38면 (45면).

24 *Nietzsche*, Also sprach Zarathustra. Kritische Studienausgabe, hrsg. von Colli und Montinari, Bd. 4, 3. Aufl. 1993, 90면.

기준"을 원용함에 있어서 왜 어느 정도의 회의를 품고 받아들여야 하는지에 대해 설명하였다.[25] 나아가 중요하게 다뤄지는 여러 법익 가운데 오로지 생명에 대한 보호만이 법률유보가 되며, 이와 달리 인간존엄성은 법률로 유보되지 않고 보호된다는 사실에 부합하기 위해서는, 인간존엄성에 대한 보호와 생명에 대한 보호를 보다 엄격히 구분할 것이 요구된다.[26] 더 나아가 바람직한 것은 "인간존엄성에 대한 모든 이익교량금지!"(jeder Abwägung entzogenen!)라는 헌법적 계명을 구실삼아 지극히 주관적인 법정책적 관점이 논쟁화되는 것을 피하기 위해서, "인간존엄성"에 대한 개념규정을 내용적으로 충분히 명확하게 하는 것이다.[27] 결국 법철학과, 또한 법도그마틱도 마찬가지로, 인간존엄성을 이해하는 데 있어서, 헌법을 초월하는 근거를 전개해야 하는 과제에 직면해 있다. 여기서는 경우에 따라 심지어 전세계적으로 용인 가능한 문화포괄적인 형태의 근거모델들이, 서유럽과 미국의 문화만이 전적으로 우월하다는 근거모델보다 상위에 있음은 당연하다. 이와 같은 보편적일 수 있는 근거에 대한 착안은 보편적이고 인류학적으로 규정된 이익과 이러한 이익에 근거 지워진 가치들을 원용할 수도 있을 것이다.[28]

---

25 위의 II. 참조.

26 *Lorenz*, Zfl. 2001, 38면 (43면 이하).

27 보다 자세하게는 *Hilgendorf*, Jahrbuch für Recht und Ethik, Bd. 7 (1999), 137면 (148면 이하).

28 *Hilgendorf*, Aufklärung und Kritik 2001, 72면 (86면 이하).

IV. 잠재성논거와 생물학주의의 위험

한편으로는 안락사에 관한, 그리고 다른 한편으로는 새로운 생식기술(Fortpflanzungstechnologien)에 관한 논의에서 원용되는 "생명권"은 생명권의 특성과 효력범위를 충분히 명확하게 하지 않은 채, 자주 내세워졌다. 여기서 다루는 것은 법률적 권리인가, 아니면 도덕적 권리인가? 이러한 권리는 어떻게 근거 지울 수 있는가? 또한 이러한 생명권은 인간생명의 일반적인 발전의 모든 단계에서 반드시 동일한 형태로 인간생명에 귀속되는가? 아니면 이러한 권리는 단계적으로 보장받을 수 있는가? 아니면 국가가 "보장"할 수 있는 권리인가, 아니면 사전에 규정된 법적 지위를 국가가 승인하거나 보장하는 것이 더 낫지 않은가? 이미 "생명권"은 완전한 인간으로 성장할 잠재능력을 갖추고 있는 각각의 세포 내지 세포무리에 귀속되는 것으로 거듭 인정되어 왔다. 그리고 이러한 잠재능력은 이미 "배아"에 대한 언급을 정당화한다고 하는데, 독일 연방헌법재판소도 이미 임신중절에 대한 첫 번째 판례에서 이와 같은 방식으로 논증하였다.[29] 인공수정배양에 있어서 이러한 논거는 난자(Eizelle)와 정자(Samenzelle)가 수정되는 시점부터 이미 완전한 법적인 (그리고 동시에 또한 형법적인) 보호가 보장되는 것을 쉽게 떠올리게 한다.

그러나 잠재성논거가 곧바로 새로운 복제기술에 적용될 수 있는 것은 아니다. 그동안 기술적 발전은 거의 임의적으로 선택된 체세포(Körperzellen)를 떼어내어 핵치환(Kerntransfer)을 통해서 하나의 "배아"를 생산해내는 것을 가능하게 하였다. 이러한 방법으로부

---

29 주 10 참조.

터 예를 들면 피부세포로부터 추출한 핵을 (사전에 핵을 제거한) 난자에 넣고 적절한 자극을 주어, 원칙적으로 하나의 인간으로 성장할 수 있을지도 모르는, 하나의 생물체(ein Lebewesen)를 만들어 낼 수도 있다. 따라서 이미 성장한 인간의 거의 모든 체세포도 또한 완전한 인간으로 발전할 잠재능력을 갖추고 있다. 따라서 생명권 및 인간존엄성보호권을 근거 지우기 위한 전통적인 잠재성논거는, 만일 우리가 예를 들어 피부세포에 생명권(인간존엄성도!)을 진지하게 부여하고자 하는 게 아니라면, 더 이상 무조건적으로 지속될 수는 없다. 앞에서 언급한 권리들에 대한 근거와 효력범위를 새롭게 확정지어야만 한다.

기본법은, 법문언을 잘 살펴보면, 발전하는 인간생명의 보호에 관하여 많은 기본법 해석자들이 생각하는 것처럼, 그러한 의미 깊은 내용을 담고 있지는 않다. 즉 화제가 되고 있는 기본법 제 1 조 제 1 항의 "인간존엄성"에서는, 태아, 수정란 또는 거의 대부분 임의적인 체세포가 인간에 상응하는 잠재능력을 가진 "인간"으로 간주될 수 있는지의 물음에 대해서는 언급이 없다. 기본법 제 2 조 제 2 항 1문은 "누구든지" 생명권과 신체적 불가침권을 가진다고 규정하고 있다. 그렇다면 이러한 규정으로 수정란(die befruchtete Eizelle)이, 아마도 소위 살아 있는 모든 인간의 세포라고 말하고자 했던 것일까? 연방헌법재판소는 위에서 언급한 규정들을 매우 문제 있는 방식으로 해석하였는데, 한편으로 연방헌법재판소는 발전정도에 따라 단계화된 형법적 보호를 받아들였다. 이러한 단계화된 보호는 특히, 착상 전 수정란단계에서는 보호할 필요성이 없다는 것과, 그리고 배아단계에서와 심지어 낙태의사가 있는 산모와 낙태를 수행하는 의사에게 있어 낙태허용 개월 수를 초과한 태아단계에서

마저도 이러한 생명보호가 현저히 약화된다는 것이 이에 해당된다.[30] 그러나 다른 한편 연방헌법재판소는 단계화된 생명보호가 문제되는 것이 아니라, 이미 수정란은 어쨌든 착상 시부터는 완전한 생명체로 보호받는다는 점을 강조하기도 하였다.[31] 따라서 태어나지 않은 생명보호에 대한 연방헌법재판소의 입장표명이 모순적이라고 하는 비판은 당연하다.[32]

그 밖에도 연방헌법재판소는 생물학적으로 논증하고 있다는 비판을 받았다.[33] "*생물학주의*"(*Biologismus*)라는 표현은 다른 학문분야, 가령 역사학, 사회학, 윤리학 또는 바로 법학에서 생물학적 고찰방식을 성찰 없이 받아들인 것을 보여준다. 특히 19세기와 20세기 초 생물학주의 관점은 예컨대, 유기체개념(Organismusbegriff)("유기체국가")에 기대고 있는 역사철학의 개념형성에서 널리 퍼졌으며, 또한 법학에서도 생물학적 관념은 심도 있게 논의되었다.[34] 특히 사회진화론(Sozialdarwinismus)[35]의 영향력이 컸는데, 이 이론에 대한 추종자들은 *찰스 다윈*(*Charles Darwin*)을 원용하여 사회적 또는 정치적 과정을 "생물학

---

30 BVerfGE 88, 203면 (264면 이하).

31 BVerfGE 88, 203면 (251면 이하, 254면).

32 *Hoerster*, JuS 1995, 192면 이하. 또한 참고로 *Jerouschek*, JZ 1989, 279면 (280면 이하).

33 *Hoffmann*, AöR 118 (1993), 353면 (361면, 376면); *Jerouschek*, JZ 1989, 279면 (180면 이하, 283면); *Neumann*, in: Lampe (Hrsg.), Beiträge zur Rechtsanthropologie, 1985, 139면 (147면 이하); *Zippelius*, BK-GG, Art. 1 Abs. 1 und 2, Rz 51.

34 이러한 논의는 매우 장중한 문헌에서 빈번하게 등장하였다. 가령 Görres-Gesellschaft, hrsg. von Sacher, 5. Aufl. 1926의 매우 유명한 "국가사전"(Staatslexikon) 911-915면에서 폭넓은 입증과 함께 실린 "생물학"논문 참조. 형법논문으로는 *Petzoldt*, Biologische Grundlagen des Strafrechts, in: Dehnow (Hrsg.), Die Zukunft des Strafrechts, 1920, 5-24면.

35 적확한 개관으로는 *G. Wolters*, Sozialdarwinismus, in: Enzyklopädie Philosophie und Wissenschaftstheorie, Bd. 3 (1995), 852-855면.

적으로 미리 결정된" 것으로 해석하려고 (또한 대부분은 정당화하려고) 시도하였다.[36] 이로부터 가령 맨체스터-자본주의("유능한 자들이 더 오래 산다") 또한 인종주의(우월한 인종의 권리) 그리고 제국주의("생활환경을 둘러싼 투쟁")들은 생물학적으로 정당화될 수 있었다. 사회진화론의 영향으로는 또한 19세기 중반부터 많은 국가들에게 제안된 우생학-프로그램(Eugenik-Programme)을 들 수 있는데, 독일에서는 대부분 "인종우생학"(Rassenhygiene)이라는 명칭으로 알려져 있다. 이로부터 바로 생물학적으로 "열등한 자들"(Minderwertigen)로 추정된 사람들에 대한 나치주의의 대량학살이 전개되는 계보가 이어지게 되었다.

따라서 19세기와 20세기 초 생물학주의의 이데올로기는 상당한 부담이 됐음이 자명하다. 물론 이것이 사회과학분과가 생물학적 인식으로부터 이득을 얻을 수 없다는 것을 의미하는 것은 아니다.[37] 그러나 문제가 되며, 위험한 경향을 보이는 것은, 규범적인 입장을 근거짓는 데 있어서, 다른 모든 요소들을 배제하면서 생물학적 사실들을 성찰 없이 적용한다는 점이다. 생물학적 이론들은 세 가지 관점에서 비판받을 수 있는데, 첫 번째는 바로 *환원론적(reduktionistisch)* 관점이다. 즉 환원론적 관점을 통해서, 생물학적 이론들은 생물학의 사고방식과 성과를 무비판적으로 다른 학문분과에 적용하고, 그럼으로써 그 학문분과의 속성과 제기된 특별한 문제를 외면하게 된다. 두 번째로 사회이론이나 도덕철학에서 이용되는 생물학적 논거들은, 한편으로는 (생물학적) 사실과, 다른 한편으로는 규범과 가치들을 충분히 명확하게 구별하고 있지 않다는 사실 때문에 자주 고민해 왔는데, 생물

36 *G. Wolters*, Darwinistische Menschenbilder, in: Reichardt/Kubli (Hrsg.), Menschenbilder, 1999, 95면 (현대 우생학의 창시자인 프란시스 갈톤[Sir Francis Galton]의 빅토리아 시대의 이상에 대해서는 102면 이하) 참조.

37 현대 사회생물학과 진화윤리학에 대해서는 *Vollmer*, Biophilosophie, 1995 참조.

학적 사실로부터 곧바로 규범이나 가치를 추론해낼 수는 없다. 이와 같은 형태의 논증적 결함은 철학에서는 이미 오래전부터 *자연주의의 오류*(*naturalistischer Fehlschluß*)라고 비판받아 왔으며, 법학에서는 흔히 "존재-당위-오류"(Sein-Sollen-Fehlschluß)로 불려 왔다. 세 번째 문제점은 생물학적 논거에 대해 이미 앞에서 언급되었던 관점과 매우 긴밀한 관계를 갖는 문제인데, 즉 생물학적 논거에서 적잖이 있어 온 자연과학적이며 동시에 "객관적"이라는 그럴듯한 위장을 하고서는, 지극히 개인적이며 주관적인 관점과 가치표상을 논쟁에 끌어들인다는 점이다. 이러한 문제는 바로 고도로 불명확한 헌법개념을 해석하는 데 있어서 제기되었던 것과 같은 문제이다.

여하튼 연방헌법재판소의 해석은 처음 언급했던 두 가지 오류를 범하고 있다. 즉 수정란의 생물학적 잠재능력을 전적으로 원용함으로써 인간을 인간 게놈(Genom)으로 축소시키는 결과를 가져왔다. 그러나 생명권 및 인간존엄성의 관점에서 수정란과 출생아를 동등하게 취급하는 것이 수정란을 "평가절상"하는 것으로 볼 수 있을 뿐만 아니라, 나아가 출생아에 대해서도 평가절하하는 것으로 볼 수 있다는 점을 지나치는 경우가 종종 있다. 따라서 연방헌법재판소와 그리고 다른 많은 문헌에서 다루었던 생명권 및 *인간존엄성의 생물학화*(*Biologisierung der Menschenwürde*)는 앞으로는 완전히 양날의 칼로 판명될 수 있을 것이다.

또한 자연주의의 오류도 연방헌법재판소에 대한 비난을 가져다 줄 수 있다. 즉 수정란이 완전한 가치를 갖는 인간으로 성장할 잠재능력을 갖고 있다는 *사실*(*Tatsache*)로부터 세포가 이미 처음부터 세포의 권리적 지위(Rechtsstatus)를 갖고 있어야 한다거나 또는 심지어 가져야만 한다는 결론은 결코 나오지 않는다. 이러한 사실은 다른 권리영역에서도 손쉽게 판명될 수 있다. 즉 다섯 살 된 아이는 성인으로 성숙해 가고, 그래서 성인에게 상응하는 완전한 권리 및 의무적 지위가 부여될 잠재능력을 확실히 갖고 있다. 그러나 이로부터 이 아이가 이러한 권리와 의무를 이미 다섯 살에서 갖는다는 결론은 나오지 않는다! 덧붙이자면, 최근의 생명공학 발전으로부터 거의 모든 체세포와 임의적으로 떼어낸 일부 조직은 완전한 인간으로 성장할 수 있는 잠재능력을 가지고 있다.[38] 그러나 그렇다고 해서 이러한 체세포와 조직에 인간의 존엄성과 생명권을 부여하고자 한다면, 이는 어리석은 일이 될 것이다.

V. 법적용이 용이한 법적 상황: 인간생명의 단계적 보호

생성 중인 인간생명에 대한 단계적 보호는 있을 수 없다는 연방헌법재판소의 테제는 기껏해야 기본권적 관점에서 주장될 수 있을 뿐이다. 그러나 이러한 명제는 단순한 권리적 측면에서 보면 분명 잘못됐다. 연방독일의 법질서는 생성 중인 인간생명을, 체내(in vivo) 생명과 체외 생명의 보호로 구별하여, 생명의 발달단계에 따라 보호하고 있다. 자연적 생식과정에서 형법보호는 수정 시점이 아니라, 수정란이 자궁에 완전히 착상하는 시점이었을 때 비로소 시작한다. 이러한 착상은 수정 후 9일에서 13일 사이에서 이루어지며, 이 시점 이후에야 비로소 형법에서 의미 있는 임신이 성립된다(형법 제218조 제1항 2호). 형법 제218a조에서는 근거에 따라 단계화된 복잡한 방식으로 낙태를 처벌하지 않는 전제조건들을 규정하고 있다.

---

38 *Hilgendorf*, FS Maurer, 2001, 1147면 (1163면).

형법 제218조 구성요건은 낙태가 임신 12주 이내에 의사와 상담 후에 이루어졌다면 성립하지 않는다(형법 제218a조 제1항). 또한 의사가 시술한 낙태는 산모의 생명이 위험하다거나 신체 내지 정신적 건강에 심각한 침해를 피하기 위해 시행되었다면 위법하지 않다(형법 제218a조 제2항). 이러한 규정은 매우 문제가 많은데, 우생학적인 동기로 시행된 낙태까지도 출산 전이라면 정당화될 수 있기 때문이다. 마지막으로 성적 강요(형법 제176조-제179조)에 의한 임신의 경우, 임신 후 12주 이내인 낙태도 또한 정당화된다(형법 제218조 제3항).

체외에서 생성된 (그리고 경우에 따라서는 배양된) 배아는 일반형법이 아닌, 배아보호법으로 보호받는다. 배아보호법에서는 일정한 행위방식들을 규정하고 있는데 가령, 연구목적을 위한 인간배아의 의도적 생성(제1조 제1항 2호), 난자제공 여성의 임신을 목적으로 하지 않는 난자의 인공수정(제1조 제2항 1호, 2호), 임신 외의 다른 목적에 의한 배아의 특별한 집단배양(제2조 제2항), 배아복제(제6조) 그리고 키메라(역주- 혼성동물) 또는 인간과 동물의 잡종인 하이브리드의 의도적 배양(제7조)이 그것이다. 따라서 배아보호법은 이른바 그 어떤 총체적인 침해에 대해 배아를 보호하는 것이 아니라, 단지 "과도한 생식기술 및 유전공학의 개입으로부터 체외에 존재하는 단계의 배아만을 보호하고자 하는 것이다."[39]

전체적으로 형법은 배아보호법의 영향을 받아 생성 중인 생명체에 대해 일관된 방식이 아닌, 배아의 발생요건, 배아의 발전단계 그리고 침해형태에 따른 복잡한 방식으로 보호하고 있다. 그러나 단계

---

39 *Günther*, in: Kitagawa (Hrsg.), Das Recht vor den Herausforderungen eines neuen Jahrhunderts, 1998, 435면 (440면).

화된 생명보호의 이러한 체계는 그 자체적으로는 별로 일치되지 못하고 있다. 물론 순수하게 논리적으로만 보면, 만일 시험관에서 배양된 난자를 모체 안에서 생성된 태아보다 더욱 강하게 보호하는 경우, 이러한 체계가 그리 모순적인 것은 아니다. 그러나 이러한 구분은 설득력이 떨어지는데, 왜냐하면 인간생명은 발달정도가 높아지면서 가치를 획득하게 되고, 이에 따라 형법적 보호가 이러한 보호대상의 증가하는 가치에 부응해야 한다는 전제가 사회에서는 지배적으로 받아들여지고 있기 때문이다. 법정책의 과제는 가치모순을 피하고 현재모델보다 사회도덕의 기준에 더욱 적합한 조화로운 보호모델을 만들어내는 것이어야 한다.

Ⅵ. 인공수정배양의 실정법과 입법론

형법 제212조(역주- 고살), 제211조 이하(역주- 생명에 관한 죄) 및 상해죄 구성요건의 적용범위가 산전진통이 개시된 후에야 비로소 시작된다는 통설에 따르면, 자궁에서 생성 중인 인간은 오로지 형법 제218조 이하(역주- 낙태에 관한 죄)에 의해서만 보호받는다. 이에 따라 낙태에 관한 법규를 인공수정으로 배양된 태아에게도 적용할 수 있을지는 의심스럽다. 원칙적으로 (살아있는) 모체가 (살아있는) 배아를 밴 경우에만 임신이라고 할 수 있다. 에어랑엔(Erlangen) 지역에서 있었던 임신사건(1992)의 경우, 살아있는 배아가 뇌사상태에 있는 모체에서 성장하고 있는 경우, 이를 임신으로 간주할 수 있는지에 대해서 논란이 있었다. 어쨌든 이 문제는 결과적으로는 오늘날 대부분 이를 지배적으로 임신으로 인정하고 있는데, 이는 대부분 해당 법익을 근거로 하고 있다.[40] 이는 어쨌든 에어랑엔의 사례와 마찬가지로, 우선 정상적인 임신이 존재했던 경우라면, 설득력이 있는 것처럼 보인다. 그러나 일반적인 언어사용 규칙을 섬세하게 건드리지 않고서는, 인공수정배양에서 "인공모태"(Muttermaschine)와 태아의 관계를 임신으로 간주할 수는 없다. 설령 보호법익관점에서 형법 제218조 이하(역주- 낙태에 관한 죄)를 인공수정배양에 적용한다 할지라도(유추적용은 기본법 제103조 제2항, 형법 제1조에서 금지하고 있다), 태아는 과실치사상죄로 보호받지 못하는데, 형법 제218조는 오로지 고의적 살인만을 처벌하기 때문이다.

(물론 현재로서는 순수 이론적 성격을 갖는) 이러한 법률의 공백은, 상해죄 및 살인죄 구성요건의 적용이 산전진통이 개시된 후에야 비로소 시작된다는 통설의 전제를 포기한다면 입법자의 활동 없이도 채워질 수 있다. 일반형법과 낙태에 관한 법 사이에 경계를 짓는 것은 이미 개정전형법(StGB a.F.) 제217조에 실정법화된 입법자의 의사에서 근거 지울 수 있다. 그러나 출산 시의 사생아 살인을 규정했던 개정전형법(StGB a.F.) 제217조는 1998년 제6차 형법개정법률 제1조 35호에 의해 삭제되었다. 이를 통해 형법 제211조 이하(역주- 생명에 관한 죄), 제223조 이하(역주- 신체상해에 관한 죄)를 태어난 생명에 적용할 수 있는 가능성을 제한하는 것은 입법론상으로(de lege ferenda)뿐만 아니라, 실정법상(de lege lata)으로도 의심스럽게 되었다.[41] 바로 평등

---

40 *Lackner/Kühl*, StGB-Komm., 23. Aufl. 1999, §218 Rz. 4 참조.

41 해당문헌으로는 *Struensee*, in: Dencker/Struensee/Nelles/Stein (Hrsg.), Einführung in das 6. Strafrechtsreformgesetz, 1998, 2/6을 원용한 *Tröndle/Fischer*, StGB-Komm., 50. Aufl. 2001, Vor §211 Rz 3; 6차 형법개정에 앞서 이미 이를 지적한 문헌으로는 *Hilgendorf*, MedR 1994, 429면 (431면 이하). 인쇄 후에야 발행된 문헌으로는 *Küper*, GA 2001, 515면 이하 그리고 *R. Herzberg/A. Herzberg*, JZ 2001, 1106면 이하.

원칙의 관점에서 출산 전 감별과 출산 전 치료를 할 가능성이 점점 증가하면서, 출산이 한편으로는 형법 제218조 이하(역주- 낙태에 관한 죄)와 그리고 다른 한편으로는 형법 제212조(역주- 고의적 살인), 제211조 이하(역주- 생명에 관한 죄)로 세분화되는 것을 정당화할 수 있을 정도로 실제로 여전히 결정적인 전환점일 수 있는가 하는 물음이 제기된다.

형법 제212조, 제211조 및 제223조 이하의 법문언에서는 생성 중인 생명체에 이를 적용하는 것이 배제되어 있지 않다. 형법 제212조는 "인간"에 대한 살인을 규정하고 있다. 이러한 개념은 현재의 생명윤리 논의에 있어서 출산 전 인간의 생명에 대해서도 직접 적용되고 있다. 형법 제223조의 적용가능성을 결정하는 것은 더 어려운 일인데, 이는 여기서 "다른 사람"에 대한 상해를 언급하고 있기 때문이다. 예를 들면 자의식이나 미래에 대한 소망을 갖는 능력 등의 특정한 자질을 매개로 하여 인간이라는 개념을 정의한다면, 태아를 바로 "인간"으로 간주할 수는 없을 것이다. 그럼에도 법도그마틱에서 "다른 인간"이라는 표현은, 모든 다른 사람이 그에 해당되는 것으로 매우 지배적으로 해석되고 있다.[42] 따라서 태아는 형법 제212조뿐만 아니라, 형법 제223조의 적용을 받는다.

물론 분명히 할 부분은, 인공수정으로 생성된 인간의 생명을 어느 시점부터 살인죄나 상해죄의 대상으로 할 수 있는냐의 여부이다. 연방헌법재판소와 같이 기본법 제 2 조 제 2 항의 보호범위를 난자와 정자의 수정시점까지 확장하여 생명보호의 단계화를 거부한다면, 형법 제212조, 제211조 및 제223조 이하의 적용범위 역시 수정시점까지 확대해야 할 것이다. 이는, 수정란을 파괴하는 행위를 살인죄, 심지어 경우에 따라서는 모살죄로 처벌할 수 있음을 의미할 것이다. 또

42 이에 대해서는 단지 *Tröndle/Fischer*, StGB-Komm., §223 Rz 2 참조.

한 실수로 수정란을 파괴하는 행위도 과실치사죄로 처벌할 수 있을 것이다. 이러한 결과는 법감정에 현저히 반하는 것인데, 우리 문화권에서는 생성 중인 생명에 출생한 사람과 동일한 가치를 — 그리고 동시에 동일한 형법적 보호를 — 부여하지 않기 때문이다.[43] 입법자는 배아보호법을 공포함으로써, 일반적 상해죄 및 살인죄의 구성요건을 특별히 집단배양된 배아에 적용하지 않으려는 의지를 보였다.

최근에는 형법 제212조, 제211조 및 제223조 이하의 적용범위를 생성 중인 인간의 생명능력에 따라 규정하자는 제안도 제기되었다.[44] 이 제안에서는 사안마다 새로이 결정할 필요가 없게 하기 위해, 일반형법의 보호영역을 임신 후 20주부터 시작하여야 한다고 한다. 물론 이러한 제안은 인공수정으로 배양된 배아나 태아에 관련된 것은 아니며, 또한 적용될 수도 없는데, 인공수정배양의 경우 생명능력은 생명의 시작부터 존재하기 때문이다. 하지만 서술된 제안은 인공수정배양과 무관하게 의구심이 든다. 즉 모체 밖에서 발달한 인간생명의 생명능력은 의료기술의 각 발전단계에 좌우되고 있다. 이에 따라 임신 후 20주라는 기준은 현재의 기술가능성에서는 공감될지 모르지만, 몇 년 후에는 시대에 뒤쳐지게 될 것이다.[45]

일반형법상의 보호범위 시기를 — 결론적으로 납득할 만하게 — 앞당기는 것은 문제가 있는 기술적 진보와 결합하지 않고서도, 출생 전 생명의 발달단계와 연결시킴으로써 가능할 수 있다. 이미 배아보호법에서 그러한 예를 찾을 수 있는데, 바로 배아보호의 적용영역이

---

43 이에 대해 상세하게는 *Jerouschek*, Lebensschutz und Lebensbeginn. Kulturgeschichte des Abtreibungsverbots, 1988.

44 *Gropp*, GA 2000, 1면 (7면 이하).

45 이러한 맥락에 대해서는 또한 *Brohm*, FS Maurer, 2001, 1079면 이하의 “Kurzlebigkeit und Langzeitwirkung der Rechtsdogmatik” 참조.

배아단계에서 태아단계로 넘어가는 시점에서 끝나는 경우이다.[46] 인공수정배양을 통해 생성된 인간생명을 한결같이 보호하기 위해서는 형법 제212조, 제211조 이하 및 제223조 이하를 통한 형법적 보호의 시작을 태아단계가 시작하는 시점으로 정해야 하는 것은 명백하다. 따라서 태아는 배아와는 다르게 형법상의 의미에서 보면 이미 "인간"인 것이다. 그럼에도 정상적인 임신의 경우 일반형법은 낙태를 최종적으로 차단효과를 가지고 규제하려는 형법 제218조 이하를 통해서 배제된다.[47]

VII. 법학의 새로운 학문분과인 생명형법

앞에서 인공수정배양을 예로 하여 제기된 물음들은 출생 전 생명보호라는 맥락에서 제기된 다른 물음들과 명백한 유사점을 보여주고 있어서, 이를 "생명형법"으로 부를 수 있는 법학의 독립된 하부분과로 분류하는 것은 정당한 것처럼 보인다. 가령 문서형법이나 사기형법과 같은 형법의 하부분과의 존재는 오래전부터 인정받아 왔다. 최근에는 컴퓨터형법도 또한 형법의 독립된 하부분과의 지위를 획득하였다. 이러한 법학의 분야는 한편으로는 — 형법의 일부로서 — 일반형법의 규정에 예속되어 있는 특징을 보이지만, 그러나 다른 한편으로는 특수하면서도, 맥락에 따른 전형적인 많은 물음들이 제기되므로, 법학의 독립된 하부영역으로 인정될 수 있는 특징을 보이고 있다.

46 *Keller/Günther/Kaiser*, Kommentar, zum ESchG, 1992, §2 Rz 59 (물론 배아단계에서 태아단계로 넘어가는 발전단계는 이미 8주에서 시작된다).

47 자세하게는 *Hilgendorf*, MedR 1994, 429면 (431면 이하).

생명형법은 기술적 진보를 통해 생명의 시작과 생명의 끝에 대해 제기된 새로운 문제들을 다룬다. 이에 덧붙여서 사물관련성에 의한 그러한 구상의 법학분야에 배열된 전통적인 문제들도 제기된다. 생명형법에서 제기되는 특징적인 일반적인 문제들은 가령 형법적 생명보호의 시작과 끝 그리고 이에 대한 근거, 단계화된 보호가능성, 정당화된 승인의 전제와 한계, 그리고 인간 이외의 생명에 대한 보호문제 등이 바로 그것이다. 생명형법에서 전형적으로 사용되는 논증방법은 예를 들면 인간존엄성에 대한 호소, 잠재성논거 또는 인간개념에 의거한 논증들이다.[48] 물론 이러한 논증들은 다른 맥락에서도 사용된다는 점이 자명하기는 하지만, 그럼에도 생명형법에서 특히 자주 사용되며 그리고 종종 문제에 결정적으로 작용한다. 따라서 이러한 논증들은 독립적으로 분석되고 평가받을 만하다.[49]

생명형법의 "각칙"에는 가령 안락사와 인간생체실험과 같은 전통적으로 제기된 문제 외에도, 예를 들면 체외수정, 복제, 착상전진단요법, 줄기세포치료 그리고 인공수정배양 등과 같은 새로운 문제들도 속한다. 또한 최근에서야 여기에 포함되고 있는 중증장애를 가지고 태어난 신생아에 대한 살인 및 죽음방치 문제도[50] 이러한 맥락에 속하고 있다. 이러한 문제들은 이전에는 "의사법"(Arztrecht)이라는 명칭으로 다루어져 왔다. 이러한 의사와, 의사들의 의무 및 권리영역을 일방적으로 중심으로 내세우는 표현은 그사이 "의료법"(Medizinrecht)이라는 명칭으로 지배적으로 대체되었다. 추가적으로 인간세포 및 다

48 이에 대해서는 Strasser/Starz (Hrsg.), Personsein aus bioethischer Sicht, 1997에 있는 기고문 참고.

49 *Neumann*, ARSP 1998, 153면 이하, *Hilgendorf*, NJW 1996, 758면 이하.

50 *Merkel*, Früheuthanasie. Rechtsethische und strafrechtliche Grundlagen ärztlicher Entscheidungen über Leben und Tod in der Neonatalmedizin, 2001.

른 생명체에 대한 비의학적으로 행해지는 조작들을 조망해 보건대, 의료법을 "생명법"(Biorecht)으로 확장하는 것도 수긍이 간다. 이에 상응하여 의료형법(Medizinstrafrecht)도 생명형법으로 변화해 간다.[51] 이로써 의료법과 생명법의 관계는 의료윤리와 생명윤리의 관계와도 유사한데, 즉 생명형법은 일반생명법의 한 부분으로 이해될 수 있다.

생명형법은 법철학과 기본법 도그마틱, 특히 기본법 제1조 제1항과 제2조 제2항 1문과 매우 밀접한 관련을 맺고 있다. 이러한 긴밀한 관계가 문제가 없지는 않은데, 이유는 전통적인 법률구속에 대한 요청과 명확성원칙으로 각인된 엄격한 형법의 논증방식은 법률외적인 관점에 훨씬 더 개방적이며, 법철학과 그리고 일부 기본법이론에서 지배적인 방식과는 현저히 다르기 때문이다. 따라서 사실관계를 확정해야지 가치를 표명해서는 안 된다. 물론 모든 법학적 설명에는, 제안된 논증의 본질에 대해 독자도 필자 자신도 기만당하지 않기 위해, 법학적인 논증과 비법학적인 논증을 명확히 구분하고 특히 전문적인 입장과 개인적으로 평가된 입장을 명확히 구분해야 한다는 계명이 통용된다.

VIII. 요 약

(1) 인공수정으로 배양된 인간도 또한 살인죄 및 상해죄의 구성요건으로 포괄적으로 보호받기 위해서는 형법 제211조, 제212조 및 제223조 이하의 적용범위를 출생 전 단계로 확대해야 한다. 여기서

51 Roxin/Schroth (Hrsg.), Medizinstrafrecht. Im Spannungsfeld von Medizin, Ethik und Strafrecht, 2. Aufl. 2001.

제시된 모델에 따르면 자궁 밖에서 생성 중인 생명은 먼저 배아보호법에 의해 보호되며, 이후 배아단계를 넘어서 태아단계에 이르면, 일반 살인죄 및 상해죄에 의해 보호되게 된다. 하지만 이와 달리 모체에서 발달한 인간의 생명에 대해서 형법 제218조 이하(역주- 낙태에 관한 죄)는 차단효과를 가지고 최종적인 특별규제를 한다. 이러한 방식으로 인간생명을 빈틈없이 단계화하여 보호하는 것은 생명발달의 모든 단계에서, 즉 모체 내에서뿐만 아니라, 모체 밖에서도 마찬가지로 달성되게 된다.

(2) 인공수정배양을 형법적으로 극복하려는 것과 같은 문제는, "생명형법"으로 불릴 수 있는 형법의 새로운 하부분과의 출현을 암시한다. 이러한 생명형법은 생명형법이 법철학 및 기본법 도그마틱과 매우 긴밀한 관련을 맺고 있다는 특징을 갖는다. 형법의 다른 하부분과와 마찬가지로 생명형법은 독일 형법의 일반적인 규정들에 종속된다. 그러나 이와는 별도로 생명형법은 법의 독자적인 부분영역을 정당하게 말할 수 있게 하는 특별한 문제와 전형적인 논증형식들을 담고 있다.

CyberStalking

07

사이버스토킹*

인터넷 범죄의 새로운 변종

당신의 모든 숨결마다, 당신의 행동 하나하나마다, 당신이 무너뜨리는 약속 하나하나마다, 당신의 걸음걸이 하나하나마다 나는 지켜볼 것입니다 […]
(출처: "당신의 모든 숨결마다," The Police, 1983)

I. "사이버스토킹"— 새로운 현상

"나는 당신을 지켜볼 거예요"(I'll be watching you). 이는 영국의 록밴드인 폴리스(The Police)의 낭만적으로 사랑을 갈망하는 표현으로 여전히 간주될 수 있는 발라드 가사인데, 이 가사는 그동안 많은 사람들에게는 오히려 위협적인 소리로 받아들여졌다. 이 후렴구가 서술하는 현상은 몇 년 전부터 언론에서뿐만 아니라, 또한 학술적인 출판물에서도[1] "스토킹"(영어로는 "살금살금 다가가는 행위," "남의 말을

* 원문은 Cyberstalking. Eine neue Variante der Inernetkriminalität, in: K&R Heft 4/2003, 168-172면.

1 *Kerber/Pröbsting*, ZRP 2002, 76면 이하; *Löbmann*, Monatsschrift für Kriminologie und Strafrechtsreform (MschrKrim.) 2002, 25면 이하; *Pechstaedt*, Stalking: Strafbarkeit nach englischem und deutschem Recht, 1999; 영미쪽 문헌으로는 Boon/Sheridan (Hrsg.), Stalking crimes and psy-

엿듣는 행위"를 의미함)으로 서술되어 분석되어졌다. 심지어 할리우드에서조차도 이 주제를 관심 있게 다루었다.[2] 이러한 행위의 가장 최근의 변종은 "사이버스토킹"(Cyberstalking)인데, 즉 인터넷상에서 다른 사람을 지속적으로 감시하거나(Überwachung), 귀찮게 하거나(Belästigung) 또는 위협하는(Bedrohung) 행위를 말한다. 예전에도 광범위한 조사와 감시에 대한 두려움이 있었지만, 이는 일차적으로는 국가에 의한 것이었다.[3] 하지만 우리의 모든 삶이 광범위하게 디지털화되고 네트워크화된 결과, 오늘날 개인들이 자기 집 컴퓨터를 통하여 다른 사람의 사적이고 은밀한 영역 깊은 곳까지 전혀 알아차리지 못하게 침투하는 것이 가능하게 되었다.[4] 이로부터 발생하는 심각한 방해나 괴롭히는 행위들이 더 이상 확산되어서는 안 될 것이다. 하지만 이미 인류의 역사만큼이나 오래 지속된 추적하고 귀찮게 하는 현상은 이제 새로운 차원에 이르게 되었다. 따라서 만일 이에 대한 효과적인 구제책이 신속히 만들어지지 않는다면 "사이버스토킹"은 인터넷시대[5]의 재앙으로 발전될 수도 있을 것이다.

---

chosexual obsession, 2002, 그리고 Davis (Hrsg.), Stalking crimes and victim protection: prevention, intervention, threat assessment and case management, 2001 참조; 더 나아가 *Finch*, The criminalisation of stalking, 2001.

2 영화 "미져리"(Misery), "더 팬"(The Fan), 또는 "운명적 사랑"(Fatal Attraction) 등 참조.

3 이에 대한 해답으로서 연방헌법재판소(BVerfGE) 65, 1은 "정보의 자기결정권"(informationelle Selbstbestimmung)이라는 새로운 기본권을 창설하였다.

4 카메라의 소형화와 웹캠의 보급으로 인하여 심지어 피해자의 집 내부까지 은밀히 관찰할 수 있게 되었다.

5 2002년 여름 현재, 한국은 100가구당 13.9가구가 광대역 통신망을 사용함으로써 OECD 국가 중 인터넷 기술이 앞서 있었다. 캐나다와 미국은 100가구당 3.2가구가 통신망을 사용함으로써 그 뒤를 잇고 있다. 일본에서는 단지 0.9%만이 사용하고 있고, EU에서는 평균적으로 가구당 0.8%만이 광대역 통신망을 사용하고 있다(FAZ, 2002. 6. 25, 9면).

영미법계의 많은 국가들, 특히 미국에서는 이미 온라인상에서 괴롭히는 행위를 금지하는[6] 해당 형벌구성요건들이 존재하고 있다. 그중 일부는 개별규범의 형태로, 일부는 괴롭힘과 위협에 대한 일반 형벌규범과 결합하여 존재한다. 이와 달리 독일에서는 이에 상응하는 사례들의 발생이 예상됨에도 불구하고 아직까지는 그에 해당되는 형벌구성요건은 존재하지 않는다.[7] 하지만 최근 들어 독일에서도 역시 "사이버스토킹"을 독자적인 형벌구성요건으로 파악하자는 요청이 대두되고 있다[8](역주- 한편 일반 스토킹[nachstellung]은 2007년 3월 22일 제40차 형법개정으로 형법 제238조에 새롭게 도입되었다).

II. 온라인상에서 괴롭힘의 발생, 진행과정 그리고 유형들

온라인에서 채팅하는 것은 요즘 많은 젊은이들이 선호하는 일이 되었다. 이에 따라 인터넷을 통해서 오로지 연애할 대상과 접속하는 서비스에 주력하는 수많은 사이트들이 생겨났다. 또한 비정상적인 형태의 성행위에 관심을 갖고 있는 사람들도 인터넷상에서 동일한 관심을 가진 사람들을 검색하여 찾게 되었다.[9] 하지만 모든 접속이 양쪽 당사자 모두에게 기분 좋은 것만은 아니다. 한쪽 당사자가 접

---

6 www.haltabuse.org/resources/laws/index.shtm에서 찾아볼 수 있다. 또한 이 사이트에서는 (특히 2002. 10. 11일자) 주제에 대한 수많은 부차적인 비판들을 발견할 수 있다.

7 독일에 대한 정확한 정보는 아직 없다. 미국에 대해서는 아래의 III. 2. 참조.

8 일례로 *Kerber/Pröbsting*, ZRP 2002, 76면, 78면 참조.

9 가령 "요바노빅 사건"(Fall Jovanovic)(사디마조히즘적인 방법)에 대해서는 *Burgess/Baker*, Cyberstalking, in: Boon/Sheridan (주 1), 201면, 208면 이하 참조.

속을 중단하려고 하는데, 다른 당사자는 접속을 계속 하고자 하는 경우, 드물지 않게 충돌이 발생한다.[10] 그러면 — 전형적으로는 남자인 — 거절당하는 쪽은 접속갈망의 대상자인 상대방 여자에게 때때로 청원하거나 구걸하는 편지를 쏟아 붓는 것으로 전환한다. 이러한 일은 이메일을 통해 매우 쉽게 행해질 수 있다. 이러한 편지들에 대해 답장이 없거나 수신자의 마음을 바꾸지 못하면, 종종 모욕이나 협박이 이어지기도 한다. 특히 심한 경우 거절당한 쪽은 상대방에 대한 부적절한 내용들을 유포하기도 하는데, 가령 상대방의 전화번호를 "모델서비스"라고 제공하거나 또는 (실제이건 합성이건 간에) 은밀한 사진을 네트워크에 올리는 행위 등을 한다. 미국에서는 특정 여자를 사칭하여 강간당하고 싶어한다는 내용을 인터넷에 올린 사례가 보고되기도 하였다. 여기서 행위자는 아무것도 모르는 피해 여성의 주소와 전화번호도 첨부하였다.[11] 많은 사례들에서 행위자는 가상의 영역을 벗어나 실제로 주거침입(Hausfriedensbruch), 재물손괴(Sachbeschädigung), 성범죄(Sexualdelikten), 신체상해(Körperverletzung) 또는 심지어 살인(Tötungsdelikt) 등의 행위를 하기도 한다.

---

10 다른 사례들에서 온라인상의 공격의 계기는 오랜 기간 동안의 인간적인 관계에서 헤어지거나 단절되는 것에 있다.

11 이에 대해서 1999년 8월, 부통령에게 제출한 Attorney 장군의 Report on cyberstalking: a new challenge for law enforcement and industry 참조; http://www.usdoj.gov/criminal/cybercrime/cyberstalking.htm, 4면(기준일: 2002. 10. 11).

III. 네트워크상에서 가해자와 피해자의 특별한 상황

앞서 언급한 것과 같은 행위태양은, 가령 한밤중에 전화를 건다거나, 괴롭히거나 아니면 소위 "성희롱"이라 불리는 다양한 형태 등의 더 오래된 정신적 테러형태와 거의 동등한 수준이다.[12] 기존의 "스토킹"은 "현실"세계에서 감시, 추적, 잠복해 기다리는 형태였으며, 단순한 연애편지에서부터 극심한 위협으로까지 이를 수 있는 강제적인 의사소통을 수반하기도 한다. 여기에서 신체폭력으로 나아가는 일은 그리 먼 것이 아니다. 비록 "스토킹"이라는 표현이 아직 네트워크상에서 통용되는 것은 아니지만, 이러한 형태의 괴롭힘이 독일에서도 빈번하게 발생하고 있다.

1. 새로운 행위매체인 정보네트워크

"사이버스토킹"은 정보네트워크상에서 실현된다는 점에서 특별한 차원이다. 그사이 인터넷에서는 수백억 명 이상의 사람들이 활동하고 있다. 이러한 인터넷에서 활동하는 사람들이 현실세계에서보다 사회적 부적응자나 심지어 범죄적 성향이 있는 사람들이 더 많다는 증거는 아직 존재하지 않는다. 하지만 네트워크의 특성상 개인 이용자들이 네트워크 곳곳에 두루 편재하는 결과가 초래된다. 즉 자판을 한 번 두들김으로써 원칙적으로 많은 소식들이 무제한으로 보내질 수 있다. 이메일, 뉴스그룹 그리고 채팅과 같은 기능들은 매우 저렴하며, 또한 아주 빠른 속도로 제공되고 있다. 이를 통해 네트워크상

12 입증과 함께 *Schaefer/Wolf*, ZRP 2001, 27면.

에서는 방해자로부터의 잠재된 괴롭힘이나 피해가 크게 증가하고 있다. 경우에 따라서 가해자는 혼자서 수많은 피해자를 극심하게 귀찮게 하거나 괴롭히거나, 심지어 고통을 가할 수가 있다.

그 밖에도 인터넷에서는 피해자에 대한 많은 정보들이 능숙하게 수집될 수 있다.[13] 노련한 해커는 피해자의 모든 컴퓨터 활동들을 추적하고 기록할 수 있다. 이는 가령 가해자가 피해자의 이메일을 통해 몰래 그의 컴퓨터에 침투하는 "트로이목마"(trojanisches Pferd)에서 유래되었다. 덧붙여 또한 "MS Messenger"나 "ICQ"[14] 같은 프로그램도 해커에게 사적인 접근을 허용하는 상당한 보안결함을 가지고 있다. 경우에 따라서는 부분적으로 피해자의 컴퓨터를 장악하기도 하는데, 예를 들어 피해자의 컴퓨터 모니터에 피해자가 전혀 예상치 못한 메시지를 실행시키거나 디스크 드라이버를 구동시키거나 정지되도록 하기도 한다.

"사이버스토킹"이 괴롭힘, 모욕 그리고 방해하는 등의 다른 형태들과 구분되는 또 다른 요소는 제 3 자를 갈등에 끌어들일 가능성이 거의 임의적이라는 데 있다. 한편으로 가해자는 주된 피해자에게 해를 끼치기 위하여 피해자와 가까운 사람인, 가령 피해자의 자식이나 다른 가까운 친척들을 공격할 수 있다. 또한 가해자는 간단한 방법으로 피해자에 대한 (사실이건 거짓이건 간에) 정보를 인터넷에 올려, 실제로 전세계에 퍼지도록 할 수 있다. 가해자는 이러한 부류의 정보

---

13 인터넷을 통해서 "투명한 시민"(gläsernen Bürger)이라는 오래된 끔찍한 상(像)이 점점 더 현실화되고 있으며, 이러한 끔찍함은 점점 상실되고 있다. 특히 기업들은 인터넷이용자에 대한 거대한 양의 정보를 수집하고 있는데, 이때 당사자들은 실제로 정당한 항의조차 못하고 있다. *Garfinkel*, Database Nation. The death of privacy in the 21st Century, 2000 및 Bäumler (Hrsg.), E-Privacy. Datenschutz im Internet, 2000에 실린 기고문 참고.

14 ICQ ("I seek You"): 인터넷통신 프로그램(채팅, 정보교환).

를 심지어 대량 이메일(스팸)을 통해 많은 임의의 메일주소로 적극적으로 퍼뜨릴 수도 있다. 특히 가해자는 이러한 정보에 피해자 자신의 이름이나 그와 가까운 사람의 이름을 올려서, 상대방 피해자에게 특정한 행위를 하도록 요구하는 비열한 짓을 하기도 한다.

2. "사이버스토킹"의 심리학적 측면

네트워크에서 익명성은 어느 정도의 자제력 상실을 촉진하고 있다. 이와 동시에 혼자 비공개적으로 집 안에 있는 컴퓨터를 통해서 다른 사람에게 접속한다면 사회적 통제도 상실된다. 온라인상의 추적자는 행위를 하는 동안 피해자를 보지 못하며, 기껏해야 자신의 행위에 대한 결과만을 상상할 수 있을 뿐이다. 따라서 자신의 행위로 인한 피해자의 곤경은 단지 추측되고 상상만 될 뿐이며, 이는 연민을 느낄 수 있는 기회를 상당히 잃어버리게 되는 것을 의미한다.

또한 매체심리학(Medienpsychologie)[15]에서 아직 충분히 연구된 사실은 아니지만, "채팅할 때" 발생하는 현상은 "사이버스토킹"의 적절한 이해를 위해서 아주 중요할 수 있다고 한다. 이러한 현상은 "타인과 가까이 있다는 망상"으로 부를 수 있을 것이다. 즉 다른 사람과 온라인에서 "실시간" 교류하는 사람은, 경우에 따라서는 그의 커뮤니케이션 파트너에게 특별한 친근감과 신뢰감을 느낄 수도 있다. 이러한 놀라운 친밀감의 원인들은 인터넷의 익명성과 비대면성을 고려해 볼 때 좀 더 연구가 지속되어야 할 것이다. 중요한 한 가지 요인은 아마도 시간손실이 전혀 없으며 종종 외부의 방해에 영향받지 않고서도 커뮤니케이션이 진행된다는 사실일 것이다. 따라서

---

15 이러한 새로운 학문분야에 대한 개관으로는 *Winterhoff-Spurk*, Medienpsychologie, Eine Einführung, 1999 참조.

직접적인 신체적 접촉이 아닌 환상이 발생한다. 하지만 서로 간의 접촉은 사실상 모니터에 나타나는 부호를 통해서만 이뤄질 뿐이며, 사람들은 상대방의 목소리도 들을 수도 없고 모습을 볼 수도 없다. 이 때문에 채팅파트너의 의도가 무엇인지에 대해 너무나 쉽게 잘못된 해석을 내리게 된다. 따라서 상대방이 자신에게 더욱 가깝게 접근하려는 지속적인 관심을 가지고 있다고 혼자 상상할 위험이 매우 크다. 특히 다른 사람과 사적인 교제를 상당히 꺼리고, 대신 컴퓨터로 즐겨 대화하는 바로 이런 사람들이 그러한 잘못된 생각에 빠질 위험에 처한다. 이들이 자신의 착각이 밝혀지게 될 때, 아주 빈번하게 좌절감을 경험하는 것은 당연하다.

전형적인 "사이버스토커"에 대한 기본적인 경험적 연구는 지금까지도 결여되어 있는 것 같다.[16] 하지만 추측해 보면 중요한 문제는, 처음 언급되었던 사례와 마찬가지로, 예를 들면 희망에 부풀어 온라인상으로 첫 만남을 가진 이후 여자에게 거절당하자, 네트워크를 통해 두 번째 만남의 기회를 가지려고 고군분투하거나 보복하려고 하는 지배적인 남자들에게서 발생한다. 이러한 행동의 동기는 사랑에 빠졌다거나, 자아가 상처받았다거나, 기대하지 못했던 거절에 대한 분노일 수 있다. 하지만 여성이 가해자로 발생하는 사례도 많이 있다. 많은 여성들에게 해당되는 "사이버스토킹"의 특별한 유형은 유명인이나 대중에게 주목받고 있는 다른 사람을 추적하는 것이다. 이들 피해자들은 그전에 사적인 내용이나 사진들이 담긴 자신의 홈페이지를 가지고 있는 사람들이 해당된다.

가해남성의 경우 행위동기는 성적인 절망감 외에도 종종 정치적이거나 종교적인 이유인 것으로 여겨진다. 이러한 종류의 사례들

16 그러나 앞의 주 1에서 언급했던 "스토킹"에 대한 일반 문헌 참조.

중에는 가령 오늘날 일반적으로 자신의 홈페이지와 이메일 주소를 가지고 있는 연방의회 의원들에게 욕설까지 담고 있는 정치적 입장 표명이나 종교적 강론들을 폭발적으로 퍼붓는 것을 들 수 있다. 여성들의 경우에는 애정의 동기가 압도적인 것으로 여겨지는데, 종종 초자연적인 요소들에 대한 믿음도 역할을 하는 것 같다. 즉 가해여성들은 자기와 피해자가 운명적으로 결합되어 있다고 착각하며, 이들이 이 사실을 알지 못하거나 부당하게 거부하고 있다고 느낀다. 하지만 이러한 여성추적자 및 남성추적자에 대한 기본적인 경험적 연구들은 아직도 미비한 실정이다. 물론 피해자 측에 대한 이러한 기본적인 연구도 마찬가지로 미비하다.[17] 미국에서는 2%의 남성들과 8%의 여성들이 이미 지속적인 괴롭힘을 받았다고 추정되는데, 이 수치는 1997년에 보고된 여성에 대한 폭력연구(National Violence Against Women Survey)라는 표본연구에서 나온 것이다.[18] 분명한 점은, 이러한 수치는 여론조사 시 "스토킹"의 정의를 어떻게 규정하는가에 따라 좌우된다는 점이다. 즉 보다 넓게 정의된 경우에는, 근본적으로 높은 수치를 예상할 수 있지만,[19] 이렇게 되면, 다소 평범한 연애문제도 또한 이러한 스토킹의 경우로 파악될 수 있을 것이다.

---

17 그러나 앞의 주 1에서 언급했던 *Boon/Sheridan*의 모음집과 참조.

18 *Löbmann*, MschrKrim. 2002, 25면, 27면.

19 *Löbmann*, MschrKrim. 2002, 25면, 27면 이하, 미국의 남녀학생들을 상대로 두 가지 새로운 연구를 참조해 볼 때, 이에 따르면 여성들의 24.7% 내지 29%, 그리고 남성들의 10.9% 내지 24%가 이미 스토킹을 당했었다고 응답했다.

Ⅳ. 온라인상의 괴롭힘에 대한 형법적 도구

독일형법이 이러한 부류의 행위들에 대해 전혀 구제해 주지 못하는 것은 아니다.[20] 극심한 경우에는 형법 제185조의 모욕죄가 성립할 수도 있다. 그러나 형법 제185조는 개인의 명예, 그리고 경우에 따라서는 간접적으로 성적 자기결정권이나[21] 또는 사적공간의 불가침권을 보호할 뿐이다.[22] 또한 강요죄(형법 제240조)나 강요죄의 미수도 고려할 수 있다. 만일 피해자가 구체적인 범죄로 위협을 받는다면, 형법 제241조(협박죄)도 고려할 수도 있다. 그 밖에도 상해죄의 구성요건(형법 제223조 이하)도 고려할 수 있다.[23] 이는 가해자가 피해자에게 신체적인 고통을 주는 경우뿐만 아니라, 정신적으로 극심한 정도에 이르러, 예를 들면 극도의 신경쇠약, 불안상태 또는 불면증 등과 같은 신체적인 결함이 나타나는 경우에도 적용된다. 이 점에 있어서는 "전화테러"(Telefonterror) 판례를 다시 살펴볼 만하다.[24]

그러나 많은 경우 "사이버스토킹"은 형법적으로 포섭될 수 없다. 따라서 가령 대량으로 이메일을 전송하는 행위는, "온라인 메일함"(online-Briefkästen)을 닫아버리지 않는 한,[25] 형법적 구성요건을

20 민법적으로 우선 민법 제1004조 부작위청구권이 고려될 수 있다. 이 경우 피해자는 입증의무와 비용부담을 갖게 된다.

21 따라서 BGH, BGHHSt 36, 145는 형법 제185조의 "성적모욕"의 맥락에서 제한적으로 해석되었다. *Otto*, JZ 1989, 803면 이하 참조.

22 *Arzt/Weber*, Strafrecht-BT, 제1판, 2000, 7 Rdnrn. 4 이하.

23 행위매체인 인터넷을 사용하는 것은 경우에 따라서 형법 제224조 제1항 2호(위험한 도구)에 포섭될 수도 있다.

24 BayObLG, JZ 1974, 393면; 이전 판례에 대한 입증으로 *Brauner/Göhner*, NJW 1978, 1469면, 1472면. 최근 입증과 함께 연방대법원(BGH) 판례는 NJW 1996, 654면; BGH, NJW 1999, 2191면 참조.

25 *Hilgendorf*, JuS 1997, 323면, 325면.

충족시키지 못한다. 또한 모욕의 문턱에 이르지 못한 무례함 및 강요나 협박으로 간주될 수 없는 위협적인 표현도 처벌할 수 없다. 이러한 동일한 행위는 심지어 인터넷 밖의 오프라인에서도 마찬가지로 처벌할 수 없다. 또한 한밤중에 전화를 거는 행위도, 다른 사람을 "힐책"하고자 부적절한 표현을 쓰는 것과 마찬가지로 형법으로 처벌될 수 없다. 실제로 이와 같은 사례들은 대부분 형사소송법 제170조 제2항에 의해 소송이 중단된다. 여기서 소위 형법의 "단편적 성격"(fragmentarische Charakter)이 드러나는데, 즉 형법은 모든 "부적절한" 행위형태를 처벌하는 것이 아니라, 특별한 정도에 이르러서 사회적 해악으로 간주되어 이로써 입법자가 예방목적을 위해 형법적인 제재로 규정해야 하는 그러한 행위방식들만을 처벌해야 한다.[26]

최근 들어 시작된 온라인상의 괴롭힘에 대한 논의는 이미 사장된 것으로 여겨졌던 법익의 부활을 가져올지도 모른다. 이에는 특히 모든 사람들에게 귀속된 존중에 대한 요청이라는 의미의 "명예"(Ehre)라는 법익이 해당한다. 70-80년대 많은 사람들은 명예에 대한 형법적 보호를 시대착오적이라고 비난하였다. 하지만 오늘날에는 프라이버시에 대한 존중받을 권리와 매우 개인적인 부분의 세부적 내용들에 대한 유포금지가 심지어 인간존엄성에까지 속한다는 관점이 관철되기 시작하였다.[27] 이와 관련하여 정보보호 역시 조만간 더 많은 대중들의 관심을 다시 받을지도 모른다.

경우에 따라서 "사이버스토커"에게 적용될 수 있는 새로운 형벌규정은 2001년 12월 11일에 제정된 폭력보호법(Gewaltschutzgesetz;

26 *Roxin*, Strafrech - AT, 제3판, 1997, §2 Rdnrn. 38 이하.
27 *Hilgendorf*, Die missbrauchte Menschenrde, in: Byrd/Hruschka/Joerden (Hrsg.), Jahrbuch für Recht und Ethik, 1999, 137면, 148면 이하.

GewSchG)에서 찾을 수 있다.[28] 이 법률에 의하면 폭력이나 부당한 추적으로부터 구체적인 개인을 보호하기 위해 내려진 법원의 특정 집행명령을 위반하는 자는 처벌될 수 있다(제 4 조). 동 법률에 의해 여성과 남성 모두 동일하게 보호받을 수 있다. 폭력보호법 제 1 조 제 2 항에 의하면 추적은 행위자가 위법하게 피해자의 생명이나 신체, 건강 또는 자유를 침해하려고 위협하는 경우 적용된다(1호). 그러나 또한 주거의 평온을 침해하거나(2a호) 또는 타인이 "명시적인 의사표시를 했음에도 계속해서 추적하거나 원격통신수단을 이용하여 추적함으로써 부당하게 괴롭히는 것(2b호)"도 마찬가지로 폭력보호법의 추적에 해당한다.

"원격통신수단"의 개념에는 전자통신수단도 포함된다. 하지만 정보를 단순히 관찰하거나 수집하는 것을 폭력보호법 제 1 조 제 2 항 2b호 의미의 "추적"으로 간주해서는 안 된다. 오히려 "반복된 추적"과 제 1 조 제 2 항 1호의 행위태양이 비슷한 지위를 갖는다는 것을 고려하면, 피해자가 추적당하는 것을 인지하여 이로부터 현저한 방해받는 감정을 가져야 한다는 것을 의미한다. 다른 한편 인터넷 공간에서의 "추적"이란 (실제이건 가상이건) 단순히 추적하는 것뿐만 아니라 추적을 넘어서 더 나아가 제 3 자에게 알릴 목적으로 불쾌하거나 모욕적인 내용들을 공개하는 것을 의미한다. 따라서 이러한 점에서 "추적"의 개념은 넓은 의미로 해석될 수 있으며, 이것은 규범의 문언에 부합할 뿐만 아니라, 규범의 목적에도 필요한 것이다. 하지만 추적으로 야기되는 괴롭힘은 "무리가 될 정도"이어야만 한다. 이러한 규정들은 법관에게 상당한 자유재량을 부여하는데, 이 자유재량은 개별사례, 특히 가해자와 피해자가 특별한 관계에 있는 사례

---

28 BGB1. I 2001, 3513.

에서 나오는 요구들을 정당하게 하는 데 이용될 수 있다.

법원은 폭력보호법 제1조 제1항 1문에 의해 "계속적인 피해를 방지하는 데 필요한 처분을 내릴" 수 있다. 법원은 특히 가해자가 계속해서 다른 사람과 관계를 맺으려고 하는 것을 중단하도록 명령할 수 있다(제1조 제1항 2문). 법률에서는 원격통신수단을 통한 접근도 해당한다고 명시적으로 규정하고 있다. 이는 온라인상의 추적자 역시도 그에게 부과되었던 접근금지명령을 어긴 경우, 폭력보호법 제4조에 의해 처벌될 수 있다는 것을 의미한다. 물론 이에 앞서 먼저 민사법원에 당해 법관의 명령을 요청하고 인가를 받아야 한다. 하지만 이것은 많은 시간이 요구될 수 있다. 다른 한편 폭력보호법 제1조에 의한 법관의 명령은, 행위자의 이름이 공개되는 것을 전제로 한다. 그러나 온라인상 괴롭힘의 많은 사례의 경우, 이러한 점은 결여되어 있다. 따라서 이러한 이유들만으로도 폭력보호법은 "사이버스토킹"을 방지하기에는 충분하지 않다.

V. 새로운 형벌규정은 필요한가?

물론 "사이버스토킹"을 특별히 형법으로 포섭해야 하는지도 의문이다. 한편으로는 온라인상의 괴롭힘, 모욕과 비방이 드물지 않게 오프라인과는 다른 속성을 가지고 있다는 사실을 간과해서는 안 된다.[29] 현실 세계에서 그런 종류의 의사표현은 일반적으로 좁게 한정된 사람들의 집단으로 제한된다. 이와 달리 인터넷에서의 모욕은, 노련하게 배치만 잘하면 손쉽게 전세계로 유포될 수 있다. 일단 비

29 앞의 III. 1. 참조.

방의 글이나 개인적인 사진이 공개된다면, 이 정보는 원칙적으로 전 세계에서 접근이 가능하게 되고, 또한 대부분의 내용들이 인터넷에서 계속해서 복사되고, 다른 곳에 저장되어지기 때문에, 더 이상 인터넷상에서 제거될 수는 없다. 이로부터 피해자를 무대 위의 웃음거리로 만드는 온라인은 피해자의 굴욕감을 세계화하고 영구화한다. 그동안 인터넷에는 모욕적인 글이나 그림들이 공개될 수 있는 전문 사이트들이 생겨났다. 심지어 오늘날 이미 대부분의 TV 토크쇼에서 발생하는 것처럼 그런 종류의 "서비스들"이 장차 상업화되어 관음증적인 호기심과 흥미의 원천이 되지 않을까 하는 우려도 있다. 이로부터 이에 대한 적합한 대응책을 시의적절하게 고려해야 한다는 많은 주장이 제기되고 있다.

하지만 "사이버스토킹"과 다른 형태의 온라인상 괴롭힘을 방지하는 데 대해 형법은 과도하게 요구받고 있다. 모든 형태의 사회유해적 행위에 대해 형사법을 일종의 만병통치약으로 간주하는 것은 오늘날 형사정책의 커다란 오류이다. 이런 형사정책적 경향의 표출은 (추상적) 위험범, 새로운 보편적 법익의 창조, 나아가 규범을 유연하게 다루는 것을 허용하도록 해석하는 확장된 법개념의 적용을 통해, 점점 더 전단계범죄화(Vorfeldkriminalisierung)에 이르게 된다. 이러한 예방형법은 독일형법의 법치국가적 전통과 합치하기란 상당히 어렵다. 오히려 형법은 법익보호의 최후수단으로서만 개입된다는 고전적인 자유주의 형사정책 원리에 속한다. 형법은 공공정책이나 사회정책에 대한 임의적 수단이 아니다.[30]

30 *Hassemer*, Produktverantwortung im modernen Strafrecht, 2. Aufl. 1996, 3면 이하; 이에 대해서 *Hong*, Flexibilisierungstendenzen des modernen Strafrechts und das Computerstraftecht, Diss. Konstanz 2003, Kap. 제2장과 제3장 참조.

게다가 "성적 괴롭힘"의 사례에서는, 성적인 영역에서 여전히 사회적으로 용인되는 행위와 더 이상 사회적으로 용인되지 않는 "괴롭힘"의 행위 사이를 한계 지우는 것이 얼마나 힘든 일인지를 보여주고 있다. 일상적인 경험에서 보면, 사랑에 빠지게 되면 거의 항상 어느 정도의 추근덕거림은 자연스럽게 이어지게 된다. 여기서 적극적인 역할은 서구 문화권에서도 예나 지금이나 남성에게 있다. 첫눈에 반한 여성이나 남성이 관심이 없다면, 구애자는 다른 사람을 가볍게 괴롭히는 것이 될 수도 있다. 그럼에도 사람들은 이러한 행위를 바로 범죄로 간주하지는 않는다. 왜냐하면 남용될 위험이 크기 때문이다. 미국 대학에서는 가령 남성 경쟁자나 갈등관계에 있는 대학강사를 압박하기 위해, "성희롱"했다는 비난을 받도록 하는 일이 종종 이용되기도 한다.[31] 이로부터 "사이버스토킹"의 범죄화에 대해서는 신중한 고려가 필요하다는 점을 알 수 있다. 사회적으로 더 이상 용인될 수 없는 사례들을 기존 형벌규범으로 처벌할 수 있는 한, 독자적 형벌구성요건을 특별히 규정할 필요는 없을 것이다.

게다가 많은 영역에 형법을 투입하는 것은 목적에 전혀 부합하지도 않는다. 법익보호에 적합하지 않은 형법규범들은 그 어떤 존재적 정당성도 획득하지 못하며, 기껏해야 "상징형법"(symbolisches Strafrecht)에만 유용할 뿐이고, 양심을 위안시킬 수 있을 뿐이다. 나아가 실제적인 효과도 거의 없다. 바로 "사이버스토킹"도 형법적 수단으로는 매우 극복하기 어려운 하나의 현상이다. 성적인 절망감에 빠진 사람의 행위는 형벌구성요건의 일반예방적 효과를 거의 기대할

31 *Patai*, Heterophobia. Sexual Harassment and the Future of Feminism, 1998; 또한 *Hilgendorf*, Sinn und Unsinn geschlechtsspezifischer Differenzierungen im Strafrecht, in: Kreuzer (Hrsg.), Frauen im Recht-Entwicklung und Perspektiven, 2001, 113면, 118면 참조.

수 없다. 더구나 네트워크상에서는 익명을 사용하기가 상대적으로 쉬우며, 피해자를 형법적으로 보호하기에는 항상 너무나 늦다. 따라서 "사이버스토킹"을 형법으로 극복한다는 것은 의미 없는 일이다.

Ⅵ. 온라인상 괴롭힘에 대한 보호조치

"사이버스토킹"에 대한 보호는, 형법에 앞서 사전에 다른 방법을 투입하는 것이 더 적합할 것이다. 즉 범죄예방이 중요한 것이지, 형법을 통한 범죄예방이 중요한 것은 아니다.[32] "사이버스토킹"에 대한 보호조치는 두 가지 군(群)으로 나눌 수 있다. 첫 번째 가능성은 발신인의 온라인서비스제공자와 접촉을 시도하는 것이다. 즉 온라인서비스제공자는 온라인상의 괴롭힘과 그리고 이와 유사한 행위사례에 있어서 핫라인(Hotline)을 통해 전문적인 상담가들과 연결되도록 하는 효과적인 기반시설을 갖추도록 해야 한다. 또한 모든 온라인서비스제공자는 온라인이용조건에 다른 사람을 괴롭히는 것을 분명히 금지해야 한다. 그리고 다른 사람을 괴롭히는 내용을 네트워크상에 반복해서 올리거나 기타 다른 방법으로 온라인상에서 추적하는 자를 온라인서비스제공자는 지체 없이 네트워크 접속을 차단하는 조치를 취해야 할 것이다.[33]

새로운 규정인 통신서비스법(Teledienstgesetz; TDG) 제8조 제2항 2문에서는, 접속제공자(Access-Provider)(TDG 제9조)에게도 일

32 *Ostendorf*, ZRP 2001, 151면 이하 참조.

33 차단의 실질적인 가능성과 처단조치의 허용성의 타당성 논의에 대해서는 *Mankowski*, MMR 2002, 277면 참조; 다른 견해로 *Stadler*, MMR 2002, 343면.

반법에 따라 접속차단의무가 존재할 수 있다는 것을 명확히 하고 있다. 차단할 수 있었고, 차단이 예견되었음에도 불구하고 고의로 차단의무를 이행하지 않은 접속제공자는 민법뿐만 아니라 형법으로도 책임을 져야 한다.[34] 따라서 그에게 알렸던 "사이버스토커"를 제한하지 않은 접속제공자는, 비록 그가 법원이나 관청에 의해 차단할 의무가 부여되었다 하더라도 형사처벌될 수 있다. 이러한 접속제공자의 상황은, 가령 폭발물이 든 편지나 모욕적인 내용이 담긴 편지와 같은 위험한 우편물을 인식하고 있으면서 배달하는 우편배달부의 상황과 동일하다. 일반적으로 이러한 전송차단을 거부하는 접속제공자는 부작위에 의한 종범을 인정할 수도 있다. 그 밖에도 익명으로 존재하는 "사이버스토커"의 정체성은 많은 경우 접속제공자가 밝혀낼 수 있다. 물론 여기에는 정보보호와 스토킹피해자의 정당한 이익간에 비교형량해야 하는 어려운 문제가 드러난다.

보호조치에 대한 두 번째 주목할 만한 점은 당사자 자신들에게 있다. 특히 대부분의 이메일 프로그램에서 비교적 손쉽게 조치할 수 있는 발신자의 이메일 주소를 차단하거나 또는 특별한 필터링 소프트웨어를 설치하는 것이 이에 속한다. 따라서 잠재적 피해자들은, "현실세계"(reale Welt)에서 위험상황에 닥쳤을 때 당연하게 취하게 되는 유보적 자세를 네트워크에서도 동일하게 취함으로써 괴롭힘을 당하기에 앞서 자신을 스스로 보호해야만 한다. 이에는 무엇보다 — 인터넷상에서는 거의 모든 사람이 그러한데 — 낯선 상대방에게 불필요한 정보들을 넘겨주지 않으며 그리고 상대방에 대해 지나친 신뢰감을

34 *Hilgendorf*, NStZ 2000, 519면, 521면; 이러한 입장을 이어서는 *Bubnoff*, in: Leipziger Komm.-StGB. 11. Aufl. 2001, 제130조, 제131조, Rdnr. 12; 다른 의견으로는 *Sieber*, Verantwortlichkeit im Internet, 1998, Rdnr. 381, 390; *Satzger*, CR 2001, 109면, 113면 이하.

갖지 않도록 하는 것을 들 수 있다. 가령 채팅방에서는 완전히 낯선 사람에게 자신의 이름이나 성별, 나이, 주소나 전화번호를 공개하는 것에 주의해야 한다. 경우에 따라서 노련한 해커는 이름만으로도 그 성명자에 대한 인터넷에 널려 있는 수많은 정보를 밝혀낼 수 있다.

그럼에도 불구하고 인터넷 운용에 있어서 위험에 대한 인식은 예나 지금이나 일반적으로 결여되어 있다. 이는 행위자뿐만 아니라 피해자도 온라인상에서는 심리학적으로 특별한 상황에 처해 있기 때문이다. 혼자 컴퓨터 앞에 앉아서 키보드를 치고 있는 사람은 일반적으로 이러한 표현들이 원칙적으로 전세계에서 수신될 수 있다는 생각을 하지 못한다. 네트워크와 이를 이용한 특별한 의사소통 가능성은 많은 사람들에게는 여전히 매우 새롭고 아주 매력적이어서, 충분한 보호매커니즘이 형성될 수 없다. 주의는 현명의 어머니라는 속담은 인터넷에서도 종종 불편한 경험을 한 뒤에라야 깨닫게 된다. 특히 어린이들은 네트워크상에서 가끔씩 놀라울 정도의 개방적이고 천진난만한 행동을 취한다. 여기에 위험을 인식시켜 줄 부모나 학교의 임무가 있다. 또한 이러한 임무는 오늘날 모든 곳에서 언급하고 있는, 무거운 짐을 지고 있는 "미디어의 권한"[35]에도 속한다.

VII. 결 론

인터넷을 통해 다른 사람을 지속적으로 감시하고, 괴롭히고, 위협하는 행위인 "사이버스토킹"은 네트워크상에서 자유로운 통신을

35 이에 대해서 (또한 전통적 미디어의 의미에 대해서) *Winterhoff-Spurk* (주 15), 131면 이하.

하는 데 있어 상당한 문제점들을 야기한다. 행위매체인 정보통신망을 이용하는 것은 가해자 측과 피해자 측 모두에게 특수한 상황을 야기하는데, 따라서 새로운 형태인 정신적 테러가 만연하기에 앞서 적절한 시기에 예방조치를 강구할 것이 권고된다. 하지만 이러한 상황에 있어서 형법은 적합한 수단이 아니다. 물론 중한 결과가 발생한 사례들은 형법 제185조 이하(역주- 모욕에 관한 죄)나 제223조 이하(역주- 상해에 관한 죄)로 포섭하기도 하며, 또한 새롭게 제정된 폭력보호법 제4조도 온라인상의 추적행위에 적용할 수 있다. 하지만 확장된 형벌구성요건을 규정하는 것은 별로 의미 있어 보이지는 않는다. 또한 확대된 보호법익(Schutzgüter), 전단계범죄화, 추상적 위험범(abstrakte Gefährdungsdelikt)과 더불어 예방형법(Präventionsstraftecht)을 지향하는 새로운 시도도 법치국가적으로 문제가 많으며, 형사정책적으로도 결함이 많고, 특히 피해자를 형법으로 보호하기에는 어쨌든 너무나 늦게 이루어진다. 따라서 온라인상에서 괴롭히는 자에게 자제력을 요구하기 위해서는 온라인서비스제공자의 의무를 강화하는 것이 의미 있는 일이 될 것이다. 하지만 더 중요한 것은 온라인이용자 스스로가 예방책을 마련하는 것이다. 위험에 대한 적절한 인식을 갖춤으로써만 "사이버스토킹"을 지속적으로 방지할 수 있으며, 네트워크상에서의 자유로운 통신을 보호할 수 있을 것이다.

Betrug im Internet

08

인터넷사기 * **

사 안

A는 튀빙엔(Tübingen)에 있는 한 서버에 인터넷사이트를 운영하기 위한 데이터를 저장해 놓았다. A는 이 인터넷사이트에 자신은 중국의 황제인데, 현재 재정적 어려움을 겪고 있어서, 자신에게 1,000유로를 송금하는 자에게 장관직을 하사하겠다는 문구를 적어 놓았다. A는 이러한 주장에 속을 사람이 있을 것이라고 기대하지는 않았지만, 만일 송금하는 사람이 있다면 당연히 그 돈을 받을 생각이었다. 이 메시지가 중국어, 일본어, 한국어, 독일어 그리고 영어로 사이트에 공개된다면, A는 사기범(내지 사기미수범)인가? (K. J. A. Mittermaier, Annalen der deutschen und ausländischen Criminal-Rechtspflege, Band 6 [1838], 17면)

---

* 원문은 Betrug im Internet, in: Kazushige Asada/Heinz-Dieter Assmann u. a. (Hrsg.), Das Recht vor den Herausforderungen neuer Technologien. Deutsch-japanisches Symposium in Tübingen vom 12.-18. Juli 2004, Tübingen 2006, 141-161면.

** 수많은 비판적 지적을 해 준 나의 동료 Brian Valerius 박사에게 감사를 표한다.

I. 도 입

오늘날 인터넷이 점점 더 우리의 일상 속에 자리잡으면서, 우리에게 편의를 제공할 뿐만 아니라, 또한 새로운 종류의 위험도 야기하고 있다는 말은 이제 진부한 이야기가 되었다. 기존의 사회유해적이거나 범죄적인 거의 모든 행위 유형이 이제 인터넷에서도 기본적으로 등장할 수 있게 되었다. 따라서 이러한 새로운 도전에 형법 역시 대응을 해야만 한다.[1] 인터넷망이 확대되면 확대될수록, 그리고 우리 일상생활의 평범한 구성요소로 자리잡으면 잡을수록, 인터넷은 좋든 나쁘든, 사회의 모습을 그대로 보여주는 거울이 될 것이다. 하지만 인터넷이란 단일국가나 단일국가의 집단에 국한되지 않고 전세계로 뻗어 있으며, 이에 따라 "인터넷-사회"란 뉴욕, 서울, 도쿄 그리고 튀빙엔을 동시에 두루 포함하고 있는 것이다. 현재 미국, 유럽 그리고 동아시아 국가들에서는 대다수가 인터넷을 이용하고 있다. 그러나 반면에 세계의 다른 지역, 특히 아프리카 대륙이나 아라비아 반도에 속한 국가들에서는 인터넷 이용률이 상대적으로 매우 저조하다.

이러한 인터넷범죄를 형법으로 대응할 경우, 전세계를 포함하는 인터넷-사회의 문화적 다양성은 지금까지 거의 논의되지 못했던 특별한 문제를 야기한다.[2] 이러한 논의에서는 특히 불법유형을 확정 짓

---

1 *H.-D. Assman*, Neue Technologien als Herausforderung des Rechts. Fragestellungen und Hypothesen, im vorliegenden Hand; 또한 Das Recht vor den Herausforderungen der modernen Technik. Sonderausgabe im Rahmen des Deutsch-Koreanischen Kolloquiums vom 19. bis zum 26. Juli 1998 in Wolfenbüttel, hrsg. von der Koreanisch-Deutschen Gesellschaft für Rechtswissenschaft, 1999 참조.

2 이와 관련하여 *O. Höffe*, Gibt es ein interkulturelles Strafrecht? Ein phi-

는 것(Festlegung von Unrechtstypen), 즉 비난가능한 행위를 범죄로 처벌하는 데 대한 의견일치를 강구하는 것만은 아니다.[3] 그보다는 오히려 어떤 행위가 특정한 문화적 맥락에서 볼 때 사회적으로 적합한지, 그리고 행위자의 불법인식이 요구되는지[4]와 같은 법도그마틱적인 문제제기(rechtsdogmatische Fragestellungen)가 논의의 핵심이 되며, 또한 금지착오를 회피할 수 있는 가능성은 있는지, 즉 그 답변이 특별한 문화적 속성에 의거하고 있는지 하는 물음이 이러한 논의에서 다뤄진다.

여기에 특정 범죄구성요건에 대한 해석(Auslegung)을 함에 있어서 문화적 특수성이 추가된다. 이에 대한 하나의 예로는, 사기죄에서의 설명의무(Aufklärungspflicht)를 들 수 있는데, 이 의무는 각 경제모델로부터 강한 영향을 받을 뿐만 아니라, 실증되지 않은 윤리적이고 종교적인 규범으로부터도 강한 영향을 받는다. 이러한 측면에서 보면, 서양문화권의 영향을 받은, 이익지향을 최우선으로 하는 행위자는 유교적 문화의 영향을 받은 한국이나 싱가포르 출신의 사업파트너와는 다른 조건에 놓여 있다. 일반적으로, 실정법이 비공식적인 문화적 규범에 대해서 판단여지를 많이 남기면 남길수록, 범죄구성요건을 해석하는 데 있어서 문화적으로 제한된 행위규범의 영향은 더욱 커진다고 말할 수 있다. 하지만 물론 일본이나 한국 같은 국가에

---

losophischer Versuch, 1999 (이 글에 대한 비판적인 글로는 *Th. Weigend*, JZ 2000, 41면 참조).

3 이러한 관점에는 전세계적으로 눈여겨볼 만한 일치된 의견이 있는데, 이는 전세계적으로 다른 국가들의 모델이 되었고 또한 되고 있는, (예를 들면 독일과 같은) 몇몇 국가에서 일찍이 컴퓨터범죄에 대응하기 위한 형법규범을 제정한 것과 관련되어 있다.

4 이에 대해서는 특히 *B. Valerius*, Das globale Unrechtsbewusstsein. 또는 zum Gewissen im Internet, in: NStZ 2003, 341-346면.

서 외국으로부터 계수한 법규범의 사용을 보면, 얼핏 보기에도 뜻이 분명한 규정 역시도 문화적 특수성에 따른 해석의 차이가 크게 난다는 것을 알 수 있다.

인터넷시대에서 문화적 차이는, 출발 논제로 삼았듯이, 형법에서 매우 중요하다. 그럼에도 불구하고 형법과 관련된 문화적 특징의 구성요건에 대해서는 지금까지 거의 다뤄지지 않은 것 같다. 따라서 다음에서는 인터넷사기를 예로 하여 몇 가지 중요한 문제들을 다루고자 한다. 이를 통해서 인터넷상에 등장하고 있는 많은 사기 관련 문제들은 오늘날 독일의 사기죄 구성요건이 형태를 갖추던 시기인 19세기 초에 이미 논의된 것임을 알게 될 것이다. 따라서 인터넷사기에 대한 논의에서는 비교법적인 공시적 관점을 법사적인 통시적 관점으로 보완하는 것이 합리적이다.

위에서 언급했듯이, 사회유해적 또는 범죄적 행위의 거의 모든 형태는 인터넷에서도 찾아볼 수 있다. 그중에서 오늘날 가장 중요하고 가장 광범위하게 퍼져 있는 인터넷 범죄유형으로는 다음을 들 수 있다.[5] 즉 정보처리의 도청, 다른 사람의 정보처리장치에 침입("해킹"), 이메일 주소 특히 대기업과 관공서 이메일 주소의 차단과 방해("서비스 거부공격"), (포르노물이나 급진주의자의 선전물과 같은) 불법자료 형태의 정보공유 및 전송, 정보의 금지된 변경 또는 이동, 정보의 불법복제(특히 저작권침해), (예를 들어 제3자의 비밀번호를 사용하여) 다른 사람의 ID를 통해 발신자로 가장하는 행위, (예를 들어 주식시장에 영향을 미칠 목적으로) 거짓정보에 접근 또는 전송하는 행위 등을 들 수

---

5 *E. Hilgendorf*, Kriminalität im Internet, in: Hanyang Law Review 17 (2000), 255-271면 (260면 이하); *E. Hilgendorf*, Neue Medien und Strafrecht, in: ZStW 2001, 650-680면 (653면 이하).

있다. 여기에 덧붙여 일반적으로 타인의 불법행위 책임과 관련된 사례유형이 추가된다. 특히 프로바이더(Provider) 책임과 그리고 범죄내용이 담긴 사이트를 링크로 건 책임 등이 이에 포함된다.

이처럼 광범위한 정보망범죄(Datennetzkriminalität) 중에서 여기서는 사기를 예로 하여 문화권을 넘나드는 인터넷-공간[6]에 형법을 적용하는 몇 가지 눈에 띄는 문제들을 다루고자 한다. 지난 수년 간 발생한 광범위한 바이러스나 웜 공격과는 달리 인터넷사기는 지금까지 공적인 관심을 받지는 못했다. 하지만 미래의 정보망범죄에서는 "해킹"이나 바이러스와 웜을 통한 공격보다는 사기와 컴퓨터사기가 더 큰 비중을 차지할 것이라는 예상을 할 수 있다.[7] 따라서 다음에서는 전통적인 사기, 즉 이득을 얻기 위해 다른 사람을 기망하는 행위로 주제를 한정하여 다루고자 한다.

II. 인터넷사기의 유형과 특징

1. 유 형

인터넷에서는 기겁할 정도로 다양한 형태의 사기유형을 발견할 수 있다.[8] 다음에서는 그중 몇 가지의 사례만을 선택하여 다루고자 한다. 잘 알려진 수상한 사례로는 나이지리아에서 오래도록 지속되고 있는 거래제안 사례를 들 수 있는데, 즉 거액의 돈을 유럽이나 미국

---

6 법에서 공간이라는 카테고리와 다양한 시각들에 대해서는 Raum und Recht. Festschrift 600 Jahre Würzburger Juristenfakultät, hrsg. von Dreier/Forkel/Laubenthal, 2002 참조.

7 *E. Hilgendorf*, Neue Medien und Strafrecht (주 5), 654면.

8 이에 대해서 *Wallace Wong*, Steal this Computer Book, 3. Aufl. 2004, Kapital 9.

계좌에 안전하게 안치하기 위해 도움을 청하는 제안이다. 이때 종종 이 거액의 돈이 어떤 어두운 출처를 가졌다거나 아니면 과거 독재자의 비밀유산이라는 등으로 가장되면서, 수령인에게는 재산이전 시 그 보상으로서 재산의 상당한 비율을 급부로 제공하겠다고 제안된다. 물론 수령인은 그 돈의 이전을 이행할 수 있도록 먼저 거액의 돈을 선불로 지급해 달라고 말할 수 있는데, 수령인이 이렇게 요청했다가는, 그는 다시 돈을 보지 못하게 될 것이다. 나이지리아 형법 제419조[9]에 따라 "419조 사기"로 간주되기 때문이다.[10]

다른 인터넷 사기제안으로는 가내부업이나 특정한 급부의 대가로 많은 보수를 약속하고는, 새로운 사업파트너에게 선불을 요구하는 것을 들 수 있다. 피라미드식 사기나 연쇄편지를 통한 사기는 빠른 이익을 미끼로 사람을 유혹한다. 또한 인터넷에서는 의사의 처방이 필요 없으면서, 매우 저렴한 만능특효를 사칭하는 약제를 팔기도 한다. 또한 널리 퍼져 있는 다른 사기유형으로는 허위번호를 이용한 속임수를 들 수 있다. 즉, 피해자들을 (흔히 포르노 내용을 통해서) 인터넷 사이트로 유인한 다음, 피해자 자신들도 모르게 값비싼 전화요금을 부담하게 하는 것이다. 2004년에 많은 주목을 끌었던 "피싱"(Phishing)에서 행위자는 속임수로 피해자의 계좌정보를 얻어서 자신의 계좌로 돈을 빼돌리기도 하였다.

또한 인터넷에서는 결혼사기 같은 전통적인 사기형태가 다시 부활하기 시작하였다. 여기서 피해자는 채팅방이나 온라인 교제게시판

---

9 영어로 된 법문은 http://www.nigeria-law.org

10 "Nigeria Connection"에 대해 더 상세하게는 *Th. Frank*, Zur strafrechtlichen Bewältigung des Spamming, 2004, 112면 이하 (Das Strafrecht vor neuen Herausforderungen, Band 3). "Nigeria Connection"과 비슷한 사기수법에 대해서는 http://server-wg.de:8080/nigeria/inhalt_a_z.html

을 통해서, 예를 들면 일본이나 한국 출신의 싱글이면서 예쁜 젊은 여성을 소개받는다. 그 후 (위조)사진과 함께 여러 차례의 온라인 교류를 통해서 친밀한 분위기가 조성되고, 결국 이 여성은 그에게 만나러 가겠다며 돈을 송금해 달라고 요청한다. 피해자가 이러한 무리한 요구를 들어주면, 그 다음에는 예기치 못한 문제가 생겨서 다시 돈이 필요하다는 전갈을 보내온다. 이러한 방법으로 큰돈을 갈취할 수 있게 된다.

또한 투자사기의 경우에도 처음에는 피해자와 어느 정도의 신뢰관계를 구축하고 난 후에 이를 깨뜨린다. 가령 인터넷상에 자칭 투자상담가들이 "시범"으로 무료 주식투자상담을 제안한다. 다만 다른 점이라면 잠재적인 개인 피해자가 아닌 불특정 다수를 대상으로 한다는 점이다. 행위자는 예를 들어 먼저 10,000명에게 편지를 써서, 특정 주가가 주식시장에서 어떻게 전개될 것인지에 대한 예측을 보낸다. 수신자의 50%에게는 주가상승의 예측을 보내고, 다른 50%의 수신자에게는 주가하락의 예측을 보낸다. 그리고서 발신자는 실제로 주가가 어떻게 변하는지를 기다린다. 맞는 예측을 전달받은 수신자에게 행위자는 위와 같은 방법을 반복한다. 이 투자상담가라고 하는 자가 여러 차례 맞는 "예측"만 한다고 생각한 고객들은 이익을 예상하여 거액을 안치하기로 결정한다. 그리고 이어서 "투자상담전문가"는 이 돈과 함께 잠적하게 되는 사례를 들 수 있다.[11]

이러한 사기유형의 개관은, 우리가 이에 대한 대응책으로 방향을 돌리지 않는다면, 계속 진행될 것이다.[12] 좋은 예로는 이미 많은

11 그 밖의 사례군을 열거한 사이트로는 http://www.internetfallen.de/Betrug_Abzocke/betrug_abzocke.html

12 여기서는 국가적 차원에서의 반응이 아니라, 개인적 차원에서의 반응을 다룬다.

대응책이 생겨난 나이지리아 커넥션 사기를 들 수 있는데, 이러한 사기수법에 대해 알려 주고 경고하는 독자적인 인터넷사이트의 존재를 들 수 있다.[13] 그리고 현행 사기방법을 알려 주는 인터넷상의 신고기관도 사기를 방지하는 데 도움이 된다. 특히 재미있으면서도 효과적인 방어책으로는, 독일어로 소위 "사기범-미끼"(Betrüger-Köderer)라고 불리우는 "스캠베이터"(scambaiter)를 들 수 있는데, 이들은 "나이지리아 커넥션"의 책략을 차단하여 사기범에게 망신주는 것을 목적으로 한다. 즉 스캠베이터들은 허위로 사기범들의 제안을 받아들인 후, 사기범이 지쳐서 포기할 때까지 수많은 난관과 장애를 꾸며내면서 최대한 진행을 늦추는 일을 한다. 또한 많은 스캠베이터들은 사기범들에게 신용확보의 차원에서 사기범들 자신이 우스꽝스럽게 포즈를 취한 사진을 보내라고 요구한다. 이로써 결국 사기범들 자신이 사기당하는 꼴이 되며, 사기꾼들이 피해자들을 성공적으로 악용하는, 피해자들의 쉽게 믿어버리는 성향과 탐욕의 조합 앞에 자기들도 마찬가지로 속아 넘어가는 무능함을 보이게 된다.

2. 온라인사기의 특징

사회유해적 행위에서부터 범죄행위에 이르기까지 인터넷에서 발생하는 수많은 행위유형들 가운데 사기는, 일상에서 발생하는 그리고 컴퓨터를 매개로 하지 않는 거래에서 발생하는 사기와 가장 적은 차이를 보이는 인터넷의 행위유형이다.[14] "가상"세계와 "현실"세계를

---

13 예컨대 http://www.internetfallen.de/Betrug_Abzocke/Kapitalanlage/Nigeria/nigeria.html 이에 대한 행정부처의 설명을 다음에서 참조할 수 있다. http://www.auswaertiges-amt.de/www/de/laenderinfos/419_html

14 이에 대해서는 또한 *S. Biegel*, Beyond Our Control? Confronting the Limits of Our Legal System in the Age of Cyberspace, 2001, 261면 (이 책에 대

대립시키는 것이 얼마나 오해를 가져올 수 있는지가 여기서 다시 한 번 분명해진다. 즉 인터넷을 통한 재산침해는 전화, 편지, 팩스를 도구로 하여 발생한 사건들과 마찬가지로 현실이다. 인터넷의 활용이 일상생활과 거래에서 많이 활용되면 될수록, 인터넷을 통한 의사소통 또한 "평범한 일"이 되어 간다.

인터넷사기에 대한 최상의 보호조치는 제3자와 계약을 체결할 때 *최대한 주의를 기울이고 신중한 태도*(*Vorsicht und Zurückhaltung*)를 취하는 것이다. 여기서 네트워크를 통한 접촉도 기존의 팩스, 전화와 같은 옛 매체를 통한 오프라인상의 접촉이나 또는 개인과 개인 간의 대면적인 직접적 접촉과 기본적으로 구분되지 않는다. 인터넷사기에 대응하는 효과적인 기술적 보호조치란 아직까지는 없다. 다만 유명한 사기범들의 네트워크를 차단하거나, 사기 위험이 있는 스팸메일에 대해 필터링을 하거나 발신자의 신상추적 및 내용인증절차를 개선하는 등으로 사기 위험을 막는 기술적 조치들을 생각해 볼 수 있다.

그러나 보다 세밀히 분석해 보면, 인터넷사기에서는 다음과 같은 몇 가지 특징을 만나게 된다.

(1) 바로 투자상담가 사기의 사례에서 보면 인터넷사기의 첫 번째 특징이 보이는데, 즉 매우 적은 비용으로 사기성 내용의 메시지를 전세계로 대량 발송하면서, 동시에 수많은 수신자에게 수작걸 수 있다는 점이다. 이렇듯 *사기와 스팸메일의 조합*(*Kombination von Betrug und spam*)[15]은 인터넷사기의 전형이다. 그리고 가급적 많은 수신자들에게 수작걸기 위해 이들 정보들은 대부분 영어로 쓰여 있다.

해서는 New Media & Society 6 [5], 2004, 679면 이하에 기재된 Hilgendorf의 평론도 참조).

15 이에 관한 자세한 설명으로는 *Th. Frank*, Zur strafrechtlichen Bewältigung des Spamming (주 10), 83면 이하.

많은 경우 이러한 정보의 허위성이 명백하다 할지라도, 대량의 수신자에게 발송되기 때문에 이를 쉽게 믿는 피해자가 발생할 가능성을 결코 무시할 수 없다.

(2) 또한 눈에 띄는 것은 피해자들이 *쉽게 믿어버리고 탐욕적인 성향*(*Leichtgläubigkeit und Gier*)을 가지면 가질수록, 인터넷사기범들은 특히 일을 쉽게 수행한다는 사실이다. 인터넷에서 기망하는 책략 중 일부는 사적으로 직접 접촉하는 경우, 진지하게 받아들일 가능성이 거의 없을 정도로 조잡한 것도 있다. 그럼에도 "인터넷"이라는 새로운 매체에서, 특히 위장된 친밀성이나 도발적인 메시지를 보내는 경우에는, 많은 사람들이 갖는 보호 및 거부체계를 무력하게 만드는 경향이 있다. 이러한 현상에 대해 사회심리학은 아직까지 충분한 연구를 진행하지 못했으며,[16] 범죄학 역시 아직까지는 인터넷에 큰 관심을 두고 있지는 않다.

(3) 세 번째 특징은 인터넷망이 지속적으로 확장되면서 경험 많은 이용자에 비해서 사기수법에 쉽게 넘어가는 *경험 없는 새로운 이용자층*(*neue unerfahrene Personen*)이 점점 더 증가하고 있다는 점이다. 특히 걱정스러운 부분은, 다른 계층에 비해 사기수법의 피해자가 될 위험이 높아서 각별한 보호를 받아야 할 대상인 노인들이 인터넷을 매체로 이용하는 사실이 발견되고 있다는 점이다. 또한 인터넷에서 쉽게 희생양이 될 수 있는 대상자의 명단이 거래되면서, 사기범들이 이를 이용하여 사기성 스팸메일을 보내는 것도 이제는 시간문제다.

16 하지만 적어도 개관한 글로는 *Paechter*, Internet, in: Auhagen/Bierhoff (Hrsg.), Angewandte Sozialpsychologie, 2003, 480-491면 (482면 이하); "사이버스토킹"의 현상에 대해서는 *E. Hilgendorf/S.-H. Hong*, Cyberstalking-eine neue Variante der Internetkriminalität, in: Kommunikation & Recht 2003, 168-172면.

이러한 명단이 암암리에 거래되어 선별된 특정주소로만 사기성 정보를 발송하기 때문에, 이에 대해 경찰 및 검찰은 무력할 수밖에 없다.

(4) 마지막으로 오프라인사기와 온라인사기의 네 번째 차이는 *사기행위의 입증가능성(Nachweisbarkeit betrügerischen Verhalten)*과 관련되어 있다. 먼저 오프라인사기와 달리 온라인사기는 데이터형태로 제시된다. 즉 인터넷상의 모든 활동은 흔적을 남기게 되는데, 이는 사기행위에도 해당된다. 그리고 이러한 점은 검찰이 인터넷사기범을 검거하는 데 있어서, 도움이 되기도 한다. 물론 지금까지의 경험으로는 증거물이 많음에도 불구하고 인터넷사기범들 대부분은 외국에서 활동하기 때문에, 이들을 쉽게 검거하지도 그리고 처벌하지도 못하는 실정이다.

사기행각이 얼마나 큰 규모로 문화권을 넘나들면서 벌어지고 있는지는 오늘날까지 알려진 바 없다. 위에서 언급한 "나이지리아 커넥션"의 경우, 행위자들은 아프리카 국가인 나이지리아에서 사기를 벌이지만, 그 스타일이나 내용 면에서는 매우 광범위하게 유럽 내지는 미국의 수준에도 적합하다. 즉 문화적 차이는 여기서 거의 감지되지 않는다.

III. 인터넷사기에 대한 형법적 대응에 대하여

독일형법은 인터넷상의 사기성 활동에 대해서 일반 사기죄의 구성요건인 형법 제263조를 적용한다. 그리고 이러한 일반 사기죄의 구성요건인 기망행위, 피기망자의 착오, 재산처분행위, 재산상의 손해 및 (주관적 구성요건인) 고의와 불법영득의사는 위에서 수차례 언급한 "나이지리아 커넥션"과 같은 많은 사례에서도 즉시 긍정될 수 있다. 문제는 이러한 실체형법에 있는 게 아니라, 형사소추의 실질적 가능성에 있다. 인터넷사기는 일련의 특수한 문제를 일으키는데, 이에 대해 다음에서 간략히 언급하고자 한다.

1. 독일형법의 인터넷 적용가능성

우선 첫 번째 문제는 인터넷에 대한 *독일형법의 적용가능성*(*Anwendbarkeit des deutschen Strafrechts*)이다.[17] 형법 제3조에 의하면 독일형법은 독일 국내에서 발생한 범죄에 대하여 효력을 갖는다(속지주의). 행위지의 개념은 형법 제9조에 상세하게 규정되어 있는데, 즉 행위지는 정범이 행위를 했던 곳뿐만 아니라(제1항 유형 1), 부작위범의 경우에는 행위를 했어야만 했던 곳(제1항 유형 2), 구성요건에 해당하는 결과가 발생한 곳(제1항 유형 3), 아울러 미수범의 경우에는 정범의 표상에 따라 결과가 발생했어야 하는 곳(제1항 유형 4)이 해당한다. 그리고 형법 제9조 제2항에서는 공범에서의 행위지를 규정하고 있다. 한편 사기죄는 사실상 단절된 결과범이다.[18] 이는 기수 시 행위지가 사기를 행한 곳뿐만 아니라(형법 제9조 제1항 유형 1), 결과, 즉 재산상의 손해가 발생한 곳(형법 제9조 제1항 유형 3)도 포함한다는 것을 의미한다. 따라서 인터넷사기행위는 독일영토 내에서 재산상의 손해가 발생한 경우라면, 독일형법의 적용을 받게 된다.

---

17 *B. Schmitt*, Zur räumlichen Geltung des deutschen Strafrechts bei Straftaten im Internet, in: Raum und Recht (주 6), 357-375면.

18 Strrafgesetzbuch. Kommentar, bearbeitet von Kühl, 24. Aufl. 2004, §9 Rdnr. 2.

물론 형법 제3조에서 제7조까지 그리고 제9조에 명시된 독일의 국제형법(형벌적용규정)은 인터넷의 실제 조건에는 적합하지 않다. 첫 번째 문제점은 상대방을 기망하는 내용이 세계 어느 곳의 인터넷망을 통해서 입력되었는지와는 상관없이 인터넷상 어디에나 편재하게 된다는 점이다. 따라서 형법이 적용되는 행위지가 인플레이션되는 것을 방지하기 위해서는, 형법 제9조 제1항 유형 1의 행위지를 인터넷상에 사기성 내용을 입력한 곳으로만 제한적으로 해석하여야 한다.

두 번째 문제점은 *결과개념(Erfolgsbegriff)*과 관련되어 있다. 독일 연방최고법원은 인터넷상의 형법적용에 관한 첫 번째 판결[19]에서 결과개념을 광범위하게 해석하였는데, 이는 학계에서 당연히 비판의 대상이 되었다.[20] 결과개념을 확대해석하는 것은 형법 제9조 제1항 유형 3의 적용범위를 확장함과 동시에 독일형법의 인터넷 적용가능성을 확장하게 되는데, 이러한 확대해석은 국제법적으로 문제가 될 뿐만 아니라, 정치적으로도 부적절하다.[21] 물론 이와 관련된 문제들은 사기죄와 같은 결과범보다는 일차적으로는 추상적 위험범에서 나타난다. 여기서 구성요건에 적합한 결과란 재산상 손해나 또는 적어도 손해에 상응하는 재산손실 위협이 독일의 영토권 내에 발생하는 경우에만 해당한다. 만일 이러한 조건이 충족되지 않는 경우라면, 형법

19 BGHSt 46, 212 (Fall Töben), 이에 대하여 *F. Körber*, Rechtsradikale Propaganda im Internet - der Fall Töben, 2003 (Das Strafrecht vor neuen Herausforderungen, Bd. 1); *Kühl*, StGB (주 18), §9 Rdnr. 5 m.w.N.

20 *A. Koch*, Zur Strafbarkeit der “Auschwitzlüge” im Internet - BGHSt 46, 212, in: JuS 2002, 123-127면; 이에 대한 광범위한 입증으로는 *Kühl*, StGB (주 18), §9 Rdnr. 5.

21 이에 대해 자세하게는 *E. Hilgendorf*, Strafrechtliche Überlegungen zur Interpretation des Ubiquitätsprinzips im Zeitalter des Internet, in: NJW 1997, 1873-1878면.

제9조 제1항 유형 3에 의하여 독일형법을 적용할 수 없다.[22] 그런데 재산이 정보형태로만 존재하여 특정한 장소에 확실히 고정될 수 없는 경우에는 특별한 문제가 발생한다. 이런 경우 독일영토에 거주하는 개인(피해자)의 재산상 손해의 구체적 발생을 기준으로 삼아야만 한다.

2. 영업홍보와 범죄적 사기의 구분

새로운 매체의 특징은 또한 "불법과 문화적 혁신 사이의 경계가 매우 얇다"는 점에 있다.[23] 기술의 발전은 사회윤리적 — 그리고 이에 상응하는 법적인 — 평가를 분명하게 내리기 어려운 행위유형들을 가능하게 한다. 예를 들어 무선망(WLAN-Network)을 통하여 무료로 인터넷을 이용하는 행위나, 도스(DoS) 공격을 실현하는 행위, 또는 무차별적으로 대량 광고를 보내는 행위(스팸) 등을 들 수 있다. 이러한 행위유형들은 피해자에게는 부담스럽기는 하지만, 그렇다고 해서 즉시 범죄에 해당한다거나 처벌해야 하는 행위들은 아니다. 인터넷을 통한 수많은 새로운 행위유형에 대해서 입법론적으로(de lege ferenda) 아직 분류되고 있지는 않은데, 그렇다고 현행법(de lege lata)을 성찰 없이 "유연하게 규범해석"[24]하여 이를 파악하고자 하는 것은 근시안적이고 경솔한 행위일 수도 있다.

인터넷사기는 범죄적 행위와 허용되는 적극적 영업홍보 사이의

22 형법 제9조 제1항 유형 1, 2 내지 4의 적용은 물론 가능하다.

23 *A. Medosch/J. Röttgers* (Hrsg.), Netzpiraten. Die Kultur des elektronischen Verbrechens, 2001, 8면.

24 형법의 유연화에 대한 문제점에 대해서는 *S.-H. Hong*, Flexibilisierungstendenzen des modernen Strafrechts und das Computerstrafrecht, Diss. Konstanz 2002. 본 글은 http://www.ub.uni-konstanz.de/v13/volltexte/2003/954/pdf/Hong.pdf에서 공개하고 있음.

경계를 *새롭게 숙고하는*(*neu zu überdenken*) 계기가 될 수도 있다. 여기서는 사기행위를 형사처벌할 것인가를 두고 19세기 초부터 시작된 유럽에서의 논의 당시 제기되었던 문제가 다시 부상하고 있음에 주목할 필요가 있다. 범죄적 사기와 허용된, 아니 장려되기까지 하는 영업홍보 간의 구분문제는 오래되기는 했지만 여전히 해결되지 못한 사기와 관련된 형법의 미완된 문제이다. 1823년에 발간된 *외르스테트*(*Oerstedt*)의 "바이에른 왕국의 새로운 형법초안에 대한 상세한 분석"에서는 다음과 같이 쓰여졌다.

> "무언가를 팔거나 임대하려는 자가 자신의 물품을 적극 추천하면서 결점은 감추고, 또한 있지도 않은 장점을 부각시키면서, 그 외 기타 허위사실을 유포하여 자신과 거래하는 상대방의 욕망을 자극하려고 하는 것은 일상적인 일이다. 또한 특정한 노동의 대가를 제공하여 보수를 받고자 하는 자가 자신이 실제 지닌 능력보다 더 많은 능력을 가진 것처럼 가장하고, 노동의 지속성 및 품질, 그리고 제공하려는 시간과 관련해서 처음부터 지킬 수 없음을 알면서도 과대포장해서 약속하는 것 역시 흔한 일이다."[25]

19세기 초 다른 많은 법학자들도 사기행위는, 기망행위가 구체적인 상황에서 평균적인 거래당사자가 이를 기대할 수 없었던 경우라야 형사처벌 받을 수 있는 것으로 생각하였다.[26] 모든 거래의 기본전제는, 양 당사자가 설령 다른 상대방이 손해를 보더라도 이익을 약속

25 *A. S. Oerstedt*, Ausführliche Prüfung des neuen Entwurfs zu einem Strafgesetz für das Königreich Bayern, 1823, 357면.

26 이에 대한 입증으로는 *E. Hilgendorf*, Tatsachenaussagen und Werturteile im Strafrecht, entwickelt am Beispiel des Betrugs und der Beleidigung, 1998, 26면 이하.

하는 것이라고 보았다. 그러나 19세기가 지나면서 이러한 주장은 점점 후퇴되었다.[27] 1871년 제정된 형법 제263조의 사기죄에서는 이러한 사기와 적극적인 영업홍보와의 구분문제는 다뤄지지 않았다. 오늘날까지도 이러한 영업홍보와 범죄적 사기의 구분을 새롭게 재조명하려는 작업은 기껏해야 일부 주변영역에서만 요구되고 있을 뿐이다.[28]

인터넷에서의 사기행위와 관련하여 이러한 구분문제는 다시 새롭게 예리하게 제기된다. 인터넷에서 공급자는 (아직도) 주로 글이나 그림에 의존하고 있다.[29] 물품이나 용역에 대한 잠재적인 수요층과의 접촉은 대부분 우연히 발생하고 빠르게 교체된다. 정보가 갖는 객관성과 한정성으로는 새로운 고객을 확보하고 유치하는 데에 불충분하다. 따라서 어떻게든 대중의 관심을 끌기 위해 공급자는 가능하면 눈에 띄는 광고 문구를 사용하여야 한다. 이로부터 과장되거나 미화된 주장으로 가는 길은 멀지 않다. *외르스테트*가 19세기 초반에 아주 생생하게 묘사했던, 영업홍보적인 기망행위는 오늘날 인터넷거래에서는 포기할 수 없는 전제조건에 해당하며, 법적으로 말하면 사회적으로 적합한 행위일 수도 있다.

물론 인터넷에서 발생한 행위도 형법 제263조와 같은 사기죄 구성요건을 적용시키지 않을 수 없다. 그러나 사기와 사회에 적합한 영업홍보와의 경계설정은 새롭게 숙고되어야 한다. 자주 인용되는 맥루한(MacLuhan)의 말을 빌리자면, 매체는 정보를 변화시키며, 동시에 법적 평가도 변화시킨다. 모든 법질서에는 동등한 정도의 문제가 다

27 *W. Naucke*, Zur Lehre vom strafbaren Betrug. Ein Beitrag zum Verhältnis von Strafrechtsdogmatik und Kriminologie, 1964, 62면 이하; *M. Ellmer*, Betrug und Opfermitverantwortung, 1986 참조.

28 *E. Hilgendorf*, Tatsachenaussagen und Werturteile (주 26), 66면 이하.

29 그러나 이러한 방식은 또한 우체통에 도달되는 상품목록이나 광고지를 통한 배달거래에도 적용된다.

있다. 사기행위와 단순히 "고양된 영업홍보"적 행위 간의 전통적인 구분이 인터넷에서도 계속된다고 해도 이상할 것은 없다. 하지만 구분방법을 새롭게 조율해야 한다는 생각은 할 수 있다. 그러나 이 문제는 본 논문에서 다루고자 하는 주제와는 그리 관련성이 없다. 따라서 이러한 *구분문제가 존재함*(*Existenz des Abgrenzungsproblems*)을 지적하면서, 이 문제의 해결책과 관련된 중요한 몇 가지 관점을 논하는 것만으로도 충분할 것이다.

단순한 영업홍보임을 보여주는 중요한 지표들로는 계속되는 객관적인 정보제공, (우편, 전화, 팩스와 같은) 인터넷 외의 접촉가능성, (공급자에게 도달 가능함을 보여주는) 질문을 제기할 기회제공, 마지막으로는 환불가능성에 대한 언급 등이 있다. 가령 이베이(eBay)와 같은 새로운 인터넷-거래 플랫폼들은 공정한 소비자거래를 위한 가능성과 함께 또한 문제점에 대한 풍부한 시청각 자료도 제공하고 있다.[30]

만일 거래자 중의 한쪽 상대방이 교환을 목적으로 하는 사업관계를 맺는 것이 아니라, 상대방에게 손해를 끼쳐서 이익을 취하고자 한다면, 이는 단순한 영업홍보의 경계를 넘어서는 것이다. 이에 대한 예로는, 가령 명백한 허위사실의 제공, 객관적 사실이 전혀 없는 극단적인 허풍, 나아가 피해자가 사업투자를 하고 난 후 잠적해 버리는 공급자의 익명성과 접촉불가능성 등을 들 수 있다. 그러나 이처럼 어느 정도 분명하게 구분할 수 있는 영역 외에도, 공정한 거래의 한계를 넘어서기는 했으나 사기라고 비난하기에는 아직은 어려운 폭넓은 중간영역도 있다. 형법은[31] 이러한 중간영역을 구조화하는 과제를 맡

30 이에 대해서는 이베이가 거래당사자로서가 아닌, 원칙적으로 단지 접속의 매개자가 된다는 점을 고려해야 한다. 그러나 이베이는 거래당사자의 접속을 규제하는 많은 규칙들을 만들어 내고 있다.

31 물론 민법 역시 마찬가지이다. 하지만 여기서는 다루지 않겠다.

고 있는데, 이러한 과제는 아마도 개별적인 사건에서 시작하여, 결의론을 넘어서, 불문의 규범, 심지어는 실증적으로 확립된 규범화로까지 나아가는 길을 밟을 것이다.

여기서 우리의 주제와 관련하여 특히 흥미로운 점은 문화적 배경이 미치는 영향이다. "공정한" 인터넷거래의 규칙에 대해서 매우 다양한 의견이 있을 수 있다는 점은 공공연한 사실이다. 아직까지는 거래가 일반적으로는 단일문화권 영역에, 심지어는 단일국가 영역으로 제한되어 있다. 하지만 개인들이 네트워크를 통해서 국제적으로 활동하며, 집을 떠나지 않고서도 뉴욕이나 동경, 서울로부터 온라인으로 물건을 구매할 날이 멀지 않았다. 이미 오늘날에도 개인이 독일에서 미국의 도서나 의약품 등을 구매하는 것은 익숙한 일이 되었다. 앞으로 이러한 종류의 거래적 접속은 대폭 증가하게 될 것이다.[32]

3. 사기피해자의 쉽게 믿는 성향이 갖는 의미

사기와 영업홍보의 구분은 사기죄 관련 도그마틱에 내재해 있는 광범위한 전통적인 문제와 긴밀하게 관련되어 있으며, 이러한 문제는 또한 인터넷과 관련해서도 뚜렷하게 등장하고 있다. 문제는 피해자의 쉽게 믿어버리는 성향에 대한 형법적인 의미와 관련되어 있다. 즉 부주의로 인해 사기성 음모에 쉽게 빠진 자들까지도 형법으로 보호해야 하는지에 대해 일부 문헌에서는 당연하게도 의심스러운 태도를 보이고 있다.[33]

---

32 물론 너무나 긍정적인 많은 예상에 대해서는 조심해야 할 것이다. 기술은 매우 빨리 바뀌는 반면, 소비자의 행동양식은 일반적으로는 그렇게 자주 바뀌지는 않는다. 따라서 지금부터 20년 후에도 일상의 거래 대부분은 "오프라인"상에서 이뤄지게 될 것이다. 이에 대해서는 *H. W. Opaschowsky*, Deutschland 2020, 2004, 188면 참조.

33 기본적으로는 *Naucke*, Strafbarer Betrug (주 27), 163면 이하; *Ellmer*,

이러한 입장은 또한 멀리 19세기까지 거슬러 올라가서도 찾아볼 수 있다. 1838년 유명한 범죄학자였던 *미터마이어*(*Mittermaier*)는 "모든 태만한 자, 쉽게 믿는 자, 또는 의지박약자를 형법으로 보호하는 것은" 잘못됐다고 주장하였다. 만약에 사기꾼들이 "자신은 중국의 황제인데, 자신에게 현재 100탈러(Taler)를 제공하는 사람에게는 장관의 자리를 주겠다"고 단언할 경우, 그가 이러한 사기에 성공하여 100탈러를 받는다고 하더라도 사기죄는 성립하지 않는다고 하였다.[34] 여기서 주목할 점은, 인터넷에서의 많은 사기사건들이 이와 비슷한 양상을 보이고 있다는 사실이다. 본 논문의 서두에서 제시했던 사례는 미터마이어의 모범사례를 인터넷시대에 맞춰서 표현한 것이다. 이와 같은 사례는, 과연 정말로 처벌을 받아야만 하는 사기행위인가?

독일 연방최고법원은 오늘날까지도 사기피해자의 쉽게 믿어버리는 특별한 성향을 참작하지는 않는다. 따라서 매우 조잡한 기망행위조차도 기본적으로는 사기죄와 관련이 있다. 시리우스(Sirius) 사건에서 판례[35]는, 사기범이 피해자들에게 (나는 소수의 선택받은 자들을 인도하기 위해 내려온 시리우스라는 별의 사자[使者]이다. 선택받은 자들은 자살을 하고, 모든 재산을 나에게 넘기라고) 떠벌렸던 괴상한 이야기에 대해서, 바로 사기죄의 가능성을 긍정하였다.[36] 하나의 동일한 착오가 살인미수에서는 중요하게 다뤄지는데, 왜 사기미수에서는 그렇지 않은지는

Betrug und Opfermitverantwortung (주 27), 271면 이하; 나아가 *Hilgendorf*, tatsachenaussagen und Werturteile (주 26), 103면 이하.

34 *K. J. A. Mittermaier*, Ueber die richtige Begriffsbestimmung der Verbrechen des Betrugs, der Fälschung, Unterschlagung und Erpressung durch die Wissenschaft und die Gesetzgebung,- erläutert durch einen merkwürdigen Criminalfall, in: Annalen der deutschen und ausländischen Criminal-Rechtspflege, Band 6 (1838), 1-32면 (17면).

35 BGHSt 32, 38.

36 물론 연방대법원의 상소는 살인미수에 대한 것이었다.

너무나 의심스럽다. 쉽게 사기죄를 긍정한 판례의 입장을 따르게 되면, “중국의 황제”라는 서두의 사례에서도 사기미수가 인정되어야 할 것이다. 현재 자신이 중국의 “황제”라는 주장은 허위사실이며, 자신에게 거액을 기부하는 자를 장관으로 임명하겠다는 말도 마찬가지로 (내적) 사실에 대한 허위적 표명이다. 이러한 주장을 통해 수신자는 이에 상응하는 착오를 일으킬 수 있고, 이어서 사기범에게 1,000유로를 이체하는 방식으로 재산처분행위도 일어날 수 있다. 송금인은 이러한 돈에 상응하는 급부를 받지 못하므로 이는 곧 재산상의 손해에 해당한다. 이에 상응하는 행위자의 고의는 어떤 경우든 미필적 고의(dolus eventualis)의 형태로 인정될 수 있으며, 불법영득의사도 또한 적어도 행위배후의 동기부여라는 형태로 긍정될 수 있을 것이다.

그러나 인터넷이라는 조건을 고려하게 되면, 사물을 보는 이러한 관점이 그대로 관철될 수 있을지는 의심스럽다. 여기서 문제의 사실적 측면과 규범적 측면을 구별할 수 있는데, 즉 인터넷에서는 모호하고, 괴상하며, 엉뚱한 주장이 득실대고 있다. 그 가운데 많은 주장들은 너무나 상식을 벗어나서 아무도 속지 않는다. 하지만 사기미수에 대한 독일의 구성요건은 미수행위에서 상대방이 기망행위에 속는 것을, 법적으로 말해 착오가 일어나는 것을 전제로 하지 않는다. 사기미수가 인정받으려면, 행위자는 사기의 고의로, 그러니까 최소한 미필적 고의를 가지고 기망행위를 하는 것으로 충족된다. 서두의 사례에서는 이러한 전제가 충족되어 있다.

물론 한 국가의 영토를 벗어나거나 또는 국내로 뻗어 들어오는 모든 기망행위는 기본적으로 사기적 성격을 가지므로, 형사소추기관이 기소법정주의에 의해 수사를 해야 한다면, 이는 개별국가의 형사소추기관에게는 지나친 요구가 될 수도 있다. 그리고 바로 독일은 인터넷경찰의 역할을 짊어지게 될 것이다. 그러나 일본에서는 이러한 상황이 약간 다르게 나타난다. 즉 일본은 기소편의주의[37]를 따르고 있어서 형사소추기관들은 실체형법의 엄격함과 "잘못된 조정"을 재조정할 수 있는 재량을 가지고 있다.[38] 독일에서도 인터넷사기와 관련해서는 기소법정주의를 완화하는 방안을 생각해 볼 수 있다. 또 다른 방안으로는 독일의 형벌적용규정을 제한적으로 해석하는 데서 찾아볼 수 있다.[39] 그러나 또한 인터넷에서 발생하는 특정한 방식의 기망행위를 *사기로(als Betrug)* 간주하는 것이 실체법적인 관점에서 적절한가 하는 문제도 검토되어야 한다. 이러한 문제는 규범적 측면으로 이어진다.

탐욕과 쉽게 믿어버리는 성향 때문에 명백히 엉뚱한 말에도 쉽게 빠져드는 사람을 형법이 보호해야 하는지에 대해서는 의문스럽다. 형법은 법익보호의 최후수단이지, 사회를 형성하는 임의수단이 아니다. 또한 경우에 따라서는 대륙을 넘어서는 형사소추비용도 고려해야 한다. 따라서 탐욕이나 쉽게 믿는 성향 때문에 공공연한 거짓말에 속아 넘어가는 사람들에게는 민사소송의 길을 제시해 주어야 한다.[40] 이렇듯 인터넷의 위험은 형법을 투입하기보다는 매체의 대응능력을 더욱 발전시켜서 방지해야 한다. 즉 이것이 의미하는 것은 계몽, 경

37 이에 대해서는 *K. Takayama*, Die Verwirklichung der Straftatbestände durch den Einsatz des Internets (Betrug), unter V. (im vorliegenden Bank). 또한 *T. Natsui*, Cybercrime Cases in Japan, MEIJI Law Journal 11 (2004), 1-20면의 사건에 대한 개관 참조.

38 형법을 이런 식으로 실용적으로 활용하는 것이, 특히 독일전통에서 발전된 법치국가의 기준에 적합한지에 대해서는 여기에서 판단하지 않겠다.

39 이에 대해서는 III. 1.

40 물론 계속해서 약자적 지위에 있는 개인에 대해서는 예외를 인정해야 할 것이다. 이에 대해 자세하게는 *E. Hilgendorf*, Tatsachenaussagen und Werturteile (주 26), 199면 이하.

고, 그리고 필요한 경우에는 교육 등을 통한 해결방법을 도입하자는 것이다. 도로교통에서 특정한 능력을 조건으로 하는 것처럼, 미래의 인터넷-교통에서도 특정한 자질과 능력이 요구되며, 이것이 결여된 경우, 대부분은 법적 공동체가 아닌 각 개인 스스로가 책임지도록 해야 할 것이다.[41]

앞에서 설명한 관점들은 오늘날 독일에서 기본원칙으로 인정받고 있는 피해자학의 범주에서 기인하고 있다.[42] 또한 입법자들도 컴퓨터형법에서 피해자학 관점을 고려하고 있다. 가령 형법 제202a조의 권한 없이 정보를 획득하는 행위는 권한 없이 획득한 정보가 특별히 보호되어 있는 경우에만 처벌받게 된다. 물론 사기죄에서, 통설과 판례는 피해자의 쉽게 믿어버리는 성향이 사기범에게 형을 면제해 주는 충분한 근거는 아니라는 입장을 고수해 오고 있다. 다수의견을 살펴보면 다음과 같이 구분할 수 있다.

사회복지국가의 원칙에는 특별히 경험이 없고, 나이가 많거나 또는 지능이 박약한 사람들을 형법으로 보호해야 한다는 요구가 들어 있다. 이는 인터넷과 같은 새로운 매체에서도 그대로 곧바로 적용된다. 따라서 일시적이든 아니면 심지어 지속적이든 약자적 지위에 놓여 있는 사람들은, 보통의 통찰력과 경험을 갖춘 모든 인터넷이용자가 당연히 여기는 예방조치에 주의하지 않은 경우에는 형법으로 보호를 받아야 한다.[43]

---

41 이에 대해 더 상세하게는 *E. Hilgendorf*, Tendenzen und Probleme einer Harmonisierung des Internetsstrafrechts auf Europäischer Ebene, in: C. Schwarzenegger/O. Arter/F. S. Jörg (Hrsg.), Internet-Recht und Strafrecht. 4. Tagungsband, 2005 (im Erscheinen).

42 이에 대한 개관으로는 *C. Roxin*, Straftrecht. Allgemeiner Teil. Bd. 1: Grundlagen, Aufbau der Verbrechenendlehre, 3. Aufl. 1997, §14 III.

43 *E. Hilgendorf*, Tatsachenaussagen und Werturteile (주 26), 200면.

하지만 피해자가 무지하지도 지능이 낮지도 않으며, 또한 그 외의 사유로 약자의 지위에 있는 것이 아니라, 단순히 무관심하고 경솔한 경우에는, 물론 상황은 다르다. 이러한 경우에는 사회윤리적 잣대에 의거해서 국가보호의 철회를 주장할 수도 있다. 또한 여기에다 인터넷사기의 경우, 사기죄의 가벌성을 축소하자는 주장에는 다음과 같은 논거가 덧붙여 있다.

(1) 인터넷사기는 그 기망행위를 아주 쉽게 들여다 볼 수 있기 때문에, 많은 경우 전통적인 사기의 범례에서 벗어난다.[44] 그러나 — 인터넷에서 상식을 벗어난 이탈성을 거의 모든 사람들이 즉각 인지할 수 있다는 — 주장 그 자체의 기망적 표현의 위험이 아닌, 대량 유포된다는 점에 바로 인터넷기망의 위험이 있다. 인터넷에서의 이러한 주장들은 기망과 스팸이라는 조합을 통해서만 형법투입을 정당화할 수 있는 잠재적 손해의 위험에 도달하게 된다. 이러한 상식을 벗어난 특정 주장들을 이메일을 통해서 대량으로 유포하는 행위에 대해서는 형법이나 민법으로[45] 제재해야 하지만, 개별적으로 도달된 상식을 벗어난 주장에 대해서는 형법상의 소송은 자제해야 한다는 입장이 옹호될 수 있다. 또한 생각해 봐야 할 점은, 스팸문제, 즉 전자우편을 대량으로 발송하는 문제는 단기적이든 장기적이든 언젠가는 기술적 조치로 해결할 수 있으리라는 점이다.[46] 이러한 경우 인터넷상에서 터무니없는 주장을 유포하는 행위를 형법으로 제재해야 하는 (대량유포로 인해 높아진 위험이라는) 이유도 없어지게 될 것이다.

(2) 매우 경솔한 행위조차도 국가의 무제한적인 보호를 받도록

---

44 위의 II. 1의 예 참조.

45 개인적 소견으로는 민법적 제재를 하는 것이 이러한 경우 더 정당하다고 본다. *E. Hilgendorf*, Tendenzen und Probleme (주 41), 291면 이하 참조.

46 *E. Hilgendorf*, Tendenzen und Probleme (주 41), 285면, 291면.

한다면, 매체이용능력을 획득하는 것이 필수적이라고 자주 언급되는 주장은 이에 대립하게 된다. 인터넷이용자가 자신의 행위로부터 발생한 특정 결과에 대해 스스로 책임져야 하며, 너무 쉽게 믿어버리는 성향에서 오는 귀결도 받아들여야 한다는 점을 인정하게 되면, 자제하고 주의하려는 유익한 억제력이 생겨나게 된다. 이는 중기적 관점에서 보면, 인터넷문화 전체에 도움이 될 것이다. 반면에 별로 이익이 될 것 같지 않은 인터넷상의 모든 기망행위에 대해 무제한적으로 형법을 개입시키는 것은 인터넷이용자들에게 만사를 법대로 진행하도록 하는 "아버지 같은 국가"라는 인상을 줄 뿐이다.

이러한 사고의 배경에는 국가의 임무에 대한 다양한 생각들에서 비롯된다. 즉 국가는 전체를 안전하게 보호하는 아버지 같은 국가인가, 아니면 국가의 임무는 인터넷에서 그 내부적인 이용자들의 자율적 행위를 자유롭게 그리고 자기책임을 다하도록 하는 그 범위를 보장하는 데 제한되는 것인가? 여기서는 "안전과 통제" 대 "자유와 자기책임"이라는 오래된 딜레마가 대립되는데, 나는 인터넷에서는 후자의 입장이 우선시되어야 한다고 본다.

(3) 세 번째 문제는 인터넷상의 형사소추 가능성과 관련되어 있다. 국경을 넘나드는 행위를 처벌하는 일은 정말로 매우 어렵다. 하지만 형법이야말로 법에 규정된 범죄구성요건에 해당하는 행위라면 실제로 수사하고 처벌하는 임무를 담당한다. 단지 종이 위에 쓰여 있기만 한 형법은 일반예방의 효력을 크게 상실한다. 이런 이유로 형법을 단순히 상징적으로 입법하는 것은 바람직하지 않으며, 특히 이러한 상징적 입법은 효과적인 보호조치를 하지 않은 데 대한 알리바이로서 정치에 너무 자주 이용되고 있다. 바로 인터넷사기에 적용해 보면, 기망행위로 인해 실제 손해가 발생하지 않았는데도, 모든 기망행

위를 "사기미수"로 추적하는 일은 실제로 가당치도 않다. 법정책학적으로든 도그마틱적으로든 가장 분명한 해결방안은 명백한 허위적 주장에 대해서는 처벌가능성 그 자체를 부인하는 일일 것이다.

(4) 명백한 과장광고의 경우에도 대다수의 입장은, 설령 피상적인 문법이 사실적인 표명을 암시하고 있다 할지라도 단순한 의견표명으로 받아들인다.[47] 예를 들면 "이 차는 도시에서 가장 빠른 차입니다"라는 문장은, 경험적으로 증명할 수 있는 표현이므로 원칙적으로는 사실표명이다. 하지만 자동차판매원이 이러한 표현을 사용한다면, 보통의 이해력을 가진 사람은 이 표현을 말 그대로 받아들이지 않을 것이라는 점은 분명하다. 예를 들어 몸무게감량, 생명연장 또는 생식기확대와 같은 도구의 효능에 대한 과장된 주장도 마찬가지로 이에 해당된다. 요약하자면, 보통의 이해력을 가진 사람들이 처음부터 그 효력에 대한 주장을 무시할 만한 그런 표현은 사기로 인정할 만한 사실적 주장이 아니라, 단순한 의견표명에 불과한 것으로 평가할 수 있다.

이는 인터넷상에서 터무니없는 주장을 하는 경우에도 마찬가지다. 평균적인 모든 인터넷이용자가 곧바로 허위임을 꿰뚫어 볼 수 있는 표현이라면, 설령 그 표현이 사실에 대한 표명의 형태라 하더라도, 사기와 관련되지 않는다. 가령 자기가 중국의 황제인데 현재 돈이 좀 필요하여, 자기에게 돈을 기부하는 관대한 자에게는 장관직을 임명하겠다고 하는 환상적인 이야기는[48] 처음부터 진지하게 받아들여서는 안 되며, 따라서 사기와는 무관하다. 그러나 예를 들어 심하게 과장되기는 했지만, "보통의 이해력"을 가진 사람을 속일 수 있는

---

47 BGHSt 34, 199; 광범위한 입증으로는 *Kühl*, StGB (주 18), §263 Rdnr. 5 참조.
48 이에 대해 맨 처음 사안 참조.

그런 특별한 투자기회와 수익가능성에 대한 진술의 경우라면 사정은 좀 다르다. 가령 "419조 사기"[49]와 같은 스타일을 가진 대부분의 표현은 이러한 부류에 해당될 수 있을 것이다. 이러한 경우에는 사기죄로의 처벌가능성이 인정된다.

물론 이와 관련하여 인터넷사기는 특별한 문제를 안고 있다. 즉 인터넷사기행위는 국경을 넘나들 뿐만 아니라, 문화권을 넘나드는 일도 또한 증가하고 있다. 이로부터 "보통의 이해력을 가진 자"라는 기준을 확정하는 것은 매우 어려워진다. 같은 문화권에 속하는 구성원에게 단순한 영업홍보로 비추어질 수 있는 주장이라도, 다른 문화권에 속한 구성원에게는 사기혐의가 있는 것으로 암시될 수 있기 때문이다. 즉 하나의 문화권에 속한 구성원이 즉각적으로 과장되었다고 간주할 수 있는 주장이라도 다른 문화권에 속한 구성원에게는 진지하게 받아들여질 수 있다.

물론 각 개별 문화권과는 상관없이 터무니없는 것으로 인식되는 표현도 있기는 하다. 우리가 서두에서 이야기한, 현재 재정결핍에 시달리는 중국의 황제와 같은 사례가 바로 그러한 경우이다. 수많은 문화특수적인 믿음과 지식은 항상 존재해 오고 있으며, 그러한 차이가 사기적 행위에 빠지는 데 영향을 미친다 할지라도, 전 문화권을 포괄하는 지식, 조심성 및 영리함의 토대도 또한 존재한다. 통신기술의 단일화와 함께 점점 더 단순해져 가는 전세계적인 정보교환으로 인해 이러한 공통부분은 급격히 증가할 것이다. 여기서 "보통의 이해력을 가진 개인"이라는 기준도 점점 국제화되며, 그리고 개별 문화권을 넘어 적용될 수 있는 것을 보게 될 것이다.

---

49 이에 대해 더 자세하게는 II. 1.

IV. 프로바이더 책임

또 다른 물음은, 사기성 있는 스팸메일의 발신자를 파악하고도 조치를 취하지 않음으로써 사기행위를 장려한 결과가 된 프로바이더를 과연 형법적으로 책임지게 할 수 있는가 하는 것이다. 이러한 스팸발송이 원칙적으로 허용된 영업활동의 범위에 넣을 수 있는 행위라면, 사기나 (주된 행위가 결여된) 사기방조의 처벌가능성에 대한 물음이 중요한 것이 아니라, 스팸의 허용에 대한 제재가 중요하다. 프로바이더의 책임을 추궁하는 데 있어서는 기대가능한 기술적 조치를 하지 않은 데 대한 비난이 항상 문제의 핵심이 된다.

인터넷에 불법내용물을 올리는 작성자 외에 인터넷-서비스제공자(프로바이더)에도 마찬가지로 일반 형법규정에 따른 형사책임을 물을 수 있다. 독일에서는 이와 관련하여 특히 통신서비스법(Teledienstegesetz; TDG)에서 규정하고 있는데, 동법은 2000년에 제정된 전자적 사업거래에 관한 유럽 가이드라인(ECRL)을 옮긴 것이다. 이로써 프로바이더 책임에 대한 규정에 있어서 독일형법은 유럽규정의 영향을 받은 좋은 예가 되고 있으며,[50] 그 영향력은 아마도 앞으로 몇 년 간 상당히 증가하게 될 것이다.

이러한 전자적 사업거래에 관한 유럽 가이드라인에 규정된 프로바이더 책임은 단계별로 체계화되어 있다. 먼저 독자적 내용을 제공하는 제공자로서의 프로바이더는 모든 책임을 전적으로 부담하게 된다. 두 번째로 제 3 자가 제공한 내용을 인터넷에서 이용할 수 있도록 제공한 프로바이더는 실제로 불법내용을 인식한 경우에만 책임이

50 이에 대해 자세하게는 *E. Hilgendorf*, Tendenzen und Probleme (주 41).

있다(ECRL 제14조 제 1 항). 이는 자신의 사이트에 저장된 정보가 불법임을 알았음에도, 이후에 아무런 조치를 취하지 않은 프로바이더에게도 해당된다. 단순히 인터넷접속을 가능하게만 한 프로바이더(접속프로바이더)는 기본적으로 제 3 자의 정보에 대하여 책임을 부담하지 않는데(ECRL 제12조), 즉 정보의 순수한 송수신은 민사적 및 형사적 책임 모두 부담하지 않는다.

독일은 이러한 프로바이더 책임에 대한 유럽규정을 통신서비스법에서 거의 문자 그대로 받아들였다. 그러나 접속프로바이더(Zugangsprovider)의 책임에 대해서는 아직 해결하지 못하고 있다. 특히 접속프로바이더가 특정 주소로부터 불법적인 내용이 제공되고 있음을 확실히 알았음에도 그 주소의 접속차단을 거부한 경우, 접속프로바이더의 책임을 면제할 것인가에 대해서는 논란이 되고 있다. 하나의 예로부터 이러한 점을 보다 명확히 살펴볼 수 있다. 즉 X는 접속프로바이더 P의 고객이다. P는 X가 사기성 내용이 담긴 스팸-이메일을 정기적으로 송신했다는 사실을 소비자보호기관으로부터 알게 되었다. 소비자보호기관은 P에게 X의 인터넷접속차단을 요청하였다. 그러나 P는 이 일이 자신과 무관한 일이고, 게다가 X의 불법내용에 대하여 자기는 책임이 없다고 하면서 소비자보호기관의 요청을 거부하였다. 이 경우, P를 형사처벌할 수 있는가?

독일 통신서비스법 제 9 조 제 1 항 1문에 의하면[51] 접속프로바

---

51 통신서비스법 제 9 조(정보의 전달)

(1) 서비스제공자는 통신네트워크상으로 전달시키거나 접속을 가능케 하는 제 3 자의 정보에 대해서 다음과 같은 경우에는 책임지지 않는다.

1. 전달을 직접 주선하지 않은 경우
2. 전달된 정보의 수신자를 직접 선택하지 않은 경우
3. 전달된 정보를 직접 전달하거나 변화시키지 않은 경우

제 1 문은 서비스제공자가 고의적으로 서비스사용자와 함께 불법적 행위를 하기

이더는 원칙적으로 모든 책임에서 면제된다. 단순히 민사적 책임뿐만 아니라 형사적 책임도 면제된다. 그러나 통신서비스법 제8조 제2항 2문에서는[52] 일반법에 따른 불법내용의 이용을 차단해야 하는 의무는 그대로 둔다고 규정하고 있다. 이러한 "일반법"에는 통상적인 언어사용에 따라 형법도 속하게 된다. 그리고 차단의무는 책임면제에 대한 특별법인 통신서비스법 제9조 제1항 1문에 규정되어 있다. 이로부터 프로바이더 P는, 보증인적 지위에도 불구하고 고의로 이러한 불법내용의 차단을 거부했다면, 접속프로바이더에 대한 면책규정과는 상관없이 원칙적으로 형법적인 책임을 추궁당할 수 있다.

그러나 관련규정의 문언으로부터 나오는 거의 필연적인 결론은 매우 강력한 논쟁에 직면하고 있다. 즉 한편에서는, 접속프로바이더는 그가 공개한 내용에 대해 보증인적 지위가 없다는 점을 주장하고 있으며,[53] 또 다른 입장에서는 예외 없이 접속프로바이더의 책임을 면제하고자 했던 유럽 가이드라인 제정자의 의지를 부각하면서 접속프로바이더의 책임을 부정하고 있다.[54]

위해 동업을 하는 경우에는 적용되지 않는다.

(2) 자동적으로 단기간 동안 정보를 저장하는 것은 위의 제1항에 지정된 정보전달이나 접속주선을 하는 행위에 포함된다. 단 이는 통신네트워크상의 전달과정의 범위에서만 일어나며 정보는 전달을 위해서 보통 소요되는 기간 이상 저장되어서는 안 된다.

52 통신서비스법 제8조(일반 원칙)

(1) 서비스제공자는 자신들이 사용자를 위해 제공한 정보에 대해서 일반 규정에 따라 책임을 진다.

(2) 제9조에서 제11조까지의 서비스제공자는 전달되거나 저장된 정보에 대해서 불법적 행위가 일어나고 있는지를 관리하고 조사할 의무를 가지지 않는다. 일반적 규범에 따라서 삭제하거나 접속을 제한하는 조취를 취하는 의무는 제9조에서 제11조까지 면책된 서비스제공자에게도 해당된다. 정보통신법 제85조에 지정된 통신의 비밀은 지켜져야 한다.

53 *Satzger*, Strafrechtliche Providerhaftung, in: Heermann/Ohly (Hrsg.), Verantwortlichkeit im Netz. Wer haftet wofür?, 2003, 161-180면 (171면 이하).

54 *Kudlich*, Die Neuregelung der strafrechtlichen Verantwortlichkeit von

그러나 두 입장의 근거 모두 설득력이 없다. 접속프로바이더는 가령 고객과의 계약규정을 근거로, 또는 행정적 내지 법적인 차단조치를 근거로 하여, 특정한 출처에서 비롯된 내용에 대해 전적인 보증인적 지위를 가질 수 있다. 접속프로바이더가 처음부터 아무런 보증인적 지위를 가질 수 없다면, 통신서비스법 제9조에 규정된 면책은 불필요한 것이라 할 수 있다.[55] 이로부터 입법부도 접속프로바이더가 보증인적 지위를 가질 수 있는 가능성을 전제하였다는 점을 알 수 있다.

소위 유럽 가이드라인 제정자의 의지를 참조해 보건대, 접속프로바이더의 예외 없는 면책을 받아들일 만한 근거는 찾을 수 없다. 전자적 사업거래 관련 가이드라인의 초안 제42조에서는 접속프로바이더의 면책에 대한 근거로 다음과 같은 입장을 표명했다.

> "책임과 관련하여 본 가이드라인에서 확정한 예외적 사항은 다만(!) 다음의 경우에만 고려된다. 즉 정보사회에서 서비스제공자의 활동은 정보통신 네트워크를 작동하고, 네트워크 접속을 매개하며, 제3자가 제공한 정보를 전달하거나 정보전달을 더 효율적으로 하기 위한 목적으로 일시적으로 저장하는 기술적 과정에 국한된다. 이러한 활동은 순전히 기술적이고, 자동적이며 수동적인 형태인데, 이는 정보사회에서 서비스제공자가 유포되거나 저장된 정보에 대해서 그 어떤 인식도, 그 어떤 통제권도 갖지 않는다는 것을 의미한다."[56]

Internet-Providern- Die Änderungen des TDG durch das EGG, insb. aus strafrechtlicher Sicht, in: JA 2002, 798면 (802면).

55 이에 관해 *Satzger*, Strafrechtliche Providerhaftung (주 53), 172면에서 선언적 의미밖에 없다고 결론지었다.

56 2000년 7월 17일 ABlEG Nr. L 178/6.

이렇게 복잡하게 얽힌 근거는 다음과 같은 공식으로 표현할 수 있다. 즉 *프로바이더로서 정보를 단순히 전달하기만 하는 자는, 책임을 추궁받지 않는다*(*Wer als Provider Daten bloß durchleitet, haftet für sie nicht*). 그러나 접속프로바이더가 즉시 차단할 수 있는 기술적 능력이 있음에도 불구하고, 인터넷-소스의 불법내용을 인지하고도 그 내용을 고의로 차단하지 않는다면, 접속프로바이더는 단순한 정보전달의 과정을 넘어서 있는 것이 된다. 즉 그의 행위는 위에서 인용한 가이드라인 초안의 내용처럼 "순전히 기술적이며, 자동적이고, 수동적인" 것이 아닌 게 되는데, 이는 그가 자신이 의식적으로 열어 놓은 인터넷-주소를 인지하고, 통제할 수 있기 때문이다. 따라서 접속프로바이더에 대한 전면적인 면책은 유럽 가이드라인 제정자의 뜻에 근거할 수 없다. 위에서 서술한 결과대로, 고의로 접속차단을 하지 않은 접속프로바이더는 처벌가능성의 모든 전제조건이 성립해 있다면, 형사책임을 추궁받을 수 있다. 실제로 "형사정책적으로 숙명적"일 수 있는[57] 접속프로바이더의 전면적인 면책은 존재하지 않는다.

V. 결 론

(1) 인터넷사기는 지금까지 전반적으로 친숙한 형태로 등장하고 있어서, 온라인과 오프라인사기범죄의 차이는 매우 경미하다.

(2) 스팸이나 해킹공격과는 달리 기술적인 보안장치만으로 온라

---

57 *Bubnoff*, Krimineller Missbrauch der neuen Medien im Spiegel europäischer Gegensteuerung, in: Zieschang/Hilgendorf/Laubental (Hrsg.), Strafrecht und Kriminalität in Europa, 2003, 83-106면 (97면).

인사기를 막기는 어렵다. 그 대신 인터넷에서도 사기꾼으로부터 보호받기 위해서 주의를 기울이고 건전한 불신을 갖는 것이 최선의 방법이다.

(3) 인터넷사기에서는 사기죄 도그마틱의 전통적인 문제가 새로운 형태로 다시 등장한다. 특히 적극적인 영업홍보와 범죄적 사기와의 구분 문제, 그리고 쉽게 믿는 성향이 있는 이용자들을 어떻게 해결할 것인가 하는 물음이 등장한다.

(4) 평균적인 인터넷이용자가 곧바로 사기라고 인식할 수 있는 표현은 사기죄의 적용범위에서 제외해야 한다. 이러한 표현을 매우 온순한 형법적용을 요구하는 표현으로 분류함으로써, 즉 기본적으로 사기와 무관한 단순한 의견표현으로 분류함으로써 이러한 문제는 도그마틱적으로 해결될 수 있다.

(5) 인터넷거래는 장차 현재보다 훨씬 더 국제화될 것이다. 따라서 국경을 넘나드는, 때로는 심지어 문화권을 넘나드는 사기사건들도 증가하게 될 것이다. 따라서 형법도그마틱과 비교형법은 인터넷에서 발생하는 기망행위를 형법으로 다룰 경우, 중요할 수 있는 문화적 특징을 연구해야 하는 과제를 안고 있다.

(6) 프로바이더는 인터넷사기에 대응하는 데 있어서 간과할 수 없는 중요한 역할을 담당한다. 따라서 접속프로바이더는 불법내용을 명확히 인식하였음에도 사기성 내용의 발신자를 차단하지 않았다면 처벌받을 수 있다.

_Index

색인

저자약력

Prof. Dr. Dr. Eric Hilgendorf

1960. 독일 Ansbach 출생
1991. 튀빙겐 대학교(Uni. Tübingen) 철학박사 취득
"Argumentation in der Jurisprudenz"(법학에서 논증이론)
1993. 튀빙겐 대학교(Uni. Tübingen) 법학박사 취득
"Strafrechtliche Produzentenhaftung in der Risikogesellschaft"(위험사회에서 형법적 제조물책임)
1998. 튀빙겐 대학교(Uni. Tübingen) 교수자격취득논문통과
"Tatsachenaussagen und Werturteile im Strafrecht"(형법에서 사실언명과 가치판단)
1998. 4.-2001. 8. 독일 콘스탄츠대학(Uni. Konstanz)
형법, 형사소송법, 법철학 전공교수
2001. 9.-현재 독일 뷔르츠부르크대학(Uni. Würzburg)
형법, 형사소송법, 정보법, 법정보학 전공교수

대표저서

Die Wertfreiheit in der Jurisprudenz(법학에서 가치중립), 2000
Dtv-Atlas Recht(법학입문). Band 1(2003), Band 2(2008)
Computer- und Internetstrafrecht(컴퓨터형법과 인터넷형법), 2005
Strafrecht Besonderer Teil(형법각론), 2009

대표논문

Gibt es ein "Strafrecht der Risikogesellschaft?" (위험사회에서 형법이란 있는가?), 1993
Der "gesetzmäßige Zusammenhang" im Sinn der modernen Kausallehre(현대 인과론에서 "합법칙적 관계"), 1995
Moralphilosophie und juristisches Denken(도덕철학과 법적 사고), 1996
Die mißbrauchte Menschenwürde(남용된 인간존엄성), 1999
Recht und Moral(법과 도덕), 2001
Neue Medien und Strafrecht(새로운 매체와 형법), 2001
Tendenzen und Probleme einer Harmonisierung des Internetstrafrechts auf Europäischer Ebene(유럽에서 인터넷형법 조율의 경향과 문제점), 2005
Irrwege des Biologismus(생물학주의의 오류), 2006
Die Renaissance der Rechtstheorie(법이론의 르네상스), 2006
Zur Strafwürdigkeit von Sterbehilfegesellschaften(안락사사회의 가벌성), 2007
Religion, Gewalt und Menschenrechte(종교, 권력 그리고 인권), 2008
Strafrecht und Religion(형법과 종교), 2008
Das neue Computerstrafrecht(새로운 컴퓨터형법), 2008

역자약력

이 상 돈
고려대학교 법과대학 졸업(법학사)
고려대학교 일반대학원 법학과 졸업(법학석사)
독일 프랑크푸르트 대학교 대학원 졸업(Dr.jur.)
현재 고려대학교 법학전문대학원 정교수

대표저서
형법의 근대성과 대화이론(1994)
의료형법(1998)
기초법학(2008)
형법강의(2010)

홍 승 희
홍익대학교 법학과 졸업(법학사)
고려대학교 일반대학원 법학과 졸업(법학석사)
독일 콘스탄츠 대학교 대학원 졸업(Dr.jur.)
현재 원광대학교 법학전문대학원 조교수

대표저서
한국의 인터넷을 논하다(2008, 공저)

대표논문
정보재산권의 형법적 보호(2005)
정보통신범죄의 전망(2007)
의료과오소송에서 형사법적 입증책임(2008)
명예 관련 범죄와 형사조정제도(2009)
차명계좌를 중심으로 한 전화금융사기의 법적쟁점(2009)

형법의 세계화와 전문화

2010년 8월 10일 초판인쇄
2010년 8월 20일 초판발행

저 자 Eric Hilgendorf
역 자 이상돈 · 홍승희
발행인 안 종 만
발행처 (株) 博 英 社
서울특별시 금천구 가산동 345-90 한라시그마밸리 211호
전화 (733)6771 FAX (736)4818
등록 1959. 3. 11. 제300-1959-1호(倫)

www.pakyoungsa.co.kr e-mail: pys@pakyoungsa.co.kr

정 가 25,000원 ISBN 978-89-6454-595-9